A Refundação do Brasil
Rumo à Sociedade Biocentrada

A Refundação do Brasil
Rumo à Sociedade Biocentrada

Luiz Gonzaga de Souza Lima

2011

L733r	Lima, Luiz Gonzaga de Souza
	A refundação do Brasil – rumo à sociedade biocentrada / Luiz Gonzaga de Souza Lima – São Carlos : RiMa Editora, 2011.
	338 p.
	ISBN – 978-85-7656-227-6
	1. Brasil. 2. Formação. 3. Dilemas. 4. Refundação. I. Autor. II. Título.
	CDD – 320

RiMa
www.rimaeditora.com.br
Rua Virgílio Pozzi, 213 – Santa Paula
13564-040 – São Carlos, SP
Fone/Fax: (16) 3411-1729

Para

João Luiz,
Maria Luiza,
Daniel e
Ottavio

Agradecimentos

Muito a agradecer. A tanta gente, a tantas circunstâncias. Agradeço à vida e à circunstância de ter vivido como ser humano, por ter tido a alegria de ser gente, de experimentar a existência como membro da espécie mais evoluída do deslumbrante e querido planeta Terra.

Agradeço também por viver em um período marcado pelas dores do ocaso de uma etapa da história da civilização humana, porque este momento é também iluminado pelos raios do futuro que já se pode pressentir, pelo clarão da nova aurora que desponta na escuridão da crise.

Agradeço pelas circunstâncias de ter nascido e vivido por treze anos no sertão mineiro, por ter vivido na roça, em pequenas comunidades e em cidades do interior. Agradeço por ter ido estudar e trabalhar na capital e de lá ter saído para o exílio em Milão, por ter trabalhado como pesquisador na África Central, por ter ido viver em Santiago do Chile, retornando a Milão para finalmente voltar ao Brasil. E, uma vez aqui, por viver primeiramente no Rio de Janeiro, depois em Cumuruxatiba, até chegar aos montes e vales da Serra do Mar, em Petrópolis. Esta trajetória me ajudou a reconhecer a esfuziante variedade e a imensa beleza dos humanos e de suas formas de viver.

Agradeço aos companheiros da JEC (Juventude Estudantil Católica), com os quais, ainda adolescente, comecei a aprender o significado da responsabilidade universal, aprender a perceber a sociedade inteira, não só o meu interesse individual e o meu futuro nela. Senti-la e pensá-la com um olhar centrado na ética, na justiça, na liberdade e, sobretudo, no comprometimento com ela, com o seu presente e com seu futuro.

Agradeço aos companheiros da Ação Popular (AP), movimento revolucionário brasileiro que nasceu no início dos anos 1960, do qual fiz parte desde a fundação. Com eles aprendi a imensa riqueza da militância política, da luta pela justiça, liberdade e igualdade entre os homens. Em companhia deles pude experimentar vivências políticas que jamais esquecerei, como a luta sindical, como membro da direção do Sindicato dos Metalúrgicos de Belo Horizonte, e a luta do movimento estudantil mineiro em 1968, enquanto presidente do Diretório Central dos Estudantes (DCE) da PUC-Minas.

Agradeço também aos companheiros da AP por ter tido a chance de vivenciar com eles a nobreza da experiência revolucionária, na luta contra a ditadura e por um Brasil mais justo, soberano e livre. Descolar-se dos projetos individuais e soltar-se na história, flutuar história adentro na vivência dos ideais revolucionários, colocando as ideias e o testemunho revolucionário *al primo posto*, antes mesmo da própria vida, foi uma experiência maravilhosa pela intensidade com que foi vivida por todos e pela densidade própria que encerra. Está entre os mais belos momentos da minha vida. Foram muitos os companheiros de caminhada, muitos vivos e muitos mortos. Quero prestar homenagem agradecida a todos através de dois deles que já nos deixaram, com os quais muito aprendi: Jair e Betinho.

Agradeço ao que aprendi na JEC e na AP, pois são os eixos centrais das reflexões que constituem este livro.

Agradeço a Milão e à Itália, aos companheiros do movimento estudantil, do movimento sindical e da academia de lá. Aos amigos – tantos amigos! – pelo carinho com o qual me acolheram, que aliviou as dores do exílio. Agradeço pela vivência alegre que me proporcionaram nos quase onze anos em que lá permaneci à espera da anistia. Agradeço aos mestres Alberto Martinelli e Franco Rositi pelo amor ao conhecimento que despertaram em mim e pelo encorajamento a pensar, a criar e a não temer interpretar o mundo.

Agradeço a meus alunos, orientandos e colegas de trabalho das universidades onde trabalhei, a Flacso, a Statale di Milano, a PUC-RJ e a UERJ. Aprendi muito com todos eles.

Agradeço aos amigos e colegas do Instituto Brasileiro de Desenvolvimento (IBRADES), Centro João XXIII, do Rio de Janeiro, onde nasceram os primeiros *insights* deste livro. Agradeço a todos. Os cursos do Ibrades me colocaram em contato com meu povo, com as comunidades do povo da floresta, do povo do sertão, do nordeste, do centro e do sul. Foi de lá que vi o Brasil real pela primeira vez, ao vivo e em cores. E foi lá também que apresentei pela primeira vez, em uma conferência, a linha de trabalho que resultou neste livro. A conferência recebeu o título de "Emoções Intelectuais". E foi também dessa querida instituição que recebi o apoio para a primeira parte da pesquisa, realizada em Cumuruxatiba.

Agradeço aos habitantes de Cumuruxatiba, desde os moradores da antiga vila de pescadores aos habitantes do atual *villaggio* turístico. Lá fui acolhido como membro da comunidade. Vivi e vivo até hoje o prazer imenso de integrar aquele pequeno e delicioso aglomerado humano. Devo muito à energia do lugar, berço primeiro do nosso país.

Obrigado pela inspiração que recebi enquanto caminhava pelas areais do litoral do descobrimento, na Barra do Cahy, no Calambrião, no Pontal do Moreira, no Rio dos Peixes e nas belas praias do sul, onde por horas e horas andei, encantado com a paisagem e debulhando as minhas leituras sobre o Brasil.

Agradeço aos membros do grupo de estudos Questões Humanas Contemporâneas, de Petrópolis, pelo carinho e pela amizade com que me envolvem e pelo entusiasmo com o qual leram e debateram comigo, antecipadamente, os originais deste livro. Sempre recebi de todos boas sugestões, amizade e incentivo para continuar e aprimorar este trabalho. Agradeço também pela alegria e entusiasmo com os quais se engajaram para a difusão destas ideias e para a apresentação deste livro. Obrigado a todos.

Agradeço também ao Centro de Defesa dos Direitos Humanos (CDDH) de Petrópolis por receber e abrigar as atividades desse grupo, cercando-lhe de todo apoio e de todas as atenções.

Agradeço aos amigos queridos que leram os originais e sobre eles opinaram. Incentivaram e ajudaram a clarear a exposição e a melhorar a estrutura e organização do texto. Obrigado a Álvaro, Carol, Aloísio, Luiz Alberto, Marilda, Michael, José Luís, Leonardo, Antônio e Cristina.

Agradeço aos amigos que contribuíram diretamente para a publicação deste livro. A Leonardo Boff pelo Prefácio, a Antonio Peticov pela criação da capa, a bela roupa domingueira destas idéias, e ao Lama Padma Santem, pelo apoio e pelo seu estímulo à publicação destes textos. Foram apoios que me proporcionaram confiança e alegria.

Agradeço a meus filhos pela compreensão de horas, dias, semanas, meses e anos subtraídos aos prazeres da convivência pelas leituras e meditações que este livro exigiu. Deles só recebi estímulos, carinho e dedicação. A eles dediquei os resultados deste trabalho.

Finalmente, agradeço à minha companheira de vida, Cristina, pelo carinho, pelo amor e também pelo imenso trabalho de ler, reler e reler outra vez, e tantas vezes, revisando o texto, corrigindo minha concordância sertaneja, ajudando-me a encontrar as palavras certas e o enfoque claro. Obrigado, Tina!

Na Fazenda Inglesa, Petrópolis, 18 de novembro de 2011

Prefácio

Ler é sempre reler, e conhecer é sempre interpretar. Esta máxima epistemológica se aplica especialmente a todos os estudos que se empenharam em entender o Brasil. Muitas são as releituras e variadas as interpretações. E como a cabeça pensa a partir de onde os pés pisam, cada ensaio revela o lugar social a partir de onde o intérprete lê e relê o fenômeno-Brasil. Desses vários lugares, nasceram interpretações brilhantes, verdadeiras janelas que descortinam dimensões da grande paisagem brasileira.

Simplificando a questão, quase de forma reducionista, diria que tudo começou já com a Carta de Pero Vaz de Caminha, com sua leitura ingênua, deslumbrada e paradisíaca do mundo novo que encontrou. Mas era a visão a partir das naves de Pedro Álvares Cabral e não da praia dos indígenas.

A leitura crítica e refletida, no entanto, ganhou corpo já com Joaquim Nabuco, com seus dois textos clássicos: *O Abolicionismo* e *Minha Formação.* Sua tese básica pode ser resumida no binômio: homens livres com trabalho livre.

Contribuição inestimável nos deu Gilberto Freyre. Trabalha a partir da *Casa Grande e Senzala.* O eixo articulador é o patriarcado brasileiro que tem no escravo de engenho seu contraponto, patriarcado não apenas entendido como fase fundadora do Brasil, mas como força social subjacente às atuais estruturas sociais.

Sérgio Buarque de Holanda, com suas *Raízes do Brasil,* reflete o processo de industrialização nascente, particularmente no seu ponto mais visível, que era São Paulo. Aí surge uma nova classe ambiciosa – os capitães da indústria – que lançará as bases do assim chamado Brasil moderno, embora sempre subalterno e dependente.

Caio Prado Júnior, com seu *Formação do Brasil Contemporâneo* e *A Formação Econômica do Brasil,* representa os interesses, as resistências e as lutas da classe operária. Teve o mérito de utilizar as categorias adequadas para essa leitura, que são aquelas elaboradas por Karl Marx. Aquilo que não tinha centralidade nem em Freyre nem em Buarque de Holanda – o proletariado – ganha aqui especial relevância, dando-nos conta das gritantes contradições sociais da realidade brasileira.

Na esteira de Caio Prado Júnior, nos quadros de uma leitura critica e marxista do processo social, podemos situar Florestan Fernandez com seu *A Revolução Burguesa no Brasil.* Trata-se de assinalar as novas relações de poder do capitalismo nascente que ocupará o poder central e a partir dele dirigirá o desenvolvimento brasileiro ao redor dos interesses da classe burguesa.

Celso Furtado, o melhor de nossos economistas, tentou em suas muitas obras, mas principalmente na *Formação Econômica do Brasil* e na *Formação Histórica do Brasil,* interpretar o país no contexto da macroeconomia globalizada e sua inserção subordinada como sócio menor e dependente. Mas sempre sustentou: o "desafio maior é mudar o curso da civilização, deslocar seu eixo da lógica dos meios a serviço da acumulação, num curto horizonte de tempo, para uma lógica dos fins em função do bem-estar social, do exercício da liberdade e da cooperação entre os povos"(*Brasil: A Construção Interrompida*, 2000: 76). Enquanto essa virada não ocorrer na história, a construção do Brasil como nação autônoma será incompleta e o tornará incapaz de ajudar na configuração de outro tipo de civilização.

Darcy Ribeiro, como antropólogo e pensador das culturas, deixou-se impactar pela singularidade do povo brasileiro, feito de muitos povos, mas principalmente de três: do índio, do negro e do europeu, que se mesclaram e geraram esse fenômeno antropologicamente singular da feliz mestiçagem, característica do povo novo do país. Essa mestiçagem, para Darcy Ribeiro, serviu de base para propor uma refundação do Brasil, a partir dele mesmo e com a vocação de ser a grande potência dos trópicos, entusiasticamente proclamada como a Roma dos Trópicos, não uma Roma imperial e dominadora, mas uma Roma cordial, da conciliação dos opostos, da convivência sem preconceitos, aberta ao abraço a todos os povos.

Conhecendo todas essas leituras, Luiz Gonzaga de Souza Lima avança uma perspectiva original e de grande força interpretativa com seu texto **A Refundação do Brasil: Rumo à Sociedade Biocentrada**. Sua obra é fruto de uma reflexão detida ao longo de mais de 20 anos, feita a partir do Brasil mesmo e não de um *status* teórico elaborado fora, nos centros metropolitanos de pensamento. Seu olhar alcança longe para trás, numa consideração suscinta mas certeira da evolução da humanidade, focando especialmente a Renascença e estabelecendo suas conexões com as grandes "descobertas" (invasões e ocupações), feitas pelos europeus, momento em que surgiu o espírito científico, se lançaram as ideias e os sonhos libertários, apesar das obstruções da Igreja e da prepotência dos reis "por direito divino".

Mas seu ponto de partida é o fato brutal, perpetrado pelos europeus que se outorgaram o direito de invadir e de se apropriar como senhores do território que aqui encontraram, dominando, dizimando e escravizando as populações originárias. Não aportaram por estas bandas, das mais esplêndidas do planeta, que alguns achavam ser o paraíso terrenal preservado, para fundar aqui uma sociedade, mas para montar uma grande empresa internacional privada, uma verdadeira agroindústria destinada a abastecer o mercado mundial. Ela resultou da articulação entre reinos, igrejas e grandes companhias, como a das Índias Ocidentais, Orientais, a Holandesa (de Maurício de Nassau, que existiu antes que houvesse o país Holanda), com navegadores, mercadores, banqueiros, não esquecendo as vanguardas modernas, dotadas de espírito de aventura, de novas ideias e com sonhos de outros mundos por explorar, buscando novos conhecimentos e enriquecimento rápido.

Ocupada a terra, para cá foram trazidas matrizes (cana-de-açúcar e depois café), tecnologias modernas para a época, capitais e mão de obra totalmente escrava, no início indígena e depois africana. Estes foram incorporados ao trabalho forçado e excluídos dos benefícios sociais, lhes sendo negada a condição humana, sendo tratados como "peças", mercadorias a serem compradas no mercado e como carvão a ser consumido nos engenhos de açúcar, exportado para o mundo inteiro. Com razão afirma Souza Lima: "O resultado foi o surgimento de uma formação social original e desconhecida pela humanidade até aquele momento, criada unicamente para servir à economia; no Brasil nasceu o que se pode chamar de 'formação social empresarial'".

O Estado não surgiu como fruto de um contrato social com a população. Ele veio de fora, foi imposto de cima para baixo, e sua função se destinava a organizar politicamente um território econômico, a serviço da grande Empresa Brasil. Aqui tudo virou mercadoria, antes mesmo de Karl Polanyi o ter denunciado em 1944 com seu clássico *A Grande Transformação*, segundo o qual o capitalismo mundial realizou uma verdadeira revolução interna: desbancou a política, anulou a ética e transformou tudo em mercadoria, em objeto de lucro, numa completa dominação da instância econômica. Mas tudo isso foi antes praticado literalmente no século dezesseis no Brasil.

Aquilo que não era permitido às vanguardas europeias fazer em seus países – como ocupar sem mais nem menos territórios, escravizar pessoas para a produção, no interesse do lucro –, aqui nas ocupações, chamadas colônias, feitorias e capitanias, foi feito sem qualquer entrave. "A formação social empresarial era, na realidade, a modernidade nascendo (...) um *software* social moderno em *statu nascendi*."

A modernidade, no sentido da utilização da razão produtivista, da vontade de acumulação ilimitada, da dessacralização e da exploração sistemática da natureza, da criação de vastas populações excluídas e superexploradas, nasceu no Brasil e na América Latina. O Brasil, nesse sentido, é novo e moderno desde suas origens.

Quando a Europa finalmente se livrou das instituições medievais decadentes, só pôde fazer a sua revolução, chamada de modernidade, porque foi sustentada pela rapinagem brutal realizada nas colônias. Os avanços políticos alcançados, como os direitos humanos, a divisão dos poderes, o sentido mínimo de inclusão social, foram vividos nas metrópoles mas totalmente negados nas colônias, que continuaram como empresas comerciais, exploradoras, concentradoras e excludentes até para dentro do século XX.

A formação social empresarial não mudou sua natureza com a independência política do Brasil. Ela não se transformou numa sociedade nacional plena. Foi sempre e habilmente mantida subalterna e incorporada como sócio menor do grande negócio mundial.

Todos os impulsos de desenvolvimento ocorridos ao longo de nossa história não conseguiram diluir o caráter dependente e associado que resulta da natureza empresarial de nossa conformação social. A tendência do capital mundial global ainda hoje é tentar transformar nosso eventual futuro em nosso conhecido passado, criando obstáculos à formação de uma nação autônoma e reitora de seu projeto nacional. A ela cabe ser a grande fornecedora de produtos *in natura* para o mercado mundial, sem ou com parca tecnologia e valor agregado. O Brasil é internacionalizado para abastecer as demandas internacionais.

A Empresa Brasil é a categoria-chave, segundo Souza Lima, para entender a formação histórica do país e o lugar que lhe é assinalado no processo atual de globalização econômica, profundamente perversa, acumuladora e geradora de pobreza e miséria, numa proporção talvez jamais alcançada antes na história.

Os principais intérpretes do país se referem à Empresa Brasil, mas a veem como dado inicial e transitório, descurando de sua natureza estruturadora essencial. Talvez essa desconsideração se derive do fato de que esses autores assumiram, cheios de boa vontade, categorias de análises válidas para a formação das sociedades capitalistas do centro do sistema, mas que aqui seriam inadequadas para captar a singularidade do processo histórico-social brasileiro. É mérito deste trabalho de Souza Lima, a partir da categoria Empresa Brasil, entender o Brasil de ontem e os avatares do Brasil de hoje.

Como vê o autor a superação dos atuais impasses e a gestação de outro *software* social que nos seja adequado, que nos desenhe um futuro diferente e que signifique uma efetiva contribuição à fase planetária da história humana? É nesta parte que Souza Lima se mostra altamente criativo, diria mesmo, entusiasta.

Parte de um dado reconhecido por todos e cheio de promessas: a cultura brasileira. Ela foi elaborada pelos sobreviventes da grande tribulação histórica, pelos escravos e seus descendentes, pelos indígenas que restaram, pelos mamelucos, pelos filhos e filhas da pobreza e da mestiçagem. Gestaram algo singular, não desejado pelos donos do poder que sempre os desprezaram, os consideram jecas-tatus, inferiores, ignorantes e desprezíveis, gente para ser gasta mesmo e, por isso, não reconhecidos em sua humanidade, muito menos como filhos e filhas de Deus.

Trata-se agora de refundar o Brasil como sociedade, "construir, pela primeira vez, uma sociedade humana neste território imenso e belo; é habitá-lo, pela primeira vez, por uma sociedade humana de verdade, o que nunca ocorreu em toda a era moderna, desde que o Brasil foi fundado como uma empresa, em função da qual todos os humanos, nativos e forasteiros, foram organizados. Fundar uma sociedade é o único objetivo capaz de salvar nosso povo, a cultura brasileira e o país". Trata-se de passar do Brasil como Estado economicamente internacionalizado para o Brasil como sociedade biocentrada.

Essa fundação se assenta sobre novas visões, convicções e valores, mas principalmente sobre o reconhecimento da vida como seu principal fundamento. Como afirma belamente: "Refundar é construir uma organização social que busque e promova a felicidade, a alegria, a solidariedade, a partilha, a defesa comum, a união na necessidade, o vínculo, o compromisso com a vida de todos. Uma organização social que inclua todos os seus membros, que elimine e impeça a exclusão, de todos os tipos, em todos os níveis". Se bem repararmos, todas as sociedades humanas, enquanto humanas, ao longo de todos os tempos, se construíram sobre esses valores e não sobre a ganância egoísta e a falta de solidariedade e de compaixão.

Ao refundar-se como sociedade humana biocentrada, numa das províncias mais belas e ridentes do planeta, o povo brasileiro deixará para trás a modernidade, apodrecida pela injustiça e pela ganância e que está conduzindo a humanidade a acercar-se mais e mais de um abismo. A modernidade entre nós, bem ou mal, nos ajudou a edificar uma infraestrutura material que permite a construção de uma biocivilização que ama a vida em todas as suas formas, que convive pacificamente com as diferenças, dotada de incrível capacidade de integrar e de sintetizar, de criar espaços de alegria, de festa, de humor, de espírito lúdico e de religiosidade ecumênica. A felicidade não resulta de coisas e de objetos apropriados, mas do simples viver em sua espontaneidade e convivência pacífica com tudo o que nos cerca.

É nesse contexto que Souza Lima associa a refundação do Brasil às promessas de um mundo novo que deve suceder a este que está, dia a dia, mais se afundando em suas próprias contradições e incapaz de projetar qualquer horizonte de esperança para a humanidade. O Brasil poderá ser um nicho gerador de novos sonhos e da possibilidade real de realizá-los em harmonia com a Mãe Terra e com toda a comunidade de vida.

Este livro associa análise minuciosa à síntese criadora, os padecimentos da história à esperança de tempos melhores e representa um cântico de amor ao país e à sua gente.

Leonardo Boff

Petrópolis, 12 de outubro, aos 80 anos do Cristo do Corcovado

Sumário

Um Novo Olhar:
Outras Palavras sobre o Jeito do Brasil

Esta é uma reflexão sobre o Brasil. O Brasil é seu início e seu fim, seu eixo e seus contornos, sua luz e suas penumbras. Esta reflexão exprime os resultados de um debruçar, demorado e sereno, sobre sua formação lá no longínquo século dezesseis. E foi este debruçar que conduziu o autor a algumas ideias novas sobre os fundamentos da formação brasileira, hipóteses novas que sugerem conclusões diferentes sobre a natureza desse país tropical.

Esta abordagem é um fruto da terra. Não é a aplicação ao Brasil de nenhuma teoria elaborada em outros contextos. Não se sustenta em avanços das ciências sociais da Europa e dos Estados Unidos. É coisa que nasce aqui mesmo, como uma jabuticaba, um jatobá, um papagaio, um batuque ou uma canção. É o resultado de meditações, antigas e novas, em torno dos dilemas da interpretação do Brasil. Caminha abrindo picadas nas fronteiras e nas indefinições de um Brasil imaginário, construído por seus interpretadores, mas busca passagens que atravessem essas fronteiras. Rastreia novos caminhos.

Busca uma interpretação do Brasil que seja capaz de explicar a estrutura econômica, social, política e cultural da formação social que aqui foi construída. Busca entender essas estruturas como uma realidade inteira e completa, que já existe há meio milênio, com seu território imenso e exuberante, sua economia, que sempre esteve entre as maiores do mundo, com seu povo novo e a cultura fascinante que ele cria todos os dias.

É tempo de postular, formular e sugerir hipóteses nas quais nosso país deixe de ser uma exceção ou um desvio. Deixe de ser "semi" – semifeudal, semicapitalista, semi-industrializado –, ou "pré" – pré-capitalista –, ou ainda "sub" – subdesenvolvido –, ou "em" – em desenvolvimento.

O Brasil também não é um país emergente. Emergiu há cinco séculos. É chegado o momento de nos afastarmos definitivamente dessa frente de características especiais. Pré, sub, semi, em vias de, etc.

Somos o Brasil, um país, um povo e uma cultura, uma realidade social que se sustenta no seu próprio existir, que possui uma integridade própria. Sabemos, pelo nosso existir, que somos um sujeito social inteiro. Possuímos um *status* histórico assumido e reconhecido pelos brasileiros e pelos outros povos.

O que não possuímos é um *status* teórico. Isto é, não existe um modo de classificar o Brasil, por inteiro, nas teorias sobre as sociedades. Ou somos quase uma realidade definida por uma certa categoria teórica, então somos "pré". Ou somos apenas parcialmente esta realidade, então somos "semi". Ou somos uma versão degenerada dessa realidade, então somos "sub". Ou, por último, estamos a caminho, na direção de algo definido, então estamos "em" desenvolvimento, ou "emergindo".

A falta desse *status* teórico não advém do fato de o Brasil se constituir um ser social incompleto ou defeituoso, não se deve a nenhuma nossa deformação, incompetência ou inconsistência como país, como povo ou como cultura. A falta desse *status* teórico se deve exclusivamente aos limites e às inconsistências das teorias eurocêntricas sobre o mundo moderno. As teorias sociais, construídas a partir de outros contextos, é que não possuem um lugar teórico para definir o que é o Brasil.

Estas reflexões buscam contribuir para um debate sobre a questão. Não se encontrará aqui uma nova teoria sobre a modernidade, mas somente uma nova abordagem a ela. Uma abordagem que solicita, isto sim, uma nova teoria da modernidade. Aqui se encontra somente um olhar sobre a modernidade, um olhar das bandas dos Trópicos, em uma perspectiva brasileira.

Estas reflexões se orientarão por uma determinante explícita: a ética da centralidade da vida, da unicidade plural e igualitária entre os membros da humanidade e da harmonia possível – e necessária – dos homens entre si e destes com o conjunto da natureza, herança cósmica que recebemos e que devemos preservar.

*

É sempre bom lembrar. Em seus interessantes *Ensaios Insólitos*, Darcy Ribeiro nos chama a atenção para duas suposições que vigoraram por séculos, condicionando seja o conhecimento e a construção da ordem simbólica, seja a estrutura social. Trata-se da concepção de que o sol nascia e morria todos os dias, dando, portanto, voltas em torno da Terra, e da ideia de que os pobres sobreviviam graças à generosidade dos ricos. Copérnico, Galileu e Marx demonstraram o quanto essas concepções tão aparentemente verdadeiras eram falsas. Nesses ensaios, Darcy também mostra o uso que os grupos sociais dominantes fizeram dessas falsas concepções.

Algo parecido pode ter ocorrido com as teorias sobre a modernidade, sobre as formações sociais construídas pelas vanguardas modernas nas novas regiões periféricas e sobre a ordem internacional que se estabeleceu tendo por fundamento a existência dessas mesmas formações sociais.

*

Uma reflexão sobre o Brasil, entendido como seu povo e seu território, para ser ampla de modo a colher o essencial do seu objeto, teria de compreender um tempo histórico que se inicia milhares de anos antes de 1500. Nosso território tem a mesma idade dos outros continentes e, por dezenas de milhares de anos, foi sempre habitado por milhões de seres humanos, que neste solo viveram suas aventuras e desventuras e protagonizaram suas histórias sociais. As pinturas e gravuras rupestres mais antigas do Parque Nacional da Serra da Capivara, no Piauí, declarado Patrimônio Cultural da Humanidade pela Unesco, chegam a ter 12.000 anos.

Mas não é possível refletir sobre esta história. Sabemos muito pouco sobre ela. E, ainda assim, parte desse pouco saber está confinada na condição de hipóteses em segmentos acadêmicos de vários campos do conhecimento humano, como a antropologia, a arqueologia, a geografia, a geologia, entre outros. Ainda não amadureceu como conhecimento. Ainda não se transformou em currículo escolar para formar os jovens filhos desta terra.

Este pouco conhecer é um débito que o Brasil de hoje ainda possui com o seu passado. Um débito em relação à população que sempre viveu aqui e que é a matriz, a mãe, do nosso povo de hoje.

Os milhões de habitantes que aqui viviam foram um dia surpreendidos com o encontro com povos de uma região desconhecida, que parecia não existir. Povos novos e estranhos. Mas, apesar do susto, tudo ocorreu de forma alegre e simpática, como nos descreveu Caminha.

Entretanto, esses povos desconhecidos acreditavam ter "descoberto" este território e seus povos exclusivamente para seu uso e deleite.

Esse povo forasteiro não se estabeleceu aqui, ao lado dos nativos, como ocorreu tantas vezes na história da humanidade. Nem se mudaram para cá por necessidade, por ter perdido os seus territórios ou as condições de viver nele. Também não vieram em busca de uma existência de acordo com valores e crenças alternativas, rejeitadas ou impossíveis de serem praticadas nas suas nações de origem, como ocorrerá em outros pedaços do território americano.

Os descobridores se outorgaram o direito de invadir e de se apropriar do novo território descoberto, escravizar, dominar e aniquilar suas populações nativas. Fizeram-no com base em formulações teológicas, em direitos divinos de reis humanos e por convicções humanas, a partir da supremacia da razão.[1] O Brasil é, assim, o resultado desse processo de invasão e do domínio sobre as populações nativas, que terminou por incorporar o território, seus recursos e seus habitantes a um projeto de outros povos.

O novo território transfigurado – o povo local dominado e as atividades que os forasteiros aqui desenvolveram – receberá o nome de Vera Cruz, de Santa Cruz e depois de Brasil.

Esta reflexão sobre o Brasil se concentrará em nosso último pedaço de história, que se inicia a partir da invasão europeia. A partir da conquista.

É fundamental colher as linhas básicas desse processo e repensar as atividades novas que surgiram e as estruturas sociais novas que os conquistadores edificaram em nosso território. Essas atividades e essas estruturas é que constituem o Brasil.

Sou Pataxó,
sou Xavante e Cariri,
Ianonami, sou Tupi
Guarani, sou Carajá.
Sou Pancararu,
Carijó, Tupinajé,
Potiguar, sou Caeté,
Ful-ni-o, Tupinambá.

Depois que os mares dividiram os continentes
quis ver terras diferentes.
Eu pensei: "vou procurar
um mundo novo,
lá depois do horizonte,
levo a rede balançante
pra no sol me espreguiçar"

> eu atraquei
> num porto muito seguro,
> céu azul, paz e ar puro...
> botei as pernas pro ar.
> Logo sonhei
> que estava no paraíso,
> onde nem era preciso
> dormir para se sonhar.
>
> Mas de repente
> me acordei com a surpresa:
> uma esquadra portuguesa
> veio na praia atracar.
> De grande-nau,
> um branco de barba escura,
> vestindo uma armadura
> me apontou pra me pegar.
>
> E assustado
> dei um pulo da rede,
> pressenti a fome, a sede,
> eu pensei: "vão me acabar".
> me levantei de borduna já na mão.
> Aí senti no coração,
> o Brasil vai começar.

Chegança, Antônio Nóbrega e Wilson Freire

*

No Brasil não foi construída uma sociedade, como sempre se supôs, mas somente uma empresa, uma grande empresa internacional. Uma releitura do processo histórico da formação brasileira indica que o Brasil, na sua origem, é uma empresa internacional, privada, de dimensões mundiais e com vocação mundial. Uma empresa diferente pois já foi construída para produzir para o mundo. Não foi organizada nem para produzir para sua coletividade humana, nem somente para sua pequena metrópole.

Era uma gigantesca agroindústria com tecnologia avançada (para os padrões do século dezesseis) e que será um dos atores responsáveis pela formação do próprio mercado europeu e daquele mundial, conforme nos ensinou Celso Furtado.[2] O processo de invasão e conquista do território, submissão dos povos e construção dessas empresas é chamado de colonização.

A colonização fundiu e cristalizou em nosso território uma determinada articulação de atores e fatores provenientes de muitos cantos do mundo. Na realidade, Portugal operacionalizou algo que ainda não possuía nome e que viria a se chamar *holding*. Administração e soberania portuguesa, capitais provenientes de toda a Europa, mão-de-obra africana e nativa, tecnologia mediterrânea e um produto que também será trazido de fora, a cana.

Portanto, o internacional, no caso brasileiro, não é algo que está além de suas fronteiras. É sua própria substância estrutural, seus alicerces, suas fundações. O internacional invadiu o território brasileiro e se fez economia, uma economia para o mundo, a partir da qual foi construído um país. O Brasil, ao contrário de tantas outras sociedades existentes no planeta, não pode ser entendido se considerado isoladamente.

No Brasil, não será uma sociedade humana normal, isto é, como as que existiam em nosso planeta naquela época, que produzirá, em função de sua evolução histórica, uma versão inovadora de economia. Na Empresa Brasil, uma nova economia é que determinará a forma e os modos de uma nova organização social.

Essa nova economia é fruto de decisões estratégicas, racionais, tomadas previamente por grupos de poder, político e econômico, que operavam em um âmbito amplo e novo, o âmbito mundial, que esses mesmos grupos estavam construindo.

A Empresa Brasil foi construída com fins exclusivamente mercantis e se caracterizou pela apropriação privada dos seus resultados. Era um negócio privado, e seu objetivo era, e será sempre, a produção de lucros. Promoveu uma radical transfiguração do território, com a transformação de uma imensa floresta – a Mata Atlântica – em imensos canaviais, que, juntos, eram maiores até que o território da metrópole política que o dominava. Criou um novo território, artificial e adequado aos seus objetivos.

A concepção e o desenvolvimento da Empresa Brasil deu-se a partir de critérios exclusivamente racionais. Os territórios da empresa, seus limites geográficos, serão definidos por um tratado internacional estabelecido a partir dos avanços da ciência. Tordesilhas foi o primeiro tratado territorial estabelecido sobre o desconhecido, a partir exclusivamente de conhecimentos científicos e de cálculos matemáticos.

A divisão interna do território foi constituída por eixos cartesianos, compostos por meridianos e paralelos. As fatias territoriais foram privatizadas em 1532, criando-se as capitanias hereditárias.

A exploração econômica ocorre a partir de uma definição prévia sobre o que produzir, o que supõe um estudo, na realidade um entendimento, do mercado mundial e de suas possibilidades de evolução. É assim que se explica a decisão de produzir aqui algo que não era nativo, uma planta desconhecida.

Dando sequência à atividade extrativa dos primeiros anos, foram trazidos para o território invadido e ocupado todos os fatores produtivos: os capitais, um produto (matrizes, mudas de cana), mão de obra e tecnologia. Com esses fatores se organizou um agronegócio que permanecerá, por séculos, como um dos mais importantes negócios do planeta.

Os grandes engenhos eram empresas complexas. Eram, na realidade, grandes fábricas, como nos mostrou Antonil.[3] Seus produtos se destinavam ao consumo de toda a Europa e do mercado mundial. A construção da empresa exigiu também a edificação de uma colossal estrutura logística (um complexo sistema de transportes, estruturas portuárias, novos aparelhos de segurança, de distribuição, etc.).

As dimensões e a importância política e econômica das empresas aqui instaladas exigiram o estabelecimento de regras contábeis e comerciais formais e estáveis, capazes de assegurar um controle rigoroso do fluxo de mercadorias e recursos da colônia para a metrópole, da periferia para o centro, inclusive através da via fiscal.

Os humanos que integravam as empresas, provenientes de três continentes, constituíram naquela época uma comunidade extremamente original. Foram aqui organizados e hierarquizados em função dessas empresas e somente para servi-las. Não constituíram aqui comunidades humanas que se organizaram para viver, produzir e reproduzir a sua vida social.

A Empresa Brasil teve o condão de transformar os humanos em mercadorias, em "peças", como eram chamados os escravos. Homens livres e escravos foram arrumados de acordo com as estruturas, as funções, os dinamismos e os limites dessas empresas. E esse dinamismo não se encontrava nas estruturas da formação social brasileira, no seu normal operar, mas no mercado mundial, o verdadeiro motor da expansão ou da retração das atividades econômicas internas.

O resultado foi o surgimento de uma formação social original e desconhecida pela humanidade até aquele momento, criada unicamente para servir à economia. No Brasil nasceu o que se pode chamar de "formação social empresarial".

Essa formação social é inédita na história humana e será muito diferente da forma de convivência social que normalmente vem denominada como sociedade, tanto no âmbito das ciências humanas e sociais quanto pelo senso comum. Muito diferente das sociedades humanas que existiam aqui antes da invasão e diferente também das sociedades que existiam na Europa, na Ásia e na África naquele momento histórico.

Todas as sociedades nacionais daquela época possuíam duas características fundamentais que estavam ausentes na formação social empresarial do Brasil.

Em primeiro lugar, eram constituídas por indivíduos que possuíam a sua humanidade reconhecida por todos os membros do sistema social. No Brasil, a formação social nasceu fundada sobre a escravidão, criando o estranho mundo social no qual a maioria dos humanos era mercadoria, propriedade de uma minoria, também constituída por humanos. A maioria dos membros do sistema não via reconhecida a sua condição humana. A maioria dos humanos eram coisas.

Em segundo lugar, todas as sociedades da época eram locais, isto é, frutos de um processo cuja gestação demorou séculos e que produziu uma unidade étnica, cultural, política, econômica e territorial. Naquela época, quase todas as sociedades humanas exprimiam o resultado de um desenvolvimento que ocorrera no âmbito restrito de um território e de um povo.

A Empresa Brasil, ao contrário, não era local, não foi um fruto daqui, resultado da evolução do povo nativo. O que mais surpreende é que também não surgiu como resultado da evolução histórica de nenhum dos outros povos que foram reunidos para constituí-la. Foi uma experiência inédita para todos os que dela participaram.

Antes da existência da Empresa Brasil, os povos que viriam se reunir para construí-la encontravam-se espalhados pelo planeta em três continentes diversos, se desconheciam reciprocamente e nenhum deles era organizado conforme a estrutura social nova construída aqui. Seria aqui entre nós, na construção da Empresa Brasil, que eles se reuniriam pela primeira vez na história da humanidade.

Considerando-se essas circunstâncias é que se pode observar que o Brasil possui uma densidade própria, que o difere de todos os outros países. O Brasil já nasceu como um país planetário. O caráter planetário é a substância fundamental do seu modo de ser. É a sua matriz genética. Compõe os seus fundamentos.

A "formação social empresarial" se apresentará aqui pela primeira vez na história e inaugurará um outro tipo de estrutura social dos humanos. Um outro modo humano de viver. Trata-se de uma organização social criada exclusivamente para servir à economia, entendida como atividade privada com fins lucrativos.

Entre suas inovações, essa nova formação social terá como um de seus fundamentos a exclusão estrutural de parte dos humanos que a constituem. Na verdade, serão várias modalidades de exclusão.

Grupos humanos imensos, a grande maioria de indivíduos que integram este novo sistema social, serão incorporados na condição de excluídos. Incorporados ao trabalho e excluídos dos benefícios da vida social e, por mais de três séculos, excluídos até do reconhecimento de sua condição humana. Situavam-se além da cerca simbólica que delimitava a comunidade de humanos. Trata-se do que deve ser denominado de "incorporação excludente", uma condição estrutural que não só se manterá no Brasil por todos os cinco séculos que já se passaram desde o início de sua construção, mas também se esparramará pelo mundo afora.

Além da incorporação excludente, essa formação social apresentará, com o passar do tempo, outras formas de exclusão, que alcançarão grande parte da população, fosse ela nativa ou importada, que vivia nos limites territoriais que a empresa conseguia alcançar. Na sua evolução histórica criará também a possibilidade estrutural para a exclusão pura e simples, isto é, milhares e até milhões de humanos poderão existir sem nenhum lugar na sociedade. Seja lugar físico e/ou institucional. Em certo sentido, essa forma de exclusão será ainda mais perversa do que aquela primeira, criada com a escravidão.

Naquele momento da história, em nenhum lugar do mundo existiam sociedades fundadas sobre a incorporação excludente ou que fossem capazes de produzir a exclusão pura e simples na modalidade e intensidade que a formação social que surge com a Empresa Brasil produzia. Em nenhum lugar do planeta a condição humana era negada à maioria dos membros do sistema social. Os sistemas sociais humanos que existiam até aquela época serviam para integrar os indivíduos, todos eles, mesmo em forma desigual. No Brasil foi diferente.

A incorporação excludente e a exclusão, assim como suas consequências, a pobreza, a miséria, a fome, o não reconhecimento da condição humana, cidadã, não é um defeito ou uma imperfeição do Brasil *vis-à-vis* as sociedades lá de fora. Essas consequências são características normais das estruturas das formações sociais empresariais. Estão em nossos alicerces, são os nossos fundamentos.

Assim como a organização social dos humanos, as instituições sociais que aqui nascerão também serão organizadas para servir ao operar dessas empresas, para servir à economia. O Estado, a mais importante delas, será muito diferente dos Estados nacionais. Não será a forma de organização política de nenhuma nação, não representará a passagem de um estado de natureza para um estado civil de nenhuma coletividade humana.

O Estado, no Brasil, nascerá sem um pacto, sem um contrato construído por sua população. Será um Estado sem contrato social. Será imposto, de fora e por cima, a todos que se encontravam nos limites desse estranho e novo sistema social. Aqui, o Estado será somente a organização política de um território econômico.

Nasce da administração colonial, que era somente a administração política das empresas internacionais aqui instaladas. Deste modo, o Estado no Brasil se estruturará como um organizador e garante de atividades econômicas que possuem no mercado mundial seu fim e seu âmbito de realização. Será uma organização política territorial a serviço da grande Empresa Brasil. Será um tipo diferente de Estado moderno: o Estado Econômico Internacionalizado.

*

As empresas, a formação social empresarial que aqui nasceu para servi-las e as instituições que surgiram com o mesmo fim são modernas desde a origem.

Suas estruturas e sua fisionomia institucional não pertenciam a nenhuma tradição de nenhum dos povos que aqui foram reunidos para construí-las. O que foi criado aqui não pode ser considerado uma formação social tradicional. Era tudo novo e original.

Aqui nasceu a primeira grande construção social da modernidade, já edificada a partir dos valores centrais desta nova era, que se estruturaram em um modo novo. A formação social empresarial criou um sistema social que já nasceu tendo por fundamento outro paradigma civilizatório, isto é, que já funcionava segundo um *software social* novo, que também se criava com o seu funcionamento. É o que se pode chamar de "*software* social" moderno em *status nascendi*.

A modernidade é uma fase da história humana, é um modo de ser da sociedade caracterizado sobretudo por um padrão de relações entre os membros da espécie humana e entre esses e a natureza. Neste sentido, essa fase da história humana não se inicia quando o homem escapou da natureza e se opôs a ela no pensamento de Descartes. Muito antes dessa formulação, o homem já havia escapado da natureza e se antagonizado com ela na história.

De um exame cuidadoso da formação da Empresa Brasil se pode abstrair as principais características dessa construção social inovadora. Se esse exame se detiver sobre os grandes eixos valorativos que se encontram como suporte para a ação dos humanos por ocasião da formação brasileira, pode-se compreender os significados profundos dos conteúdos da colonização. Alguns desses eixos valorativos merecem destaque especial:

- ♦ A dessacralização da natureza entendida no seu conjunto – territórios, recursos, florestas, animais e humanos.

- ♦ Um vigoroso confronto entre o homem e a natureza. A luta para domar oceanos, matas e florestas, rios e montanhas marca o fim da submissão do homem à natureza. O homem se emancipa e se opõe à natureza; o homem se transforma em mestre e senhor, possuidor da natureza, que é reduzida a uma relação de fatos e objetos exteriores ao homem.

- ♦ A construção social nos trópicos exigiu uma profunda divisão entre matéria e espírito.

- ♦ A natureza e a energia, inclusive aquela humana, são colocadas a serviço da produção de valores de uso. Separação entre coisa e valor.

- ♦ A relação entre homem e natureza foi definitivamente mediada pelo conhecimento, pela ciência da época. A técnica foi o instrumento potencializador do poder do homem sobre a natureza.

- ♦ A decomposição analítica da natureza em seus elementos simples e sua recomposição artificial. Decomposição e criação artificial de um território e de um povo novo. Na realidade, ocorreu a criação de uma segunda natureza física e social artificial.

♦ A Empresa Brasil exprimiu de modo eloquente a possibilidade de o homem construir um projeto próprio. Era esta a busca das vanguardas modernas e daqueles que romperam as barreiras socioculturais para vir construir o novo mundo.

♦ A dominação da natureza pelo cálculo e pelo controle racional. Concepção matemática da natureza. A cartografia, o cálculo dos meridianos, as rotas de navegação, as divisões territoriais, a evolução técnica da agroindústria, etc.

♦ O acúmulo de riqueza monetária como condição de bem-estar social.

♦ A expropriação do produtor.

♦ O aquartelamento do processo de trabalho, com coerção e ação disciplinadora.

♦ O aprofundamento da divisão entre trabalho intelectual e trabalho manual.

♦ A elevação da complexidade organizacional e o aprofundamento da divisão de trabalho. Uma nova fase na divisão internacional do trabalho, dando-lhe uma dimensão planetária.

♦ A destruição da natureza interior do ser humano. A destruição de etnias, povos, culturas.

♦ A destruição incansável e infinita dos recursos naturais e das condições planetárias da vida.

♦ A dominação política dos povos através de organizações político-militares fortemente equipadas para a repressão e a imposição da ordem.

♦ A construção de um sistema estável de relações internacionais fundado em regiões e países centrais, que conduziam o sistema, e regiões e países periféricos, que desempenhavam funções especializadas de acordo com o interesse dos centros.

♦ O estabelecimento da competição como fundamento das relações sociais e da luta pelo poder e riqueza como norma fundamental de orientação da ação.

Observa-se, em primeiro lugar, que estes não eram os eixos valorativos que orientavam a sociedade portuguesa naquele momento histórico Nenhuma sociedade europeia possuía esses eixos como orientadores da conduta social dos humanos. Em segundo lugar, observa-se também uma notável congruência entre os conteúdos da construção social aqui realizada e os eixos centrais do paradigma civilizatório moderno, o *software* social moderno, que séculos mais tarde receberão sua formulação teórica.[4] A "formação social empresarial" era, na realidade, a modernidade nascendo. A modernidade é o reino da supremacia da economia e da razão analítica instrumental. Existirá um momento, no correr destas reflexões, no qual a modernidade merecerá considerações maiores quanto aos seus conteúdos.

A análise da formação brasileira mostra que é impossível descolar a lógica de sua construção do núcleo central do que se denomina modernidade. Essa congruência sugere um modelo analítico completamente diverso daquele proposto pelas teorias do desenvolvimento e da modernização. Visto sob esse novo ângulo de aproximação, a formação do Brasil é moderna antes mesmo de a Europa assumir coletivamente esses valores.

Essa congruência entre valores modernos e construção brasileira permite também a formulação de hipóteses novas sobre a formação do Brasil e do sistema internacional que se fundou com a sua existência.

A partir dessa constatação, estas reflexões procuram colocar em evidência as relações existentes entre determinada matriz de valores emergente e a construção de novas estruturas sociais. Isto é, quando o conjunto das relações que os homens estabeleceram entre si e entre eles e a natureza não se dá somente pela experiência anterior dos atores, mas se funda a partir de novas ideias.

Mais precisamente, serão exploradas as correlações entre o núcleo fundamental dos valores da modernidade nascente e o processo de construção das novas formações sociais empresariais e do sistema planetário de relações internacionais que articulará essas novas organizações sociais e as vanguardas modernas. Esse sistema começa a ser edificado na aurora do século dezesseis e possui, no caso brasileiro, um exemplo revelador de suas principais características.

Esta hipótese supõe que o processo conhecido como expansão europeia foi muito diferente das considerações que se faz sobre ele. A velha Europa, ainda meio feudal, não se expandiu como sempre se acreditou. Grupos sociais de origens europeias construíram longe da Europa um mundo novo e diferente do de lá. Construíram um mundo orientado por objetivos mundiais e também orientado por outros valores. Construíram sociedades novas nas quais se vivia de outro modo, e criaram relações estruturais claras e estáveis entre essas novas sociedades e os centros políticos onde eram tomadas as decisões. As relações entre essas novas sociedades e esses novos centros resultaram na construção da primeira ordem planetária da história humana, que já é uma criação moderna, realizada por um dos segmentos daquilo que se pode chamar de vanguarda moderna.

Os países "novos", como o Brasil, são modernos desde sua origem e compõem o que será denominado de periferia moderna: amplas regiões subordinadas através de um processo histórico que não se originou delas, a cujo destino foram submetidas sem que tivessem tido nenhuma possibilidade de conduzi-lo ou influenciá-lo.

A suposição, base das teorias do desenvolvimento e da modernização, de que os polos dominantes do sistema internacional são modernos e de que os polos dominados são tradicionais ou atrasados, jamais correspondeu à realidade histórica. O fracasso de todos os projetos de desenvolvimento e modernização das periferias construídos a partir dessas teorias por si só comprova essa afirmação.

Ao contrário dessas suposições, o Brasil era um país moderno, enquanto a Europa – o polo dominante do sistema – era tradicional. Até a revolução industrial e a consolidação do capitalismo, a Europa vivia no âmbito político, jurídico, econômico, social e cultural de um feudalismo em crise, entrando no período que eles denominam de transição.

A modernidade deve ser considerada em todos os seus aspectos. Mas é necessário colocar em relevo seu papel como fundadora de um novo mundo, de novas sociedades, de novas relações sociais e de uma nova ordem planetária. Novas sociedades foram criadas e velhas sociedades foram transformadas profundamente. Muitas sociedades desapareceram. Esse processo já se concluiu e os seus resultados históricos é que constituem o mundo contemporâneo.

No momento presente, após cinco séculos de modernidade, são visíveis todas as dimensões da crise desse padrão civilizatório. Nestes tempos é importante e necessário refletir sobre o projeto civilizatório moderno, sua origem e desenvolvimento, buscando vislumbrar formas e modos para sua superação.

A partir dessa abordagem se pode concluir que, para superar a crise dilacerante deste nosso tempo, o objetivo dos povos não mais será a construção de sociedades modernas, mas de sociedades vivas, justas, em harmonia com a natureza e, sobretudo, estruturadas para a busca da liberdade, da democracia e da felicidade – além, portanto, das acanhadas, tristes e trágicas cercas da modernidade.

A modernidade não é um objetivo a ser alcançado por nós ou por algum outro país periférico. Esse objetivo já foi atingido, pois o "moderno" é o fundamento da construção da formação social empresarial que constituirá o Brasil e tantos outros países. O mundo moderno é este nosso, este que existe hoje e que é fruto de cinco séculos de hegemonia do paradigma civilizatório moderno. Não existe outra modernidade diferente da realidade presente. Estabelecer como objetivo social modernizar-se através da imitação das sociedades dominantes é perseguir uma estrada perversa, na qual, quanto mais se caminha, mais se distancia do objetivo procurado.

A modernidade também não é um conjunto de valores e normas aos quais se chega através de uma suposta evolução cultural, mas sim um sistema de relações sociais no qual uma parte da espécie humana se torna objeto de outra, permanecendo impossibilitada de exercer sua autonomia e impedida de construir um projeto próprio. O aprofundamento da condição de objeto, através de uma espécie de paixão pelo sujeito, um desejo de identificação com este, não conduz a uma superação do desequilíbrio e da contradição sobre a qual se funda o padrão de relações sociais modernas.

A modernidade é uma época histórica na qual o desequilíbrio existente nas relações sociais alcançou um grau de complexidade jamais conhecido anteriormente, liberando e organizando energias colossais. Energias humanas e naturais. Os humanos e a natureza foram então dominados e colocados não a serviço da humanidade (como se pode pensar a partir da própria filosofia moderna), mas de grupos humanos restritos e limitados. A modernidade criou uma forma nova de desequilíbrio social para produzir energias para os polos dominantes do sistema, isto é, para aqueles polos que capitanearam a implantação desse projeto civilizatório.

*

A construção do Brasil deve ser colocada no contexto global de seu tempo. Naquela época, Lutero duvidava e rompia, Maquiavel, Copérnico, Leonardo, Toscanelli e tantos outros reorientavam o rumo do conhecimento fundando as ciências modernas. Michelangelo trabalhava no teto da Capela Sistina, e os navegantes – desde Colombo – já navegavam baseados no conhecimento, não mais na esperança.

Naquela época, a paisagem social europeia apresentava também muitos grupos, anônimos, que pensavam que o mundo pudesse ser conhecido e dominado. Acreditavam ser possível mudá-lo, arrumá-lo de outra maneira, diferente do que ditavam as tradições, e construir um mundo novo. Eles já enxergavam o mundo de modo diferente, com olhos que já não eram medievais. Acreditavam poder navegá-lo, atravessá-lo, encontrar e dominar seus povos, usufruir de seus recursos, acumular suas riquezas... Os mitos dos heróis do mundo clássico, assim como as aventuras dos cavaleiros das cruzadas, foram vividos por uma multidão. O mundo era imenso e os aguardava, com seus povos, suas terras e seus tesouros.

Esses grupos formavam o que será denominado de vanguardas modernas, que refizeram suas próprias vidas refazendo o mundo, a partir de outro lugar social, diferente daquele oferecido pelo feudalismo em decomposição. A sociedade brasileira foi fundada por essas vanguardas. Gente que buscava o novo no mundo e em suas respectivas existências concretas.

Foi um movimento. Milhares de pessoas saíram mundo afora, tornando-se senhores e mestres da natureza, transformando-a de verdade, criando outra vida real.

Essas vanguardas viveram divididas entre sua nova construção e o passado, entre os novos mundos dominados e suas crenças antigas, entre o poder sobre o novo mundo e a obediência aos antigos reis.

Em uma perspectiva brasileira, pode-se observar que esse era o dilema de Don Antônio de Mariz, o personagem de José de Alencar em *O Guarani*. Fidalgo religioso e conservador, zeloso em sua reverência a um rei ausente, enquanto comandava – e abrigava – um bando de aventureiros que exploravam as novas terras e seus povos.[5]

Essa divisão interior, esse conflito psicológico, continuará a existir entre seus descendentes reais, históricos, como uma estrutura de DNA. Quem melhor a exprimiu, já nos primeiros raios do século vinte, foi outro pernambucano, Joaquim Nabuco, quando escreveu:

"Nós brasileiros – o mesmo se pode dizer dos outros povos americanos – pertencemos à América pelo sedimento novo, flutuante, do nosso espírito e à Europa, por suas camadas estratificadas. Desde que temos a menor cultura, começa o predomínio destas sobre aquele (...). Estamos assim condenados à mais terrível das instabilidades (...). A instabilidade a que me refiro provém de que na América falta à paisagem, à vida, ao horizonte, à arquitetura, a tudo o que nos cerca, o fundo histórico, a perspectiva humana; e que na Europa nos falta a pátria, isto é, a forma em que cada um de nós foi vazado ao nascer. De um lado do mar sente-se a ausência do mundo; do outro, a ausência do país. O sentimento em nós é brasileiro, a imaginação europeia."[6]

Para os portadores dessa "terrível instabilidade", o poeta genovês Bruno Lauzi escreverá a sua belíssima *Canzone per l'America*:

> Dedico questa canzone
> All'America che c'é dentro me
> Il mio cuore sconosciuto si é perduto
> E nessuno ormai sa piú dov'é
>
> (...)
>
> Dedico questa canzone
> All'America che ogni uno ha dentro di se
> Sono partito con Colombo per Il mondo
> E non sono piú tornato a me.

Mesmo divididos por essa instabilidade, romperão sempre na busca do novo.

E é ainda Nabuco a nos dizer que:

"A verdade é que sinto cada dia mais forte o arrocho do berço: cada vez sou mais servo da gleba brasileira por essa lei singular do coração que prende o homem à pátria com tanto mais força quanto mais infeliz ela é e quanto maiores os riscos e incertezas que ele mesmo corre".[7]

E assim, carregando as dores de uma ferida incurável, seguiram adiante apontando para o futuro. A ruptura foi irreversível. Criaram definitivamente um novo mundo. O nosso mundo. Criaram uma era.

*

Normalmente, a modernidade é sequenciada sobretudo pela ruptura contida na construção científica. É sempre considerada como uma etapa da evolução das ideias, a ruptura da razão com a teologia e o subsequente desencantamento do mundo. É sempre considerada uma criatura europeia.

As considerações sobre a modernidade, a partir da Europa, são em geral de natureza filosófica e estética. O surgimento do ser moderno é sempre relacionado ao surgimento da autonomia da razão, do pensamento, da construção de certa subjetividade, de um padrão de reflexão filosófica. Entendida nessa perspectiva, surge a partir de Descartes e se completa com o iluminismo e nas formulações sobre as revoluções sociais e científicas que o seguem. Considerada no que diz respeito à organização social humana, as sociedades modernas teriam surgido com o nascimento do capitalismo racionalizado em sua interpretação weberiana.[8]

Entretanto, e isto não é certamente novidade, na história vivida – de verdade – pela humanidade, as vivências concretas, as práticas sociais, a construção das cosmovisões, antecedem as formulações teóricas sobre elas. As formulações teóricas sobre a modernidade são muito posteriores à modernidade histórica.

Na origem da modernidade, suas vanguardas fundadoras eram sim constituídas por filósofos, matemáticos, astrônomos e artistas, mas também por comerciantes, banqueiros, navegadores, piratas, aventureiros e gente comum, muita gente comum que, inquieta, quisera e possuíra a coragem de viver de modo diferente da única forma de vida social conhecida na Europa, o feudalismo em crise, que não mais lhes podia conter.

As novas crenças, que se estruturavam em uma nova cosmovisão, foram os mananciais que produziram a coragem para que milhares de pessoas se erguessem e se movessem para novas e desconhecidas empreitadas. E partiram.

A natureza foi dominada em um ritmo veloz. Foi decomposta e conhecida. Os conhecimentos sobre o mundo – sua geografia, a extensão e a diversidade da nossa espécie, os novos territórios, mares, plantas e alimentos, os animais, os remédios e os mitos – que jorraram desse processo, em pouquíssimas décadas, afogaram e derreteram para sempre os conhecimentos de então, as teorias da época.

A ação das vanguardas modernas criou a ciência e acelerou a construção de outra racionalidade. Produziu a separação radical entre sujeito-objeto, a centralidade do sujeito e da razão, a decomposição e a re-composição artificial da natureza, até de territórios e povos, impulsionou a coragem para dessacralizar, manipular, conhecer e dominar. Estes eram os fundamentos da nova matriz de valores que emergiu na Europa na crise do feudalismo. A Terra perderá a centralidade do universo, mas se estabelecerá a centralidade do homem na Terra, assim como a supremacia da razão instrumental sobre a conduta humana.

A partir e de dentro dessas mudanças radicais, foi sendo construído outro paradigma civilizatório, outro "*software* social", um novo modo de organizar e hierarquizar os valores e normas, outro modo de viver. Criou-se outro firmamento social, e os valores começaram a girar em outras órbitas. Começaram então a surgir novas sociedades, já instituídas a partir desse novo *software* social (*ver quadro na próxima página*). Essas sociedades foram criadas nas periferias modernas. A primeira grande "nova sociedade" a surgir foi o Brasil.

Nasceu então um mundo articulado, decomposto e conhecido e, sobretudo, muito diferente daquele dos mitos e da imaginação proveniente da teologia. O mundo que foi nascendo, descoberto por um novo olhar e modificado a partir desses novos valores, já era moderno, principalmente por transformar tudo em mercadoria. Fossem produtos, mas também os territórios e seus povos. Instaurou-se a mercantilização do mundo como um valor em si.

A ruptura e o domínio sobre o mundo natural se estenderam às relações entre os humanos. O resultado foi a criação da escravidão em sua versão moderna. A mais perversa de todas as formas de escravidão. Nela, povos inteiros transformam-se literalmente em objeto de domínio na forma mais pura e extrema da sociedade moderna: propriedade privada e mercadorias, usadas para fins mercantis.

As descobertas e conquistas além dos oceanos devem ser consideradas muito mais profundamente do que como simples relações mercantis. Estas últimas – as relações mercantis – já se desenvolviam intensamente antes mesmo da idade moderna e encontravam espaço de relevo na Antiguidade, se considerarmos os fenícios e os gregos, os cartagineses e os romanos e, mais tarde, os genoveses e os venezianos.

Como práticas sociais organizadas, as descobertas e as conquistas possuíram uma característica distinta e fundamental: a criação de novas estruturas sociais, desconhecidas até então, em que os humanos foram organizados para servir à economia, entendida como negócio privado, e somente para isto.

Sobre o *Software* Social Moderno

O conceito não pertence à tradição das ciências sociais. Sua origem se encontra naquele conjunto de conhecimentos que pode ser designado como ciências da computação. Entendo como *software* os programas, procedimentos e regras que pertencem à operação de um sistema.

O transplante de conceitos de um campo do conhecimento ao outro é frequente, mas é também uma questão complexa. É sempre realizado por necessidade, para auxiliar na compreensão dos processos e dos fenômenos. Portanto, pode não ser ainda o mais apropriado. Como conceito, o *software* social padece de duas insuficiências notáveis. A primeira é que o *software* não possui uma dialética interna, como as sociedades humanas. A segunda é que, ao contrário das sociedades humanas, só pode ser alterado do exterior, por intervenção dos seus criadores.

Entretanto, apesar desses limites, a função de um paradigma civilizatório para o comportamento dos membros de um sistema social é semelhante à função do *software* no funcionamento de um sistema no campo das ciências da computação. Tenho feito uso desse conceito em sala de aula, com resultados positivos em relação à compreensão do fenômeno da construção da modernidade periférica. Observo um vivo interesse dos alunos por essa formulação. Resolvi então utilizá-la nesta obra.

O primeiro *insight* do conceito surgiu ainda nos anos noventa, durante um longo seminário realizado no âmbito do Instituto Brasileiro de Desenvolvimento (IBRADES), Centro João XXII, no Rio de Janeiro. De modo especial, por ocasião da leitura e debates do texto *Religião e Modernidade Filosófica*, de autoria de Henrique C. de Lima Vaz, filósofo maiúsculo que deixou tantas saudades entre seus amigos e admiradores. O Padre Vaz ocupa um lugar imenso no âmbito da cultura brasileira e foi também uma das fontes do conhecimento inspirador da esquerda católica brasileira, inspirador, portanto, de tantas lutas políticas para a transformação do nosso país.

Do texto magistral de Padre Vaz selecionarei alguns parágrafos, notas de leitura, assinalados ainda nas páginas da época, hoje amareladas, que contribuíram para esta ousadia teórica. Reproduzo porque eles contribuem para o aprofundamento do "tempo histórico" considerado nestas reflexões, clareando, mais do que pudesse fazer eu, as relações entre conceitos e história. É também uma brilhante lição sobre a modernidade. Eis as palavras do mestre:

"(…) julgamos que, entre todos os ciclos civilizatórios que conhecemos, apenas a civilização do Ocidente apresentou as condições necessárias e suficientes para que nela viesse a surgir a forma de saber que denominamos de 'filosofia'. Apenas ela, portanto, pode ser caracterizada como uma 'civilização filosófica'. Resta esclarecer que entendemos por 'civilização ocidental', do ponto de vista cronológico, aquele ciclo civilizatório cujo início pode ser situado no alvorecer da época clássica da história grega no Mediterrâneo oriental em torno do século VI a.C. e chega até nós em uma continuidade no tempo que não conheceu rupturas definitivas, estendendo-se geograficamente pelo contorno mediterrâneo, pela península ocidental do continente eurasiano e pelas Américas; culturalmente, desenvolveu-se a partir do núcleo original grego, seja endogenamente, seja acolhendo e assimilando múltiplos afluentes exógenos e desdobrando-se assim, sem perder certos traços da identidade original, em subciclos bem caracterizados como a civilização antiga, a medieval, a moderna e a contemporânea. Entre esses traços originais conta-se justamente a filosofia, cuja história abrange, portanto, cerca de 26 séculos da nossa civilização.

(…) Ora, somente quando, com o nascimento da filosofia nas ilhas da Jônia no século VI a.C., a razão demonstrativa ou o logos como episthéme ou como ciência passa a ocupar o centro simbólico da civilização grega, uma tal revolução na representação do tempo terá lugar. Com ela o conceito de modernidade (se não o termo) pode igualmente surgir, ou seja, a filosofia situada no presente da reflexão pode conferir ao mesmo presente a dignidade de instância de compreensão e julgamento do passado, ou a dignidade do novo que advém ao tempo como diferenciação qualitativa na identidade do seu monótono fluir.

Assim, a modernidade passa a ser uma categoria de leitura do tempo histórico somente quando esse é assumido na conceptualidade filosófica. Civilizações não-filosóficas não conhecem uma leitura moderna do seu tempo porque não julgam o seu passado a partir do seu presente. Em outras palavras são, nesse sentido, civilizações ahistóricas e, por isso mesmo, nelas a religião preside à identidade solar de um tempo imóvel, soberanamente elevado sobre as peripécias e acidentes do fluir constante que mede o desenrolar dos nossos 'trabalhos e dias'.

Assim, talvez para a decepção daqueles que gostariam de levantar bandeiras nunca antes desfraldadas, a nossa modernidade tem, pelo menos, 26 séculos, ou a tanto remonta a linhagem das modernidades que dão origem à nossa. A primeira modernidade é a da civilização jônica, que se amplia e atinge seu acme na Atenas dos séculos V e IV. Modernidade porque nela, segundo a expressão de Hegel – o pensador por excelência da modernidade ocidental no seu inteiro desdobrar-se –, o tempo passa a ser o lugar do conceito ou, o que é o mesmo, a filosofia, que é o tempo captado no conceito, passa a ser a enteléquia do corpo histórico dessa civilização. (...) Na órbita da razão filosófica, as grandes formas da cultura intelectual passam então a se organizar, constituindo o que poderíamos chamar de o sistema solar da primeira modernidade. Essa estrutura planetária será, daí por diante, a estrutura fundamental do céu simbólico das modernidades que irão se suceder na história do Ocidente. Tantas serão elas 'quantas forem as formas da Razão, filosoficamente configuradas, que ocuparem o centro do sistema cultural'.

A modernidade pois, vista desde o ângulo da conceptualização filosófica, significa a reestruturação <u>modal</u> na representação do tempo, em que este passa a ser representado como uma sucessão de <u>modos</u> ou de atualidades, constituindo segmentos temporais privilegiados pela forma de razão que nesses se exerce. Nesse sentido, o tempo é vivido como propriamente <u>histórico</u>, e nele alguma coisa acontece que pode ser chamada qualitativamente de <u>moderna</u>.

Pensada filosoficamente, a ideia de modernidade é, assim, correlativa à formação de uma consciência <u>histórica</u> cuja primeira característica é o privilégio conferido ao próprio ato de filosofar na atualidade do seu exercício de ordenar e julgar o tempo (...) e cuja primeira manifestação é, pois, o aparecimento da consciência <u>historiadora</u>.

A 'modernidade moderna' inaugura-se, com efeito, quando um novo sol filosófico reorganiza na sua órbita o sistema das razões que passará a dominar na sociedade. O despontar desse sol pode ser datado exatamente de 1629, ano em que Descartes escreveu as *Regulae ad directionem ingenii*, não obstante o fato de que elas viessem a ser publicadas somente após a morte do Filósofo. Aí estão presentes as premissas cujas consequências irão sendo desenroladas ao longo da evolução da filosofia moderna."[9]

O *software* social moderno é então a organização abstrata de um novo firmamento cultural, no qual um conjunto de valores se estrutura em novas órbitas, em torno de novos eixos, propondo e orientando novas relações sociais. Estas se estruturaram para instituir novas sociedades nas novas terras "descobertas" e para impulsionar transformações graduais na Europa "descobridora".

O *software* social moderno apresenta-se junto com a modernidade e orientou sua construção na história. O processo de modernização do planeta será a evolução e a extensão desse *software* social a todos os povos. Será fundado um novo momento de "modernidade filosófica", como nos ensina Lima Vaz, que fundará as ciências, mas, antes de tudo, fundará novas sociedades, novos povos, e sancionará um novo padrão de relações sociais entre os humanos.

Desde o início destas reflexões, tenho considerado a modernidade a partir de uma abordagem sociológica. Isto é, quando esta se apresenta como sociedades orientadas pelo seu firmamento de valores. É quando a modernidade transcende o mundo das ideias e se transforma em história social da humanidade.

A modernidade foi uma transformação profunda na história e na natureza do humano. Ocorreram transformações no nível da subjetividade, criando o indivíduo isolado e atribuindo-lhe a função de construir a si mesmo, e transformações nas relações sociais e nas relações entre o homem e a natureza.

Quando se muda um paradigma civilizatório, o sistema social altera radicalmente sua forma de operar. Alteram-se os significados das ações de seus membros. Quando isto ocorre, os humanos vão se comportando de outro modo, buscam orientar-se pelos novos valores, experimentá-los na vida real. A prática dos novos valores, a ação concreta dos indivíduos, poderá então ser verificada, ser avaliada a partir dos resultados que produzem. Podem se difundir, ganhar legitimação e ser sancionadas. É quando então começa a nascer um novo tipo de sociedade e vão brotando as estruturas de um novo sistema social.

A "reestruturação modal na representação do tempo, constituindo segmentos temporais privilegiados pela razão que nesses se exerce", são transformações profundas no âmbito da filosofia, são reestruturações do sistema solar filosófico. Isto é, são reestruturados os modos pelos quais todos os componentes, em novas órbitas, mudam seus eixos gravitacionais, quando "um novo sol reorganiza na sua órbita o sistema das razões que passará a dominar a sociedade", dando vida a uma outra etapa da civilização humana.

As ideias e as estruturas sociais estão em estreita conexão. As ideias impulsionam os sujeitos à prática de novas atitudes, a construir novas relações com os outros humanos e com a natureza. As ideias constituem-se em um poderoso propulsor de ações, alimentado por uma energia inesgotável e ao alcance de todos os humanos, porque todos a possuem dentro de si. É uma energia grátis, porque é a nossa própria alma, e é uma energia diferente, porque aumenta com a sua utilização. As possibilidades das ideias são infinitas e constituem o campo da esperança humana. É o campo da esperança sobretudo hoje, no contexto da crise da modernidade madura.

No plano individual, novas ideias impulsionam mudança de atitudes, de comportamentos, de crenças, de engajamento, de profissão, etc. Essas mudanças se constituem na história do ego. Observando-se no nível macro, da sociedade, as mudanças de comportamentos coletivos constroem novos sistemas sociais e constituem-se na história social da espécie humana. Há uma relação estreita entre essas duas instâncias – a teoria e as relações sociais – que tanto ocupou Hegel, Marx e outros importantes pensadores

Entretanto, e é natural que fosse assim, uma formulação teórica mais sofisticada e completa sobre um novo sistema social, isto é, um pensar filosófico sobre essas práticas sociais, quando as formas da cultura passam a se reorganizar "na órbita da razão filosófica", surge somente quando esse novo sistema social já está existindo na história.

Descartes e Hegel construirão o sistema solar da nova razão, organizarão as órbitas em torno do novo sol, mas somente o farão quando ele já estava brilhando e já tinha estabelecido outro padrão gravitacional.

Como nova sociedade, a modernidade surge no século dezesseis. Surgiu ainda confusa e encoberta por formulações imprecisas, mas moderna sociologicamente no âmbito das relações sociais praticadas aqui nos trópicos. Foi daqui que o novo sol começou a brilhar, embora tenha sido lá que o sistema desse novo céu foi compreendido e formulado. Mais de um século separa a ação das vanguardas modernas que fizeram o mundo moderno da construção da teoria sobre esse novo mundo no âmbito da filosofia ocidental, principalmente por René Descartes.

A modernidade moderna, como diz o mestre, é um projeto civilizatório, uma etapa da evolução das sociedades humanas, portanto, uma etapa das relações sociais.

Na aurora moderna é visível a estreita relação entre construção do conhecimento, da ciência e da filosofia e a construção de um novo mundo através da proposta de relações sociais que já gravitavam em torno de outro "sol", em torno de outras razões. Naquela época essa relação foi tão estreita que às vezes até se encontram em uma mesma pessoa, ou em um pequeno grupo, como no caso de Vespucci, Toscanelli e o grupo florentino.

Como sistema social, a modernidade moderna foi construída com duas imensas vantagens relativas. A primeira é que foi experimentada fora do continente onde surgiu sua concepção. Foi experimentada sobre territórios e povos dominados. Inicialmente no Brasil, estendendo-se depois periferia mundial afora. A segunda vantagem relativa é que esse projeto civilizatório logrou experimentar-se sem confrontar-se com seus adversários internos ao sistema social no qual nasceu. Ao contrário, a experimentação desse novo padrão de relações sociais foi realizada em aliança com seus adversários – nobreza e igreja – que dela também se beneficiaram.

Não ter sido construído em um único país, mas no plano mundial, obrigou que esse projeto civilizatório construísse junto com sua afirmação um novo modo de organizar as relações internacionais, criando pela primeira vez na história humana um sistema planetário de relações econômicas, políticas e culturais e criando também um conjunto estável e desigual dessas relações, conjunto este designado com a expressão centro-periferia.

O conceito centro-periferia aqui utilizado é proveniente dos estudos sobre o desenvolvimento latino-americano lá nos idos dos anos cinquenta do século vinte, realizados sobretudo no âmbito da CEPAL, para cuja elaboração concorreram os principais nomes das ciências sociais do nosso continente, como R. Prebish, Celso Furtado, Aníbal Pinto e outros. A Comissão Econômica para a América Latina e o Caribe (CEPAL) foi criada em 25 de fevereiro de 1948, pelo Conselho Econômico e Social das Nações Unidas (ECOSOC) e tem sua sede em Santiago, Chile.

As descobertas e as conquistas criaram as novas formações sociais empresariais, que estrearam na história com a construção do Brasil. Estas possuíam uma marca definitiva da era que as criou: trata-se dos seus conteúdos valorativos, o *software* social moderno como eixo de suas estruturas e de suas instituições sociais.

O conjunto dessas estruturas e instituições, construídas nas periferias modernas, imenso e complexo, é internacional em si mesmo, isto é, organizado, sempre, com objetivos estabelecidos em nível do mercado mundial. O tráfico de escravos, a produção e o comércio do açúcar e de outros produtos, junto com uma mobilidade frenética de pessoas livres, tudo, enfim, só pode ser compreendido em sua densidade real se entendido em suas dimensões mundiais.

A construção dessas novas estruturas sociais criou o mundo moderno, o mundo mundial, o nosso mundo, que foi se expandindo até englobar todo o planeta, transformando-se sempre, mas mantendo sua essência, a essência do projeto civilizatório que o criou.

Se o surgimento do mundo moderno for considerado do ponto de vista das formações sociais novas, isto é, daquelas que já se constituíram tendo por eixo central os valores modernos, sendo, portanto, modernas em seus fundamentos, é inevitável constatar que a modernidade se fundou aqui e nossa formação social é uma das protagonistas de sua criação. A modernidade é o tempo brasileiro. Como ser social, isto é, como organização social concreta de grupos humanos, a modernidade nasce primeiro nas periferias. Somente depois alcançará os centros do sistema.

Observada a partir dessa perspectiva, a condição moderna não é um estágio que algum povo tenha alcançado em forma plena, para então irradiar para todo o planeta, como sempre foi apresentada. Não é um nível mais evoluído de organização social que foi ou que possa ser imitado pelos outros. Também não é somente uma descoberta intelectual de elites iluminadas.

O mundo moderno foi, desde o início, uma postulação de vanguardas espalhadas em muitos lugares do velho continente, em muitos campos de atividades. Era um movimento que possuía ideias novas e uma estética própria, é verdade, mas foi principalmente na construção de sistemas sociais novos e de um mundo articulado econômica, política, militar e culturalmente, que essas vanguardas puderam se exprimir com plenitude, criando, ainda na época das sociedades locais, uma empresa composta por muitas sociedades, o mundo mundial.

Esse novo mundo já surgiu relativizando, diminuindo, cada modo de ser específico, local, próprio, do ponto de vista étnico, cultural, religioso, político e econômico, forma até então conhecida de organização social entre os humanos. Já nasce planetário, criando um mercado e uma teia de relações sociais que envolveu o mundo, misturando os povos, articulando-os entre si, fazendo-os encontrar-se de forma irresistível, gerando assim povos novos.

Ao construir-se primeiramente em nível planetário, a partir das novas formações sociais periféricas como aquela brasileira, e das relações estabelecidas entre estas e os centros do sistema, surpreendeu o mundo anterior, nacional, local. Esse mundo novo possuía já na sua origem uma estrutura, um modo de ser especial. Era a articulação entre vanguardas, numa posição central, e povos e territórios dominados que constituíam o que pode ser denominado de periferia do sistema.

Essa estrutura mundial nova, centro-periferia, passa a ser o novo patamar para as relações entre os povos do mundo. Serão essas articulações estruturais que permitirão às vanguardas modernas construir seu próprio mundo, diferente e além do mundo local de então. Eram somente negócios, grandes negócios, que se realizavam fora dos limites físicos e culturais conhecidos no mundo. Negócios que se realizavam em um território novo, o plano mundial, sob o qual não vigorava nenhum tipo de controle.

O objetivo central desse sistema internacional novo é a apropriação, pelas vanguardas modernas, dos resultados econômicos e políticos produzidos pela estrutura desigual do mundo que se criava. A função da desigualdade era e continua sendo a de produzir e concentrar riquezas. Após cinco séculos de existência, essa estrutura concentrou poder e riquezas em um nível assustador, dado fundamental da paisagem planetária contemporânea.

*

Desde o início de seu surgimento na história humana, o *software* social moderno mostrou seu antagonismo com a vida, tanto aquela humana, como se pode ver pela escravidão e pelo extermínio de milhões de indivíduos, quanto com o conjunto da biodiversidade, como se pode observar pela transfiguração de territórios e consumo desenfreado de recursos naturais. Essas consequências permaneciam invisíveis, pois todos os olhos estavam voltados para os êxitos alcançados por essas vanguardas. Atribuía-se a morte decorrente do sistema como ocorrência inevitável do processo criador de uma nova era.

Entretanto, desde a metade do século vinte, é claro para todos que o antagonismo entre o *software* social moderno e a vida de todas as espécies terrestres e da própria Terra é um dado definitivo. Encontra-se na essência desse sistema. Os relatórios recentes dos organismos internacionais mostram que esse antagonismo alcançou níveis irreversíveis, alterando definitivamente as condições de vida em nosso planeta, com tendência de amplificação do desastre ecológico.

Considerado na perspectiva desse antagonismo, ganha importância ímpar aquele encontro ocorrido no dia 22 de abril de 1500, na barra de um rio que deságua nos areais belos e serenos das praias de Cumuruxatiba. Trata-sa do rio Cahy que, aos pés do Monte Pascoal, no sul da Bahia, encontra as águas quentes e rasas daquele nosso oceano tropical.

Aquele encontro possui um enorme significado para a história da humanidade. É necessário debruçar-se mais sobre ele, reencontrá-lo, reentendê-lo. Decifrar o *vis-à-vis* que ele representa, a ingenuidade fraterna que o envolve e os mistérios que ele encerra. Ingenuidade e mistérios que provocam e estimulam. O único testemunho ainda existente permanece recolhido em uma impassível mudez, encoberto pela beleza de suas curvas leves e suaves: o Monte Pascoal.

Aquele encontro foi o confronto físico entre duas matrizes de valores, que orientavam duas organizações sociais distintas. Estas eram absolutamente diferentes e contemporâneas, fato difícil de ser concebido em nossos dias.

De um lado, nossos antepassados tupiniquins, pataxós, aymorés e tantos outros povos que, como nos ensinam antropólogos e os primeiros visitantes, e como testemunham as poucas tribos ainda existentes, organizavam-se tendo a vida como centro do sistema de crenças, valores e organização social, adotando um conceito de sagrado que incorporava também a natureza, com a qual se encontravam em harmonia.

De outro, aquela insólita fração da vanguarda moderna, homens famintos e sedentos, chegando depois de semanas no mar, enfiados em roupas estranhas e rodeados por uma parafernália de equipamentos pessoais desconhecidos, dentro de fantásticas naves, com mastros e velas. Para estes, a centralidade do sistema de valores era a conquista, o domínio, a extração, a produção e a acumulação de riqueza como um fim em si.

A análise das matrizes de valores dos dois grupos que se encontraram naquele longínquo abril nos mostra o confronto entre dois *softwares* sociais distintos e antagônicos no que diz respeito a dois valores fundamentais: a centralidade da vida e a sacralidade da natureza.

O *software* social da tribo indígena marca o último momento histórico no qual, em nosso território, a produção, a reprodução e a conservação da vida foram os valores centrais da organização social. A vida entendida em todas as suas dimensões, em uma natureza cósmica sacralizada. Era o *software* social da vida.

O *software* social dos forasteiros, aquele da modernidade emergente, fundava-se na centralidade da razão instrumental, do domínio e da submissão da natureza como objeto e meio para a produção de riquezas. A vida é somente uma energia instrumental, para ser gasta em projetos pessoais, de enriquecimento individual. Por esse olhar é possível vislumbrar com nitidez a essência da organização social moderna: a produção social da morte.

Este último prevalecerá. Organizará o Brasil e quase todo o planeta segundo suas normas. E avançará por cinco séculos até que, amadurecido, nesta tarda modernidade em crise, venha hoje a mostrar as colossais dimensões da catástrofe que representa.

*

Não somente pelas dimensões físicas e pelo volume financeiro dos negócios, mas também pela essência planetária contida na construção brasileira, este país será a mais ampla e ambiciosa estrutura social construída nas primeiras etapas da modernidade.

Desde aquele 22 de abril, nunca mais tivemos uma estrutura social destinada a servir aos habitantes daqui. Nossa economia e a formação social empresarial, isto é, nosso modo de ser social, original e perverso, foi criado para outras finalidades, não para servir aos humanos que foram reunidos para constituí-lo. Foi construído para servir aos interesses de novos atores sociais que agiam em nível mundial, este âmbito novo que se criou. A nova organização social era já internacional em sua essência.

E tudo foi concebido de um modo novo e para um mundo novo. Tudo no modo de ser do Brasil era "novinho em folha". O grau de objetivação da natureza, física e humana, material e cultural, imaginado, projetado e construído aqui com fins exclusivamente mercantis, era original e não foi copiado de nenhum país. Era desconhecido na Europa que saía do mundo feudal e não existia no planeta Terra na magnitude com que aqui foi construído.

O Brasil era diferente e novo porque foi organizado e já funcionava segundo um outro projeto civilizatório. Foi uma criação moderna em um mundo ainda antigo. A prática concreta do *software* social moderno, a sua vivência na vida social, que orientará a formação do Brasil, mudará o mundo para sempre. Envolverá e mudará todos os povos, em todos os lugares do mundo. Destruirá muitos povos e criará novos. Novos povos e novos estados.

Em sua evolução, o mundo moderno criará pelo menos dois distintos tipos de sociedade. Aquelas do centro, onde se acumularão as riquezas e o poder, e aquelas das periferias, especializadas em produzir esses recursos. Ambas são modernas, sejam as sociedades industriais nos centros do sistema, sejam aquelas formações sociais empresariais, industriais também, nas periferias do sistema mundial.

As novas sociedades modernas, surgidas no centro do sistema, serão até mais tradicionais. As sociedades centrais terão um desenvolvimento econômico, social, cultural e político mais em continuidade com o seu passado, já que serão mantidas muitas instituições do passado, muitos sólidos históricos, como prefere Bauman.[10] A ruptura com grande parte do passado naqueles países centrais ocorrerá bem mais tarde, nos séculos dezessete e dezoito, e será decorrente do que se convencionou chamar de revoluções, e não será, em nenhum momento, tão radical quanto nas sociedades periféricas.

Na periferia ocorreu um processo diferente. Criou-se um modo de viver novo, um modo de organizar-se socialmente que era exclusivamente moderno e fruto da dissolução de todas as tradições de todos os povos que se juntaram para construí-lo. As novas formações sociais surgiram do derretimento de todas as tradições e não abrigaram em suas estruturas nenhum sólido histórico de eras passadas. Em muitas sociedades da periferia do sistema mundial, a ruptura com o passado foi total e completa.

Essas duas formações sociais modernas, centrais e periféricas, são diferentes e complementares. Constituem a expressão real do primeiro projeto de articulação do planeta em um sistema mundial.

As desigualdades e as assimetrias do mundo novo que surgiu não são naturais nem definitivas. São construções históricas, como todas as construções sociais humanas, e surgiram fundadas em interesses de alguns grupos sociais que emergiram na Europa. A desigualdade deve ser entendida somente como uma imperfeição desta primeira tentativa de articulação mundial de povos e nações. Outros modelos de articulação dos povos do mundo estão por vir.

Essas duas sociedades, entretanto, não foram compreendidas como fruto de um mesmo processo, como oriundas e ordenadas por um mesmo *software* social. O estudo dessas duas sociedades seguiu sempre o mesmo roteiro. Os estudos sobre as sociedades centrais, sua história, seus processos econômicos, sociais, políticos, culturais e sua "expansão". Os resultados desses estudos constituem as teorias sociais, que então são aplicadas para o estudo das outras sociedades específicas.

Ora, as formações sociais empresariais das periferias exigem, na realidade, outro conjunto conceitual, pois *vis-à-vis* à teoria social das sociedades dos centros do sistema permanecem sempre imperfeitas, imprecisas, incompreensíveis. Na realidade, os conceitos elaborados nas sociedades centrais, quando aplicados à realidade das formações sociais empresariais das periferias modernas, parecem sofrer um desvio de significado.

*

Por ocasião da construção das formações sociais empresariais, lá pelos idos do século dezesseis, as vanguardas modernas representavam somente uma parte, influente mas subordinada, no interior dos diversos sistemas de poder de suas respectivas sociedades, lá na velha Europa.

A função da estrutura mundial que elas criaram – produzir riquezas e concentrá-las em suas mãos – permitiu mais tarde que essas vanguardas tivessem condições de alterar suas posições relativas nos antigos pactos, estabelecer e depois consolidar suas hegemonias em seus respectivos países.

Assim sendo, na Europa, as alterações econômicas, políticas e culturais que conduziram ao poder as vanguardas modernas, com os príncipes ou contra eles, constituem o que se denomina de "revoluções". Foram fundamentais aquelas ocorridas na França e na Inglaterra.

Entretanto, antes da sua revolução, a França, por exemplo, já era um império colonial que articulava extensas áreas do planeta sob o controle de suas empresas, que produziam e transferiam recursos para as "suas" vanguardas modernas, sobretudo para uma parte dessas vanguardas, as burguesias internacionalizadas.

Os vínculos das periferias articuladas a essas burguesias, vitoriosas na revolução, não sofreram alterações após a vitória dos revolucionários.

Na França, a abolição da escravidão não será realizada na assim chamada "grande revolução". Será realizada em época muito posterior.

Após a Revolução Francesa, o escravo não virou *citoyen,* continuou escravo. Escravos de propriedade de *citoyens.* A assim chamada "declaração universal" dos direitos humanos não foi universal... Também na Inglaterra ocorrerá um processo similar. A evolução política no sentido da cidadania, da democracia, assim como as profundas mudanças na vida econômica, ocorrerão combinadas e articuladas com a colonização e o domínio de outros povos, combinadas com a escravidão moderna e com o país sendo o líder mundial do tráfico mundial de humanos.

Essas circunstâncias históricas mostram que, na assim chamada era das revoluções, as periferias do mundo moderno já estavam ligadas ao revolucionário, isto é, às vanguardas modernas, desde o momento inicial da construção das sociedades empresariais, do mercado mundial, do tráfico de escravos, etc. As periferias eram um lado do novo antes mesmo do novo vencer na Europa. As periferias modernas já exprimiam uma ruptura realizada séculos antes, isto é, foram a revolução antes das revoluções europeias.

As periferias mostram que a modernidade é um projeto civilizatório contraditório, constituído por contradições que se aninham na sua essência e desde as suas origens. Assim deve ser considerada a contradição entre o *software* social moderno e a vida e, também, as contradições próprias das estruturas sociais que gerou. Essas contradições estão no DNA histórico da modernidade.

As revoluções europeias são partes integrantes da construção do mundo moderno. Não geraram este mundo, como sempre se pensou. As revoluções burguesas europeias foram possíveis, realizadas e vencidas graças à existência de novas condições, dadas pela produção, pela acumulação e pela concentração de recursos em nível mundial. Recursos produzidos e transferidos pelas periferias modernas. A assim chamada "acumulação primitiva do capital" foi na realidade uma acumulação moderna e mundial.

O capitalismo, sistema que melhor exprime os novos valores que se afirmaram com a modernidade, não nasceu somente nos espaços ocupados pelos novos pastos e pelas novas ovelhas, após a expulsão dos humanos e a construção de novas cercas, mudanças cruciais que ocorrerão nas zonas rurais da velha Inglaterra. Também não nasceu nas novas manufaturas que surgiram nas cidades inglesas. Não é filho único das mudanças das relações sociais que se seguiram aos processos citados naquela importante sociedade. Lá nasceu só o capitalismo inglês.

O capitalismo é um cidadão planetário que nasce nos descampados, que pareciam infinitos, dos novos espaços terrestres, descobertos, construídos e dominados pelas vanguardas modernas. Parte integrante dessas vanguardas, a burguesia, classe dirigente do capitalismo, portanto, já nascerá mundial.

Serão os seus novos negócios, que tinham por espaço esse novo e grande mundo mundial, que orientarão as bússolas dos armadores e de seus navios, dos comerciantes, dos bancos e das novas indústrias da Inglaterra e também de toda a Europa. Os negócios mundiais é que darão sentido e significado ao desenvolvimento do capitalismo na Inglaterra e nos outros centros do novo sistema internacional que se construía.

A burguesia internacional, que construiu as bases estruturais do capitalismo articulando todo o planeta, era somente uma parte das vanguardas modernas. Estas, entretanto, eram mais amplas e continham, principalmente no âmbito da cultura e das ciências, outros grupos que até se opunham aos projetos burgueses.

A burguesia será aquela parte das vanguardas modernas que se dedicará à construção do mundo sonhado pelas vanguardas do saber, mas o construirá somente para si, para seu exclusivo proveito, para se apropriar integralmente dos seus frutos, para exercer com exclusividade o poder sobre ele, subordinando todos os outros grupos sociais, transformando alguns em mercadorias e deixando outros excluídos das novas organizações sociais.

As grandes transformações políticas europeias – as revoluções – vieram sancionar uma hegemonia nova, construída politicamente por um grupo social que possuiu a coragem, a audácia e a capacidade de expandir – sob seu controle – os limites do mundo a todo o planeta, de integrá-lo de modo tal que pudesse ocorrer um processo de produção e distribuição em escala mundial, cujos frutos, as riquezas, se concentrassem e se acumulassem em suas mãos e sob seu poder.

O sistema mundial moderno, com seu núcleo genético centro-periferia, sofreu muitas transformações nestes 500 anos. Na história desse sistema, os centros e as periferias mudaram. No interior de suas respectivas sociedades, nas suas relações recíprocas e nas relações de cada um com o sistema em seu conjunto.

Passou a ser possível, por exemplo, a existência de autonomias parciais – como livre expressão cultural, soberania política limitada, possibilidade de cada Estado estabelecer relações globais, participar de organismos internacionais, mesmo permanecendo a dependência econômica e o rigor da manutenção das funções especializadas definidas pelas vanguardas modernas para povos e territórios desde o início da formação do mundo mundial. Com o tempo ocorreu uma espécie de *estratificação dos níveis de domínio.*

Mas, mesmo após tantas mudanças, esse núcleo genético fundamental não só permaneceu estável, mas se expandiu até incorporar todos os povos e regiões da Terra, como se pode observar pela dilacerante crise do sistema internacional contemporâneo e pela dramaticidade das condições humanas em nossos dias.

*

Através da artificialidade da construção brasileira, a modernidade produziu duas de suas mais belas criações: o povo brasileiro, fruto de uma mistura mundial de povos, e a cultura que emergiu dessa mistura de humanidades.

Assim, a partir daquele 22 de abril, este território gigantesco, belo e generoso se transformou em base material para o encontro e a mistura de raças, culturas e experiências existenciais. Mistura de muitas histórias. Desde o início, e a partir daí sempre, o Brasil foi um país especial.

Já nasceu diferente daqueles países, estáveis étnica e culturalmente por séculos ou milênios, países que, embora tenham sofrido influências externas, tiveram sua evolução determinada quase exclusivamente por processos endógenos. Será também sempre diferente daqueles outros lugares onde vários povos convivem juntos, mas não se misturaram.

Com o descobrimento, a invasão e a ocupação internacional sob controle português do território que hoje é o Brasil, iniciou-se a transformação desta região tropical em lugar de um encontro diferente, com densidades e dimensões até então desconhecidas na história humana.

Organizados pela Empresa Brasil, no contexto da modernidade nascente, para este pedaço do mundo confluiriam, em modos diversos e desiguais, se estabeleceriam e se misturariam muitos povos. Misturaram-se e foram misturados. Foi questão de amor e de poder.

Povos da África oriental, central e ocidental, povos ibéricos, povos mediterrâneos e centro-europeus e, mais tarde, povos asiáticos. Aqui todos se misturaram e continuam a se misturar. Física e culturalmente, entre si e com os povos nativos daqui. As várias nações indígenas nativas foram arrastadas pelo redemoinho humano que se formou. Foram destruídas e dispersas em sua quase totalidade. Diluíram-se, recriando-se, no resultado da mistura, caldo étnico e cultural poderoso Surgiria, em meio a tantas novidades, um povo novo, conforme o denominou Darcy Ribeiro.[11]

Deve-se considerar que a mistura não era fatal. Os povos distintos que para aqui vieram poderiam viver apartados culturalmente, racialmente, como já ocorrera no passado e ocorrerá também durante o processo civilizatório moderno. Os exemplos são abundantes.

O encontro que cria o Brasil também poderia ter se realizado sob a égide de uma só cultura. Chegou-se a postular que na mistura predominasse uma só cultura, a lusitana, aquela da vanguarda articuladora de todo o processo. Existiu e foi posto em prática no Brasil um projeto de domínio cultural, lusitano e católico. A herança cultural portuguesa será importante e permanecerá, mas esse projeto não se realizou.

As etnias e as culturas se misturaram em forma difusa. Criou-se neste território tropical uma espécie de inevitabilidade da abertura étnica e cultural. As etnias e as culturas terminaram por se misturar, malgrado seus próprios limites e preconceitos. Misturaram-se por necessidade, pelo prazer e pelo poder, e o fruto dessa fusão de energias culturais nasceu vigoroso e resistente.

Cada uma delas continuará viva de outra maneira, isto é, sobreviverá no seio de um sincretismo étnico e cultural inédito, diferente de cada componente específico. Essa cultura nova, sincrética, se afirmará e permanecerá, reforçando-se cada vez mais, até alcançar um elevado grau de maturidade na modernidade contemporânea.

Mesmo sofrendo influência e sendo submetido a vários projetos de dominação cultural, inerente aos diversos sistemas de poder que se sucederam na modernidade, o Brasil, para nossa própria surpresa, gerou e manteve uma identidade cultural autêntica, autônoma.

A cultura brasileira assume e incorpora cada vez mais dentro de si mesma a mistura que a gerou, transformando-a em identidade própria. Uma identidade nova. Uma identidade que, ao contrário das outras identidades que nasceram de experiências nacionais, surgiu e se desenvolveu no âmbito do mundo planetário criado pela modernidade.

Essa identidade é forte e aberta, possui a coragem da originalidade e recebeu, assumiu e recriou modos de vida, sentimentos, valores, ideias e comportamentos dos povos que se juntaram para criá-la. Por possuir essas características, a cultura brasileira até já foi chamada de antropofágica, no ideário dos modernistas de 1922.

No Brasil, construiu-se a primeira cultura fruto de uma mistura de valores, jeitos, culinária, comportamentos, instituições, deuses, religiões e línguas provenientes de três continentes. Três continentes distantes e diversos. Aqui no Brasil nasceu a primeira cultura planetária na sua essência. Essa sua natureza, complexa, diferente das culturas nacionais, demanda uma teoria própria, adequada às culturas plurais, múltiplas, mundiais.

Os mais importantes antecedentes históricos de fusões culturais antes do nascimento da cultura brasileira encontram-se na cultura resultante da invasão e ocupação de toda a Europa pelo império romano, seguidas, séculos mais tarde, pela invasão do império pelos povos "bárbaros" norte e centro-europeus em meados do primeiro milênio da era cristã. Pode-se considerar também os resultados de um fenômeno mais recente, consequência das influências culturais provenientes da temporária expansão islâmica sobre a Europa que, mesmo não sendo definitiva como a primeira, possuiu grande importância. A cultura brasileira é herdeira de todas elas.

Existe algo especial em nossa construção cultural. Naquele cenário da formação social empresarial, organizada para exportar mercadorias e lucros, ela surgiu como algo diferente. Surgiu para nós mesmos. Nunca foi um bem produzido para exportação, não era mercadoria, como tudo que se criava aqui. É um bem nosso, nossa criação, que até recentemente constituía um segredo bem guardado na alma do nosso povo. Foi sendo criada exclusivamente para suprir as nossas necessidades e para nosso deleite e, é importante salientar, foi criada por todos.

Mestiça, a nossa cultura possui, no reconhecimento de sua pluralidade, uma irresistível vocação democrática. Quanto mais se reconhece plural e mestiça, mais essa vocação se reforça.

O encontro e a mistura entre iguais e diferentes, esse é o "pacto" de fundação da cultura brasileira. É como se no plano cultural as humanidades diversas fossem reconhecidas, embora no âmbito político e econômico vigorasse a desigualdade absurda da incorporação excludente. Esse pacto de fundação é uma determinação democrática em si mesmo, isto é, significa o reconhecimento do outro. É por esse motivo que a democracia é parte inseparável dos sonhos brasileiros. Está, desde o início, nos fundamentos do seu imaginário.

Essa invencível vocação democrática é fruto da necessidade de índios, de ontem e de hoje, de africanos, de ontem e de hoje, e de uma multidão de mestiços, muitos mestiços, de se afirmarem, de serem reconhecidos como humanidade, em plano igual ao de todos os povos. Eles buscam encontrar, no âmbito da organização político-social, o lugar que sempre ocuparam na formação da nossa etnia e da nossa cultura.

A vocação democrática da cultura brasileira é também fruto das vanguardas modernas, dos seus sonhos de um mundo de homens livres, de seu aventurar-se para encontrar o desconhecido. No Brasil, essas vanguardas surpreenderam todos e se misturaram com os povos dominados, como nos mostrou Gilberto Freyre.[12] Portanto, a cultura brasileira possui também o seu quinhão de herança do radicalismo libertário mediterrâneo, flores deixadas aqui por aqueles que tiveram a coragem de se aventurar rumo ao desconhecido. Uma cultura herdeira de tantos povos, ao reconhecê-los como parte de si mesma, é inevitavelmente democrática.

Na construção do mundo moderno que nos criou, muitos povos foram atingidos, sofreram mudanças, tiveram de se re-estruturar para se transformar em periferias. Nesse difícil percurso, muitos povos conseguiram manter sua identidade cultural. A Índia, a China e as nações árabes são os melhores exemplos. Outros foram destruídos, e suas culturas foram desmanchadas para sempre. Foram deletadas.

Outros ainda nasceram, como os brasileiros. Ao contrário dos primeiros países, o Brasil não pode buscar a sua autonomia, o seu equilíbrio social e a sua autenticidade cultural em nenhuma etapa histórica do passado. O passado não está entre as opções brasileiras.

A cultura no Brasil possui uma qualidade especial. Trata-se da sua vocação para a transformação, do seu impulso próprio para postular mudanças. A cultura brasileira, por suas qualidades, solicita outro mundo. Um mundo democrático e plural, diverso e igual, habitado por povos autônomos e aberto à convivência planetária e à aventura do encontro, misturando-se e refundando-se por decisão soberana dos sujeitos. O mundo da cidadania, como é postulado no Brasil, como sonho de seu povo e como realização de seus valores culturais, está além dos acanhados limites estruturais do mundo moderno contemporâneo.

A realização das aspirações apresentadas pela cultura brasileira contemporânea, amadurecida nestes 500 anos, supõe uma ruptura com o presente. Supõe a criação, pela primeira vez neste território, de um encontro entre homens livres e iguais. Para ser coerente com a cultura brasileira, a formação social empresarial deverá se refundar, desta vez como sociedade.

O confronto entre uma cultura democrática, planetária no seu próprio modo de ser, e as estruturas sociais absurdas e desiguais das formações sociais da periferia moderna possui uma importância amplificada quando ocorre em um dos maiores países do planeta, em uma das mais poderosas economias do mundo, a maior de todo o polo periférico criado após o século dezesseis.

Possuir uma importância internacional não é algo estranho para este país. Desde o início, os destinos brasileiros estão ligados aos destinos planetários de modo direto. Transformações culturais, políticas e econômicas aqui possuem valências mundiais independentemente de nós mesmos.

Nossa realização histórica como povo que vive em harmonia com seus valores culturais ou revoluciona e transforma radicalmente a própria modernidade ou a supera, inaugurando um projeto civilizatório mais avançado, criando outro *software* social. Esse processo é que vem aqui denominado de *Refundação do Brasil*. As questões brasileiras são, de modo radical, as questões da sua era, da era moderna.

*

Estas reflexões propõem uma releitura da formação brasileira. Como se poderá observar, o global, no caso do Brasil, não é um pano de fundo, não é um contexto, do qual o Brasil possa ser isolado para ser entendido. O Brasil já surgiu reunindo dentro de si o mundo, e somente pode ser entendido como a cristalização, em forma de país, de relações sociais, econômicas, políticas, culturais e étnicas que ocorreram em nível mundial.

A compreensão do Brasil solicita um pensar que possua valências globais, capaz de colher os fundamentos de sua construção histórica. Esses fundamentos se encontravam espalhados e isolados na imensidão do mundo até o século dezesseis.

Estes nossos tempos são marcados pelo advento de um novo tipo de consciência humana, a consciência planetária. Esse novo patamar da evolução da consciência humana é uma posição favorável a uma reflexão nova sobre tantos outros países e povos. Mas é, sobretudo, um grau de consciência privilegiado para a compreensão dos dilemas e dos enigmas do Brasil e de seu povo. A globalidade é o único patamar de onde é possível a avistagem das características fundamentais do ser Brasil.

A reflexão sobre a formação brasileira se debulhará dentro dessa perspectiva e revelará algumas das características essenciais deste país que muitas vezes permaneceram invisíveis a partir de outras abordagens. Essas características solicitam que o Brasil – a formação de seu povo e sua cultura – seja considerado de outro modo, com o emprego de outros conceitos. São necessárias outras palavras sobre o jeito do Brasil.

Notas

1. A propósito desta questão, ocorreu um interessante debate entre Bartolomeo de Las Casas e Juan Ginés de Sepúlveda, ainda no século dezesseis, cujos termos essenciais foram recentemente apresentados em: WALLERSTEIN, Immanuel. *O Universalismo Europeu. A Retórica do Poder.* São Paulo: Boitempo Editorial, 2007.

2. FURTADO, Celso. *A Formação Econômica do Brasil.* 27. ed. São Paulo: Cia. Editora Nacional, 1999.

3. Conforme ANTONIL, André João. *Cultura e Opulência do Brasil por Suas Drogas e Minas.* São Paulo: EDUSP, 2008.

4. A propósito ver BARTHOLO JR., Roberto S. *Os Labirintos do Silêncio. Cosmovisão e Tecnologia na Modernidade.* Rio de Janeiro: Marco Zero, 1986.

5. ALENCAR, José de. *O Guarani.* Porto Alegre: L&PM Editores, 1998.

6. NABUCO, Joaquim. *Minha Formação.* Rio de Janeiro: Topbooks, 1999. p. 47.

7. Ibidem. p. 47-49.

8. WEBER, Max. *L'Ética Protestante e lo Spirito Del Capitalismo.* Firenze: Sansoni Editore, 1965.

9. VAZ, H. C. de Lima. Religião e modernidade filosófica. *Revista Síntese Nova Fase*, Belo Horizonte, MG, n. 53, p. 147-166, 1991.

10. BAUMAN, Zygmunt. *Modernidade líquida.* Rio de Janeiro: Jorge Zahar Editor, 2001.

11. RIBEIRO, Darcy. *As Américas e a civilização.* Rio de Janeiro: Ed. Civilização Brasileira, 1975.

12. FREYRE, Gilberto. Casa Grande e Senzala; Sobrados e Mucambos. In: *Intérpretes do Brasil.* v. II. Rio de Janeiro: Editora Nova Aguilar, 2002.

A Globalidade:
O Mirante para a Avistagem do Brasil

"Humanidade, do latim *humanitate*, substantivo feminino. A natureza humana. O gênero humano. Pode também ser adjetivo, com o significado de benevolência, clemência, compaixão."

Aurélio Buarque de Holanda

A Terra e a consciência planetária

Desde o aparecimento do *homo sapiens* sobre a face da Terra, em um tempo que se perde nas raízes mais profundas da história, somente agora, em nossos dias, está viva a primeira geração de humanos – considerando-se todos, inclusive as crianças – a possuir por característica e patrimônio comum um conhecimento global sobre a humanidade, sobre o planeta Terra e sobre o espaço, esta vastidão infinita que nos envolve.

Em nenhuma época do passado os humanos conheceram a humanidade como em nossos dias. Os humanos de hoje veem a humanidade espalhada por toda a extensão do planeta, escutam seus sons, suas músicas e suas línguas, veem seus territórios, seus desertos e suas florestas, suas cidades, suas montanhas e geleiras. E o fazem durante todo o dia, na escola, no trabalho, em casa e no lazer. Hoje, o cotidiano está encharcado de informações e imagens da humanidade que, assim como as ideias sobre ela, se fundem com imagens do nosso planeta, a nossa casa no cosmos. Aos poucos também vão se fundindo com imagens dos outros planetas, satélites, estrelas e cometas. Nossos olhos já enxergam galáxias longínquas, sistemas estelares localizados a milhões de anos-luz da nossa Terra.

O conhecimento e as ideias sobre o universo nunca foram tão extensos, tão amplos. Em nenhuma era anterior da nossa história essas ideias foram tão difusas. É a primeira vez na história humana que esses conhecimentos alcançam simultaneamente bilhões e bilhões de pessoas em todos os continentes.

Este atual momento humano é datado. Desde as "tais fotografias" de 1969, lembranças do primeiro voo tripulado à Lua, cantadas em lindos versos por Caetano Veloso, começou a formação de uma espécie de consciência terrestre. Naquele momento teve início um reconhecimento do nosso planeta de uma maneira diversa, mais sensitiva (o olhar), mais perto da emoção que a nossa espécie sabe sentir. É uma consciência que possuiu a plenitude de uma ideia que se transformou em imagem concreta subitamente, num estalar de dedos. E a Terra apareceu.

> "Quando eu me encontrava preso
> Na cela de uma cadeia
> Foi que eu vi pela primeira vez
> As tais fotografias
> Em que apareces inteira
> Porém lá não estava nua
> E sim coberta de nuvens.
>
> Terra, terra,
> Por mais distante, o errante navegante
> Quem jamais te esqueceria."
>
> *Terra*, Caetano Veloso

Foi um momento especial. As tais fotografias possuíam uma densidade própria. Quando os humanos enxergaram a Terra pela primeira vez, foi o planeta que se viu no espelho. Ocorreu o autor-reconhecimento do planeta através das consciências dos humanos, e a Terra, através dos nossos olhos, que são seus, se viu pela primeira vez, se entendeu. E, através das nossas emoções, se sentiu, reconheceu sua beleza.

No curso desse emocionante período de formação da consciência terrestre, foi nascendo, aos poucos, uma espécie de identidade cósmica da Terra e da espécie humana.

Hoje, decorridos quatro décadas daquele momento, já convivemos cotidianamente com imagens de outros planetas, de outras galáxias, de outras estrelas, como aquelas que nos envia todos os dias o telescópio Hubble, localizado na órbita terrestre. É assim que aquele momento que os humanos viveram em 1969 se renova todos os dias com a produção de novas imagens do espaço e do planeta Terra visto a partir do espaço.

A nossa Lua, o único satélite natural da Terra, que arrastamos conosco em nossa órbita, na viagem que fazemos no espaço, que sempre enfeitou a noite terrestre e alimentou romances, inspirou poetas e serestas, não é mais um mistério há muitos anos. O homem já caminhou sobre seu solo, recolheu e até transportou para a Terra alguns de seus pedaços. Recentemente, até a composição de seu solo, de sua carne, foi desvendada.

Hoje, pode-se dizer que sabemos não somente quantos somos, onde e como estamos, mas também quem é a Terra e onde se encontra localizada. Também podemos conhecer o que bilhões de humanos estão dizendo. Todos os dias, centenas de milhares de humanos, em geral em grupos e organizações, mas também indivíduos isolados, se transformam em sujeitos criadores de discursos, dados, análises e imagens. Tudo contribui para a construção desse novo nível de consciência.

Dentro de cada humano se desenvolve a capacidade de se situar na Terra, mas, também, a de situar a Terra no seu âmbito próprio, isto é, neste espaço imenso que parece não ter fim e sobre o qual nossos conhecimentos se ampliam continuamente, na busca do infinito do Cosmos, na busca da nossa localização dentro da universalidade.

*

Assim, é uma característica própria do nosso tempo que uma reflexão sobre a condição humana em geral, ou sobre países e regiões que já são mundiais desde as origens, possua a globalidade como um parâmetro natural. Essa reflexão já nasce global. Isto é, brota, germina e cresce alimentada por essa globalidade.

Esse pensar "terrestre" que se desenvolve no âmbito da globalidade, esse novo patamar alcançado pela reflexão humana, é a consciência planetária e constitui a noosfera. A noosfera é seu âmbito.

"Está ocorrendo na história do planeta Terra, entendido como um superorganismo vivo, Gaia, e no fenômeno humano como um todo, uma singularidade que cabe ser conscientizada e aprofundada. Trata-se da emergência de uma nova fase do processo evolucionário que passou pela cosmogênese, irrompeu na biogênese, se desdobrou na antropogênese e que, agora, está dando outro salto para frente e para cima com a noogênese.

Esta expressão, noogênese, criada no século XIX por Suess, assumida posteriormente pelo conhecido biólogo russo Vernadsky, um dos primeiros formuladores da teoria de Gaia, foi difundida pelo geólogo, palentólogo e teólogo francês Pierre Teilhard de Chardin (+1955). Teilhard, profundo conhecedor do processo da evolução e atento observador dos fenômenos históricos, havia observado que a rede de comunicação mundial pela via da economia, dos meios de informação, das trocas culturais e do encontro entre os povos e as pessoas estava criando a base material para um salto novo no processo evolucionário. Não apenas se trocam coisas, bens materiais e espirituais, mas principalmente vai se acumulando uma nova energia espiritual e se gerando um novo estado de consciência, cada vez mais complexo e interiorizado nas mentes das pessoas e das instituições. Esse fenômeno foi qualificado por Teilhard de planetização e foi um dos primeiros a usar esta expressão.

O que hoje se realiza, observava ele, é o prolongamento de algo muito ancestral que representa a progressiva complexificação da realidade que comporta simultaneamente um processo de interiorização e de crescimento de níveis de consciência reflexa. Depois do homem, a humanidade. É a fase atual em que emerge persistentemente a consciência de que formamos uma espécie, a humana, uma grande comunidade coletiva...".[1]

A noosfera possui sua densidade na totalidade das informações e do conhecimento humano coletivamente disponível para a humanidade e nos processos que ocorrem no âmbito desse novo tipo de ambiente e espaço. É um espaço virtual, criado pelo pensamento e pela reflexão dos humanos. A noosfera é, portanto, uma criação exclusivamente humana.

No início essa esfera devia possuir somente dimensões locais e deve ter sido responsável pela agregação e organização de percepções e sentimentos coletivos de pequenos grupos, de etnias e tribos e depois de nações inteiras. Tem relações estreitas com a construção de identidades coletivas. Somente em tempos recentes, na aurora da modernidade, a noosfera ganhará dimensões planetárias, seu verdadeiro âmbito.

*

A nossa Terra, âmbito de referência da noosfera, é só um pequeno planeta. Ocupa a terceira órbita de uma estrela de dimensões médias, o Sol, uma entre bilhões de estrelas que constituem a Via Láctea, a nossa galáxia. Nosso Sol é 334.672 vezes maior que a Terra. Seu raio mede 700.000 km. Ele possui mais de 99% da massa do sistema solar inteiro. A fração restante, quase um resíduo, está dividida entre os oito planetas, os asteróides, os satélites, cometas, etc.

O Sol e seus planetas – que juntos constituem o sistema solar – encontram-se no braço interior da espiral de Órion, uma região periférica da Via Láctea. Nosso sistema solar está distante quase trinta mil anos-luz do centro da Via Láctea, que por sua vez possui mais ou menos cem mil anos-luz de diâmetro.

Além da Via Láctea existem outras bilhões de galáxias no Universo, isto é, do Universo do qual já alcançamos algum conhecimento. A Via Láctea integra um aglomerado de galáxias chamado Grupo Local, constituído por quarenta galáxias, sendo que a maior é aquela de Andrômeda, uma de nossas vizinhas de casa, distante mais de dois milhões de anos-luz. A Via Láctea é pequena. No universo existem galáxias muitas vezes maiores.

Nesse âmbito do Universo tudo é muito dinâmico. As galáxias se afastam uma das outras, conforme já foi comprovado, a velocidades vertiginosas, que aumentam em relação à distância que estão de nós, e que podem se aproximar da velocidade da luz ou até superá-la, fugindo do nosso horizonte, escapando ao nosso campo perceptivo.

As velocidades menores, próximas ao nosso cotidiano, são também alucinantes. O sol viaja, orbitando em torno do centro da Via Láctea, arrastando-nos junto com o seu sistema, na fantástica velocidade de 250 km por segundo – 900.000 km/hora. Nosso pequeno planeta faz essa viagem pela galáxia girando em torno do Sol a uma velocidade média de 29,8 km por segundo, ou 107.280 km/h, e realiza esse movimento girando sobre seu próprio eixo a uma velocidade de quase 1.700 km/h.[2]

É tudo imenso, é tudo dinâmico, é tudo muito veloz. É tudo tão veloz que parece fugaz, efêmero. Entretanto, dentro desse dinamismo, desses movimentos em velocidades colossais, há permanências e relações de estabilidade. Estabilidade temporária na escala do universo, mas capazes de durar bilhões de anos terrestres.

Viajando nas imensidões do espaço, a nossa Terra, uma bela esfera azulada, segue envolvida pela luz, coberta por camadas da sua atmosfera que protegem um ambiente planetário cheio de vida. É a Gaia, viva, da qual nos falou James Lovelock.[3]

A maior parte da superfície esférica do planeta é azul, constituída por águas oceânicas, que ocupam uma área correspondente a 70,8% do total, emergindo deles três grandes porções de terras. As Américas e a África, em um eixo vertical e a Eurásia, em uma posição oblíqua. Uma porção menor encontra-se afastada de todos, a Oceania. São os nossos continentes que ocupam uma área total correspondente a 29,2% do planeta.

Pequenas áreas de terra salpicam os oceanos, às vezes em grupo, às vezes sozinhas. São nossas ilhas Os dois polos da esfera terrestre, ao norte e ao sul, são geleiras eternas. Os polos, juntos com as nuvens, dão o matiz de branco no azul.

Os continentes, como os conhecemos hoje, exprimem a configuração das terras emersas após a decomposição da Pangea, o único continente originário. Segundo os geólogos, os continentes continuam a se mover, provocando acomodações que produzem terremotos, maremotos, tsunamis, erupções vulcânicas, etc.

Tanto os oceanos quanto as terras emersas e a atmosfera são repletas de vida. De uma quantidade infinita de vida, parte da qual é ainda desconhecida e parte apenas recém-conhecida.

Esparramada por todos esses continentes encontra-se a espécie humana, terra viva e consciente, que terminou por ocupar e dominar os diversos ambientes do planeta. A espécie é única, mas muito diversificada, tanto em suas medidas quanto em sua cor, formas de vida, estética, arquitetura, cultura e tantas outras diferenças... Esse conjunto vivo e belo constitui a humanidade, esta apaixonante e apaixonada forma de vida, o destaque principal da biosfera.

> "Eu estou apaixonado, por uma menina terra
> Signo de elemento terra,
> Do mar se diz terra à vista
> Terra para o pé firmeza,
> Terra para a mão carícia
> Outros astros lhe são guia
>
> (...) Sem ti me consumiria
> A mim mesmo eternamente
> E de nada valeria
> Acontecer de eu ser gente
> E gente é outra alegria
> Diferente das estrelas
>
> (...) Que a força te dê coragem
> Pra gente te dar carinho
> Durante toda a viagem
> Que realizas no nada
> Através do qual carregas
> O nome da tua carne."
>
> *Terra*, Caetano Veloso.

As sociedades humanas

A humanidade é um belo conjunto vivo, constituído pela soma dos indivíduos da espécie *homo sapiens* que vivem hoje no planeta Terra. É a espécie superior e dominante da Terra, seu habitat. É o planeta vivo e consciente, o apogeu da evolução que teve lugar na Terra desde o início de sua existência. É, portanto, parte integrante da natureza do planeta, mas escapuliu dela através do logos e da razão e transformou-a em seu objeto.

Exerce, há centenas de milhares de anos, a supremacia sobre a massa física do planeta, a qual transforma para reproduzir sua própria existência, e também sobre todas as outras espécies vivas, animais e vegetais, muitas das quais são criadas ou cultivadas exclusivamente para servi-la. Neste início de terceiro milênio da era cristã, a massa humana está prestes a alcançar os sete bilhões de indivíduos.

Possuem a graça da vida consciente. Seus fantásticos recursos espirituais e psicológicos ainda não são completamente conhecidos, e parte deles, se sabe, é inconsciente. Os humanos são seres que vivem em permanentes transformações, frutos de uma recriação constante de si mesmos a partir de suas relações sociais, entre indivíduos da própria espécie e com a natureza.

É a única espécie viva em condições de agir e interferir consciente e organizadamente sobre seus próprios destinos, sobre os destinos das outras espécies vivas e sobre os destinos do próprio Cosmos. Dotada de uma base genética comum, apresenta-se diversificada não só em indivíduos originais, singulares, mas também em grandes grupos étnicos, em grandes culturas.

Há dezenas de milhares de anos vive em sociedades organizadas, que possuem a notável capacidade de se transformar continuamente. Essas transformações constituem a história social da espécie.

A humanidade encontra-se espalhada por todo o planeta Terra. Vive em vales, montanhas, planícies, planaltos, em todas as latitudes e longitudes, incluindo desertos permanentes e geleiras eternas. Cada indivíduo da espécie sempre supôs a existência do seu coletivo universal. Em todas as culturas e em todas as eras.

*

Os humanos não se encontram distribuídos pelos continentes de modo homogêneo e regular. Isto não seria possível em virtude das próprias características do planeta Terra, que possui desertos, florestas e geleiras, impondo condicionamentos geográficos para a ocupação dos territórios. Outras variáveis, de natureza históricas e culturais, também interferiram para definir a modalidade de ocupação dos territórios.

Desse modo, de acordo com os dados das Organização das Nações Unidas (ONU), tendo por base o ano de 2005,[4] é a seguinte a forma de ocupação dos territórios planetários:

População mundial: 6.464.750.000
Ásia: 3.905.415.000
África: 905.936.000
Europa: 728.389.000
América Latina/Caribe: 561.346.000
América do Norte: 330.608.000
Oceania: 33.056.000

Dentro de cada continente a população se concentra, sobretudo, em cidades grandes, médias e pequenas. A população busca serviços – educação e saúde –, acesso às tecnologias, a um estilo de vida "moderno", mas, principalmente, busca emprego, condição básica para o acesso ao dinheiro, que se transformou em código de acesso a todos os bens e serviços criados pelo homem, a começar pela comida.

Assim, 80,8% da população da América do Norte vive em cidades, enquanto essa percentagem é de 77,6% na América Latina e Caribe, de 73,3% na Europa e Oceania, 49,2% na Ásia e 39,9% na África.

Os continentes e os diversos países são muito diferentes entre si em relação ao item população. A população da China, por exemplo – somando Hong Kong e Macau –, é de 1.323.500.000 habitantes, enquanto a da Índia é de 1.110.000.000 habitantes. Esses dois países juntos concentram mais de um terço da população mundial. Por outro lado, há países com populações modestas, se comparadas aos números chineses e indianos, mas com papel importante no mundo das relações internacionais. Na quota de aproximadamente 60 milhões encontram-se, por exemplo, a Inglaterra, a França e a Itália.

Na nossa América, as diferenças também são muito grandes. A população chilena é de 16 milhões de habitantes, enquanto a do Uruguai é de 3,5 milhões, de Cuba, de 11 milhões e da Argentina, de 38 milhões. O México alcança a cifra de 110 milhões e o Brasil ultrapassa os 190 milhões. Nos EUA vivem 300 milhões de habitantes.

Há também países representados na ONU cuja população não alcança a cifra de 1 milhão de habitantes, como Andorra, Antigua, Aruba, Barbados, entre outros.

Esses números são importantes, mas não dizem muito sobre as condições em que vivem os humanos. Isto porque, ao contrário de outras espécies animais, os humanos vivem de modos muito diferentes uns dos outros, mesmo em um mesmo continente, mesmo em um mesmo país, mesmo em uma mesma cidade.

Não é uma espécie homogênea no que diz respeito ao modo de viver. As diferenças entre alguns humanos e outros não são naturais, não possuem fundamentos biológicos, genéticos, campos nos quais são igualmente dotados. Elas são históricas, isto é, são construídas pelo próprio homem e em cada época se apresentam em formas e conteúdos diversos. A forma histórica atual dessas diferenças mostra os humanos divididos e separados por distâncias sociais abissais e dramáticas.

*

Não obstante a espécie tenha obtido elevado progresso em relação aos conhecimentos sobre ela mesma e sobre a natureza e notável nível técnico para utilizar esses conhecimentos a seu favor, observa-se que o modo como é organizada a vida social – de todos os povos – padece de um desajuste profundo, revela uma espécie de neurose social. A impressão que permanece em quem contempla as condições humanas é que foi construída uma forma de vida em sociedade que é de longe a mais perversa de todas as construções humanas.

A humanidade hoje vive, trabalha, se relaciona segundo uma estrutura valorativa e simbólica que constitui um paradigma civilizatório diferente de todos os que já existiram no passado, o *software* social moderno.

Na realidade, em nossos dias, a humanidade constrói, com esforço e dedicação, através do trabalho de cada um, e independente de cada um, uma organização social capaz de promover com eficiência a morte da espécie humana, a morte das outras espécies vivas e a destruição da terra, da herança cósmica de todos os seres terrestres. O paradigma civilizatório moderno é o *software* social da produção da morte em larga escala.

O mais surpreendente é que a morte e a destruição da vida vêm construídas e levadas adiante de modo sistemático e organizado, com a utilização de tecnologias cada vez mais avançadas. Paradoxalmente, a produção dessa tragédia é a única maneira de os humanos ganharem condições para sobreviver...

A destruição e a degradação da vida humana e dos outros seres vivos, assim como o esgotamento e a degradação do planeta Terra, herança cósmica comum de todas as espécies vivas, é o resultado normal da prática social dos humanos. A destruição e a degradação da vida, como se observa nos tempos de hoje, são inseparáveis da vida social concreta. É o resultado inevitável da vida normal das sociedades humanas.

A sociedade que os homens estruturaram no decorrer de muitos milênios de atividades sociais, de colaboração e de pugnas, está degradando o planeta, destruindo a biodiversidade e matando os humanos. Matando-os através de guerras que nunca acabam, matando-os pela poluição, por doenças e neuroses sociais, mas, sobretudo, matando-os por exclusão.

Em sua história social, os homens terminaram por construir um modelo de vida social que é incapaz de acolher todos os seres da espécie. Observadas na perspectiva da exclusão, as sociedades modernas são mais bárbaras que as sociedades anteriores. O feudalismo na Europa ou a sociedade tribal, nas Américas e na África, que antecederam as sociedades modernas, sempre incorporaram a totalidade de seus membros.

O conjunto das relações sociais estáveis em torno das quais a maioria das sociedades modernas contemporâneas se organiza, e para a prática das quais todo o ser humano é socializado, constitui o que os cientistas sociais chamam de sistema social. O sistema social moderno se diferencia radicalmente dos sistemas sociais que o antecederam historicamente principalmente pela exclusão estrutural. É um sistema social excludente.

O paradoxo é que são termos antagônicos. O sistema social é uma construção complexa, que foi construída ao longo da história para garantir e regular a vida coletiva dos humanos. A modernidade, porém, o reinventou às avessas.

Os estudiosos da sociedade concordam que essa construção humana é constituída por muitos elementos, tais como indivíduos, famílias, cultura, instalações e instituições, grupos e subgrupos, uma diversificação de papéis e de status, uma determinada distribuição de poder, etc. Tudo regulado normativamente, de acordo com um sofisticado sistema de normas e valores hierarquizados que são legitimados pelos membros do sistema.

Esse conjunto se organiza em uma complexa rede de subsistemas, estruturas que possuem objetivos de conservação do modelo e controle das tensões; de adaptação ao meio e reprodução da vida de seus membros; de integração entre todos os membros; e de atribuição de objetivos para o próprio sistema, cuidando e provendo os meios, materiais e institucionais, para alcançá-los. Não é fácil imaginar como esse complexo conjunto institucional termine por excluir um número fantástico de humanos quando sua finalidade seria justamente a de incorporá-los.

Marx relacionará esse conjunto institucional complexo a uma variável dependente do modo social de produção, que vem definido pelas relações sociais que os humanos estabelecem entre si para a produção da vida material da espécie. Esse modo de produção é diferente nas diferentes fases históricas da evolução das sociedades.

Essa formulação, entendida ao modo pelo qual a sociologia do século vinte compreende a questão, pode ser vista como o processo pelo qual um dos subsistemas do grande sistema social, o subsistema encarregado da adaptação ao meio e da reprodução da vida, ou seja, a economia e a divisão do trabalho, escapuliu das relações com os outros subsistemas e se transformou no eixo principal que estrutura as relações entre os homens. Em outras épocas históricas, outros subsistemas já se sobrepuseram sobre os demais. Basta pensar no papel da religião no feudalismo, em épocas mais longínquas, ou nos estados teocráticos contemporâneos.

Ao escapulir e determinar sozinho o funcionamento do sistema social, esse subsistema, a economia, não aparece como uma função geral da sociedade, de todos. Ao alterar sua relação com os outros subsistemas, sofreu uma modificação radical em seus conteúdos.

Como subsistema dominante foi privatizado, isto é, passou a organizar toda a produção, distribuição, consumo, divisão do trabalho, enfim, todas as atividades humanas, em função do interesse e em benefício de um pequeno grupo da sociedade, a burguesia, que se apropria de todos os frutos produzidos e com a posse dos recursos resultantes desse processo constrói seu domínio sobre todo o sistema social.

É a partir da centralidade desse subsistema (a economia) que as sociedades contemporâneas passaram inclusive a ser designadas. Esse sistema sobrepujou os demais subsistemas (conservação do modelo e controle das tensões, integração, etc.), transformando-se na única identidade visível dos sistemas sociais, no elemento a partir do qual esses sistemas são designados. Assim, as sociedades contemporâneas são designadas somente a partir dele e recebem o nome de sociedades de economia de mercado.

Trata-se daquelas sociedades caracterizadas pelo modo social de produção capitalista. As sociedades da modernidade madura parecem dar mais razões a Marx que aos seus críticos, no que diz respeito à função da economia e de sua capacidade de condicionar outras instâncias do social.

Há duas décadas, depois da queda do muro de Berlim e da desintegração da área socialista com o fim da União Soviética, que constituíam o que se designava de sociedades de economia planificada, a economia de mercado se estendeu a todo o planeta. O capitalismo prevaleceu, caracterizando todas as sociedades contemporâneas.

O capitalismo, a economia de mercado, finalmente se globalizou e incorporou praticamente todas as sociedades humanas. Passou a controlar e articular os mercados do mundo inteiro, o fluxo do comércio internacional, o movimento mundial dos capitais, o sistema mundial de comunicações, o desenvolvimento tecnológico, os recursos minerais de toda a Terra e a produção dos principais produtos agrícolas.

A afirmação da economia de mercado, organizando a imensa maioria dos humanos em torno dos seus valores, seus princípios, sua estrutura normativa, seu padrão de relações sociais de produção, seu padrão tecnológico, sua matriz energética, etc., não trouxe consigo a extensão a todos os humanos das condições de vida em vigor nos países desenvolvidos. Ao contrário, amplificou a desigualdade social, estendeu a pobreza e ainda aumentou a exclusão social.

Contradições humanas[5]

Como as sociedades contemporâneas se estruturam através da produção, compra e venda de bens e serviços – as tais economias de mercado, sociedades de consumo –, a inclusão ou exclusão no sistema social possui um indicador seguro, que é a estrutura de distribuição da renda.

Dados das Nações Unidas referentes ao ano de 2005[6] apresentam a distribuição da renda em nível mundial. Esses dados mostram que:

Os 20% mais ricos detêm...................... 74% da renda mundial

Os 60% intermediários detêm .... 24% da renda mundial

Os 20% mais pobres detêm..................... 2% da renda mundial

Esses dados, cruéis por si mesmos, ainda não revelam por inteiro o drama da desigualdade existente no seio da humanidade.

É sempre bom lembrar que 20% da população mundial é equivalente a um bilhão e trezentos milhões de seres humanos. Se forem desagregados os dados dos 20% mais ricos se observará que a concentração de renda é ainda maior...

No *Country Profiles*, World Development Indicators (WDI), banco de dados do Banco Mundial, com informações correspondentes a 2005, pode-se observar que o PIB mundial alcançou, naquele ano, o valor de 44,4 trilhões de dólares, assim distribuídos.

	População/bilhões	PIB/trilhões US$
Mundo	6,4	44,4
Países de baixa renda	2,4	1,4
Países de renda média	3,1	8,5
Países alta renda – OCDE	0,927	33,0
Países alta renda – não OCDE	0,084	1,5

Esses dados indicam muitas coisas, mas sobretudo que um pouco menos de 1,1 bilhão de humanos abocanham 34,5 trilhões de dólares, nada menos que 77,7% de toda a renda produzida no planeta. Visto por outro lado, 5,5 bilhões de humanos, 85,9% da população mundial, têm acesso somente a 22,29% da renda produzida por todos.

Os dados podem ser agregados e desagregados de modos diferentes. Por exemplo, podem ser considerados isoladamente os seis países considerados mais desenvolvidos do nosso planeta que, juntos, compõem o principal grupo político existente na ordem internacional.

País	População/milhões	PIB/trilhões US$
Alemanha	82,5	2,8
França	60,7	2,1
Itália	57,7	1,7
Inglaterra	60,2	2,2
EUA	296,5	12,5
Japão	128,0	4,5

Em função de como a sociedade é organizada atualmente, observa-se que 11% da população mundial consegue se apropriar de nada menos que 58,1% de toda a renda produzida no mundo.

A concentração de renda no mundo está se acelerando. Em fevereiro de 2007, a revista *Forbes* apresentou a lista dos bilionários. Estima-se que o patrimônio dos bilionários passou de 2,6 trilhões de dólares em 2005 para 3,5 trilhões em 2006, aumento de 35%, sete vezes maior que o crescimento da economia mundial. Ao todo, 946 indivíduos possuem contas bancárias com recursos superiores a 1 bilhão de dólares. Destas, 178 indivíduos entraram na lista pela primeira vez, ou seja, 20% desse grupo seleto alcançou esse nível de fortuna no ano de 2006. Os quatrocentos mais ricos dos Estados Unidos da América totalizam uma fortuna de 1,25 trilhão de dólares.

A renda dessas 946 pessoas corresponde aproximadamente a todo o PIB da Ásia Oriental/Pacífico, 3 trilhões de dólares, com uma população de 1,9 bilhão de habitantes, mais o Médio Oriente/África do Norte, com 632 bilhões de dólares e uma população de 305,4 milhões de pessoas. Ou seja, a renda de 946 humanos é somente um pouco maior do que a renda de 2,2 bilhões de humanos...

De acordo com o *Relatório de Monitoramento Global 2007*, do mesmo Banco Mundial, 8,6% da população da América Latina está vivendo com menos de 1 dólar por dia, que é a categoria de pobreza extrema, o que significa 47 milhões de pessoas, enquanto na África Subsaariana essa percentagem alcança 41%, com aproximadamente 300 milhões de pessoas.

Na abertura do período de sessões das Nações Unidas, em outubro de 2006, o então secretário-geral da entidade, Koffi Anan, declarou que existiam no mundo 850 milhões de indivíduos abaixo da linha da miséria, ou seja, passando fome. Não viviam, literalmente morriam de fome. O mesmo dado foi citado, na mesma sessão, pelo presidente da República do Brasil, quando abordou o problema da fome em nosso planeta.[7]

Por ocasião do lançamento do relatório anual, o diretor-geral da FAO (Organização das Nações Unidas para Agricultura e Alimentação) declarou: "Dez anos mais tarde – referia-se à cúpula mundial da alimentação realizada em Roma em 1966 – enfrentamos uma triste realidade: não conseguimos nenhum resultado... dos 854 milhões de pessoas que ingerem menos de 1.900 calorias diárias, 820 milhões delas estão concentrados nos países em desenvolvimento... a redução de três milhões registrada nesses países, que passou de 823 para 820 milhões, é tão insuficiente que pode ser considerada como um erro estatístico... e isso apesar de o mundo estar mais rico hoje do que há dez anos e a comida ser mais abundante..." Em algumas regiões a situação é dramática. Na República Democrática do Congo, por exemplo, o número de pessoas que sofrem de desnutrição triplicou desde 1992, passando de 12 milhões para 36 milhões, alcançando 72% da população![8]

Ou seja, mais de um bilhão de humanos está morrendo de fome, e nenhum progresso no sentido de superar essa situação foi realizado nesta última década, embora o mundo seja mais rico e produza mais comida...

Em 2005, a população era dividida também em regiões socioeconômicas. Nas regiões desenvolvidas – Europa, América do Norte, Austrália, Nova Zelândia e Japão – estão vivendo 1.211.266.000, enquanto nas regiões "em desenvolvimento" – todos os outros países – vivem 5.253.484.000.

*

A fome e a desnutrição intensa produzem consequências gravíssimas para a saúde, se é que se pode dizer que ela exista nessas condições, e estão conduzindo esse grupo social para a morte. A reflexão e o debate sobre as condições de vida de um em cada cinco dos habitantes da Terra são obrigatórios. É assunto de elevada gravidade. A realidade nua e crua é que um quinto da humanidade está morrendo de fome em um planeta que possui condições de acolher todos, mas onde a estrutura social impede a solução do problema.

Se aos que morrem de fome, desnutrição e das doenças que decorrem dessa condição forem acrescentados aqueles que morrem por doenças provocadas pela estrutura social, como as guerras, a violência, a poluição, as neuroses, etc., esse número aumenta escandalosamente

Esses dados, mais do que quaisquer outros argumentos, demonstram a existência de uma incompatibilidade entre o sistema social contemporâneo e a vida da espécie humana. É um genocídio estruturado, organizado. Se forem considerados somente os últimos séculos, podese afirmar com segurança que muitas humanidades pereceram para a afirmação histórica da economia de mercado e em consequência da sua existência. A coragem serena da convicção não só permite, mas exige, dizer com acerto que a estrutura da sociedade moderna é genocida.

Morte provocada pela estrutura do sistema social. Esta é a *causa mortis* de bilhões e bilhões de humanos nos cinco séculos de afirmação deste tipo de sociedade...

Ao olhar a questão do ponto de vista da ética do reconhecimento da centralidade da vida – este dom fantástico dado a nós gratuitamente pela história cósmica – observa-se a incompatibilidade entre o *software* social moderno e a vida humana.

O sistema desperdiça, queima, destrói, deixa de usar uma grande parte da humanidade. Desperdiça vida. Elimina bilhões de indivíduos em poucas décadas... A humanidade vem sendo sistemática e organizadamente enfraquecida não somente pela perda da força de trabalho, pela perda da energia vital. São destruídos não só organismos, mas também pensamentos, sentimentos, afetos, felicidades, alegrias e criatividade. São destruídas músicas, amores, sonhos, esperanças, espiritualidade, conhecimentos... É uma parte da noosfera que vem deletada.

*

A maioria excluída expõe grandes enigmas que precisam ser decifrados. Ela assiste cotidianamente pela mídia planetária ao desfile, belo e perverso, de outro modo de vida, considerado o "padrão contemporâneo" de consumo, estilos de morar, comer, viajar, etc., inalcançável para ela. O padrão de consumo e os comportamentos considerados "vida que vale à pena ser vivida", o *way of life* da modernidade madura, existe e está à disposição. É uma mercadoria, mas só pode ser obtida através do dinheiro. Dinheiro que ela não possui.

É curioso observar que, embora seja inalcançável, a vida proposta legitimada pela maioria excluída, que não alcança uma maturidade política e cultural para propor uma existência alternativa.

A modernidade madura mostra que o estilo de vida das classes dominantes – suas experiências existenciais, esteticamente maravilhosas – é aceito e buscado por uma maioria que não pode ter acesso a ele e que ainda assim o estabelece como objetivo a ser alcançado, como a felicidade terrena, legitimando a sua existência.

As classes dominantes da modernidade madura constroem diariamente o fascínio dos humanos por seu estilo de vida. Não somente suas ideias são aquelas dominantes no sistema social, como o foram nos séculos precedentes, mas seu estilo de vida, suas experiências existenciais, as imagens e o espetáculo do seu consumo seduzem todos e orientam o comportamento das grandes massas.

A legitimação não é completa, embora alcance multidões de excluídos. Por não ser alcançável por todos, ou pela maioria, gera também revolta e violência. A extensão da violência alcança todos os níveis da sociedade. Em algumas sociedades, a violência já começa a inviabilizar a convivência social.

Os dados da violência a partir e no seio das populações humanas de excluídos, assim como a violência do Estado e do sistema sobre elas, são alarmantes em cada lugar. A violência se constitui na principal questão da maioria das sociedades humanas contemporâneas. Seus dados, se agregados em níveis continentais e mundiais, são assustadores...

Um resultado dramático da violência é a destruição dos padrões de relações sociais que os humanos demoraram centenas de milhares de anos para construir. É produzida uma espécie de embrutecimento dos humanos, uma forma de enlouquecimento, uma neurose social, que se globaliza de forma acelerada.

Alguns sistemas sociais nacionais, na verdade, encontram-se em decomposição. É a situação do Congo, com 72% de famintos; da Colômbia, em guerra civil há décadas; do Iraque e do Afeganistão, destruídos por guerras e ocupações militares; do Sudão e da Somália, em franca decomposição cultural, econômica, política, civil, que conduziu agora em 2011 à constituição de um novo país, o Sudão do Sul, ou situações como o Haiti. Ou ainda países e regiões onde grandes pedaços dos territórios urbanos e rurais encontram-se sob comando do crime organizado, como o México e outros países centro-americanos, como o Paraguai e o nosso Brasil.

Esse embrutecimento da condição humana vai contra a corrente da evolução da consciência planetária, mas avança. Prova são algumas pragas sociais que pareciam superadas definitivamente e que ressurgiram e ganharam novamente o *status* de grandes questões, como o tráfico de humanos, seja para a prostituição, seja para trabalho escravo, o tráfico de armas e o tráfico de drogas...

A escravidão "de fato" já é encontrada hoje em todos os continentes. Segundo a Organização Internacional do Trabalho (OIT), mais de um milhão de mulheres trabalham como escravas sexuais para redes internacionais de tráfico de pessoas em todo o mundo.[9]

Em maio de 2005, a mesma organização internacional havia divulgado um relatório com dados globais da escravidão em todo o mundo. É estarrecedor, sobretudo quando se sabe que os dados nunca alcançam toda a realidade. Consta do relatório que em todo o mundo existiam 12,3 milhões de humanos vivendo em condições de escravidão. Destes,

9,6 milhões viviam na Ásia e nas regiões do Pacífico, 1,3 milhão, na América Latina e 360 mil, nos países desenvolvidos da Europa e dos Estados Unidos da América.

Desde 1995, durante a presidência de Fernando Henrique Cardoso, o Brasil assumiu oficialmente a existência de trabalho escravo no país e passou a ter uma política específica de combate à escravidão contemporânea. No relatório *Trabalho Escravo no Brasil do Século XXI*, da mesma OIT, consta que, entre 1995 e 2005, quase 18 mil brasileiros (17.983) que trabalhavam em regime de escravidão foram libertados pelos Grupos Móveis de Fiscalização do governo federal. Em 2003, o governo do presidente Lula lançou o Plano Nacional para a Erradicação do Trabalho Escravo, criando a Comissão Nacional para a Erradicação do Trabalho Escravo. Em 2004, na reunião do Comitê para Eliminação da Discriminação Racial da ONU, a delegação brasileira estimou em 25 mil o número de trabalhadores em regime de escravidão no Brasil e comunicou a decisão do governo de eliminar o trabalho escravo no país até o fim do ano de 2006. Até meados de 2010, essa meta ainda não foi alcançada. "Desde 95, o governo realizou 680 operações de fiscalização. Nesse período, foram 'visitadas' 1.979 propriedades rurais. Encontraram-se 28.411 trabalhadores em situação regular. Outros 30.036 suavam em regime análogo ao de escravos".[10]

Os excluídos e a violência integram definitivamente as paisagens das cidades contemporâneas, pelo menos da maioria delas, em todos os quadrantes do mundo. Os excluídos se introduziram na paisagem, apresentam sua face, nua e crua. Começam a ocupar as ruas do mundo.

Em todos os países, em todas as cidades grandes e médias, surgiram nas últimas duas décadas milhões de habitantes de rua. Milhões de seres humanos que vivem sem trabalho, sem comida, sem casa, sem mesa e cadeira, sem torneira, sem camas e lençóis, sem escovas de dente, sem banho, sem higiene, sem roupas, sem cadernos, sem lápis, sem livros, etc. E o número desses habitantes aumenta em ritmo acelerado. É uma espécie de lixo humano, produzido pelo sistema social, um lixo vivo do qual não é possível se desfazer.

Até alguns anos atrás, as intervenções de organismos humanitários independentes – ONGs – e das políticas públicas dos governos eram no sentido de encontrar um lugar para eles, retirá-los da rua. A extensão do fenômeno foi tão acelerada que hoje essas organizações e essas políticas se orientam para encontrar formas de sobrevivência nas ruas, constituindo cooperativas desses habitantes para recolher o lixo, catar papéis, aproveitar restos de comida, etc.

Chegou-se finalmente a objetivos minimalistas, que não podem mais ser reduzidos. Agir sobre as causas da exclusão, trabalhar com o objetivo de construir uma sociedade onde seja possível a inclusão desses indivíduos nos padrões de vida humana contemporâneos são projetos que parecem ter sido abandonados há tempos.

Mas a neurose social alcança níveis ainda mais profundos. Um recente relatório da ONU[11] apresenta dados assustadores, tendo por base o ano de 2002:

♦ Cento e cinquenta milhões de meninas e 75 milhões de meninos sofreram naquele ano atos de violência sexual.

♦ Cinquenta e dois mil menores foram assassinados.

♦ Duzentos e dezoito milhões de menores trabalhavam (dados de 2004).

♦ Cinco milhões e setecentos mil menores eram submetidos a trabalho escravo (dados do ano 2000).

♦ Um milhão e oitocentos mil menores eram vítimas de exploração sexual e pornografia (dados do ano 2000).

Responderam ao questionário da OMS autoridades de 133 países. É importante relembrar que os dados se referem a menores, a crianças, ou seja, este é o modo como os humanos de hoje estão tratando os seus filhotes, os pequenos seres dos quais depende a continuidade da espécie e aos quais todas as outras espécies animais têm o instinto natural de proteger. Segundo dados da FAO, seis milhões de crianças morrem por ano em todo o mundo de fome e de doenças consequentes da desnutrição.[12]

Esse conjunto de dados e informações impõe um olhar frontal e crítico sobre o mundo dos homens e sobre o modo de funcionar do sistema social que organiza a vida da espécie humana em nossos tempos. Esses indicadores reforçam a convicção de que existe uma incompatibilidade entre esse sistema social e a vida da espécie humana.

A violência de nossos dias, não só a que possui origens estruturais, surpreende ainda mais pelas formas brutais como é praticada. A espécie humana parece estar cada vez mais doente, e um dos sintomas graves desse mal que a atingiu é a banalização da violência e a degradação da vida. Os vínculos de solidariedade entre os humanos estão se deteriorando. E cada vez mais rapidamente.

No seu normal operar, o sistema social está destruindo não somente a humanidade, mas toda a biodiversidade. Está matando também os organismos vivos não humanos e destruindo a Terra, único planeta que todos possuem para viver.

Hoje os humanos que vivem em cidades, ou tenham contato com a mídia escrita, falada e televisiva, sabem que o modo de funcionar das sociedades contemporâneas está produzindo danos profundos, alguns irreparáveis, ao planeta e aos ecossistemas naturais.

Alguns movimentos sociais importantes incorporaram definitivamente a questão ambiental como eixo central de suas lutas. Essa postura é muito difusa, mas é mais visível sobretudo nas mobilizações de estratos sociais médios e urbanos, nos movimentos ecológicos, nas mobilizações dos seringueiros, naquelas dos camponeses sem terra e no movimento dos indígenas pela preservação de suas culturas, pelo respeito aos seus territórios ou pelo reconhecimento e demarcação destes. A ideia de um desenvolvimento sustentável e em harmonia com a natureza figura como um objetivo explícito desses movimentos.

Produz uma agradável emoção ver como a causa ambiental terminou alcançando até o universo cultural do mundo infantil, mobilizando as crianças desde a primeira infância. A incorporação na educação das preocupações ambientais se estendeu por todo o país, desde as regiões mais desenvolvidas do Centro-Sul até as pequenas aldeias do Nordeste.

As principais cidades do planeta já recolhem seu lixo, classificando-o para facilitar a reciclagem. A exemplo delas, as cidades brasileiras também o fazem. Os comportamentos individuais de uma imensa multidão de humanos, em todas as partes do mundo, na vida privada, em família, estão se alterando em função da preservação do meio ambiente. Até os consumos mais básicos estão se modificando em função dessa consciência ecológica.

Entretanto, esse ente estranho e impessoal que é o sistema social caminha, cego, em outra direção. Na direção oposta. A estrutura da produção industrial e do consumo de massa não se pauta por essa preocupação. Continua reproduzindo, com cada vez mais agressividade, na medida em que se aceleram o desenvolvimento, a depredação da Terra e a deterioração das condições de vida de toda a humanidade e de todos os organismos vivos.

A estrutura de produção de bens – bens de produção, bens duráveis e bens descartáveis –, assim como a matriz energética, os padrões tecnológicos, isto é, a definição dos materiais e dos processos técnicos a serem

> utilizados, os modelos de consumo, continuam a perseguir, com uma organização cada vez mais sofisticada e com uma constância perversa, o objetivo de alcançar a maior taxa de lucro possível, mesmo que para isto seja necessário destruir a biodiversidade e consumir de forma irreversível os recursos não renováveis do planeta. Destruindo, junto com tudo isto, uma parte da própria humanidade.
>
> Se as consciências individuais, sobretudo a dos pequeninos, permitem esperanças, estas se esfacelam diante do funcionamento do sistema produtivo, que está conduzindo a história humana para uma tragédia...
>
> Apesar da crescente conscientização dos humanos, a sociedade ruma firme na direção da destruição dos ecossistemas naturais, da biodiversidade e da própria integridade física da Terra. Esta é a mais importante questão que já se colocou para a humanidade em toda a sua história.

Olhando, sem temor e sem mitos, para a gigantesca estrutura produtiva construída pelos humanos nestes últimos cinco séculos pode-se afirmar, com segura serenidade, que o *software* social moderno está em antagonismo não só com a vida dos humanos, mas também com todas as formas de vida existentes no planeta e com a própria existência física da Terra.

Essas reflexões brotaram e viraram ensaio um ano após a Conferência Mundial sobre Mudanças Climáticas, que ocorreu na África, em Nairóbi, em novembro de 2006. Nessa ocasião, estava à disposição de olhos atentos um grande número de informações, notícias, trabalhos e relatórios preparados para este *summit* ou lançados na ocasião, colhendo frutos do interesse geral pela questão ambiental.[13]

Não obstante existam dados mais recentes, os que foram preparados e apresentados em Nairobi são suficientes para um refletir responsável sobre a questão. Como se sabe, uma nova conferência sobre o clima já foi realizada pela ONU em Kopenhagen e, no final de 2010, os representantes dos países se reuniram novamente no México. Os novos dados divulgados reforçam aqueles apresentados em Nairobi quatro anos atrás.

Desse conjunto de informações é importante destacar alguns dados que podem contribuir para esta reflexão sobre a condição humana e sobre os efeitos produzidos pelo funcionamento do sistema social da modernidade madura.

Os ecossistemas naturais estão se degradando em um ritmo sem precedentes na história da espécie humana e a consequência mais imediata é a perda da biodiversidade. Os efeitos desses processos são catastróficos a curto prazo. No ritmo atual, já em 2050 os recursos da Terra não serão mais suficientes. No referido ano, a população da Terra alcançará um consumo igual a duas vezes a capacidade do planeta. Isto é, consumiremos os recursos mais velozmente do que a Terra é capaz de gerar e de quanto pode regenerar e produziremos uma quantidade de lixo que o planeta não poderá mais metabolizar. As consequências dessa tendência que ninguém consegue frear são extremas e imprevisíveis.

A organização WWF (World Wide Fund for Nature) vem acompanhando 695 espécies terrestres, 344 espécies de água doce e 274 espécies marinhas. Somente nos últimos trinta anos, as espécies terrestres se reduziram em 31%, aquelas de água doce, em 28% e as marinhas, em 27%. Nessas três décadas, 55% da população das espécies tropicais desapareceu por causa da conversão de seus habitat naturais em lavouras e pastagens.

A análise das marcas humanas sobre a natureza (as pegadas ecológicas do homem), uma das principais variáveis analisadas pelo relatório, mostra que já no ano de 2003 tinha sido superado em 25% a capacidade bioprodutiva dos sistemas naturais utilizados pelo homem para seu sustento. No relatório precedente, referente ao ano 2004, com dados de 2001, esse percentual era de 21%.

O peso do impacto humano sobre a Terra mais do que triplicou entre 1961 e 2003. A degradação da atmosfera terrestre é um dos resultados mais dramáticos desse impacto. A atmosfera é enormemente responsável por mudanças climáticas que produzem graves efeitos sobre toda a biodiversidade. O peso das pegadas humanas, no que diz respeito à atmosfera, apresenta indicadores seguros, dentre eles a emissão de CO_2 – que destrói a camada de ozônio que protege a Terra –, que é expelido em consequência do uso de combustíveis fósseis. O CO_2 gerou a marca mais pesada. Essas emissões se multiplicaram por nove em apenas quarenta anos (1961 a 2003).

A chuva ácida, consequência da poluição atmosférica, aumentou em mais de 20%, na China em 2005, chegando a 50% em Pequim. A China é o maior emissor mundial de dióxido de enxofre, o principal causador da chuva ácida.

A Terra encontra-se em uma espécie de déficit ecológico, criado pelas atividades dos seres humanos. Esse conceito, *ecological debt day* ou *overshoot day*, é um parâmetro que estabelece o ponto virtual no qual os recursos do planeta já utilizados pelos humanos superaram aqueles que o próprio planeta está em condições de produzir.

A cada ano que se sucede, o *overshoot day* vem antecipado. Na primeira vez em que foi calculado, em 1987, esse ponto virtual se situava no dia 19 de dezembro. Para o ano de 2008, esse dia ocorreu em 9 de outubro. Ou seja, em 19 anos ele se antecipou em mais de dois meses.

Observando situações nacionais específicas, os resultados são surpreendentes. Nesse aspecto a Inglaterra é a "ovelha negra". Em 2008, o *overshoot day* da Inglaterra foi no dia 16 de abril. Se todos os humanos consumissem igual a um inglês médio, já em 2008 seriam necessários três planetas Terra para satisfazer todos.

As perdas da biodiversidade alcançaram níveis intoleráveis, e este processo está se acelerando em relação aos levantamentos anteriores. A deterioração dos recursos naturais – sobretudo de água, de solos férteis, de recursos florestais e das outras espécies animais – é veloz.

Os efeitos desse processo de degradação sobre as condições climáticas serão pesados. Com o aumento da temperatura do planeta, a Terra poderá ter 200 milhões de refugiados climáticos, uma multidão que se deslocará fugindo do deserto que se instaurará em imensas áreas, o que provocará uma grande pressão demográfica sobre as regiões habitáveis, com elevação das tensões sociais, culturais e raciais. A temperatura média do planeta já aumentou em algumas regiões da Terra em 3,5 graus apenas nos últimos vinte anos.

Um instituto de pesquisa do governo italiano elaborou, a partir desses dados, um provável cenário para a Itália. As previsões do IBIMET são sombrias. As temperaturas no verão chegarão a 42/43 graus (já chegaram neste verão italiano, pela primeira vez), e o país sofrerá com a sede. Sede nos campos, sede nas cidades, interrompida por chuvas tropicais, violentas e inúteis, porque a terra não conseguirá absorver a água, e que provocarão enormes tragédias. O país será invadido por espécies animais exóticas, acabar-se-ão as geleiras alpinas, dissolvidas pelo calor. Serão colhidas laranjas nos Alpes e as *bougainvilles* florirão em novembro. O país perderá 4.500 km² de superfície ocupadas pelos mares em seus novos níveis mais elevados.[14]

Prevê-se que a temperatura média da Terra aumente de dois a seis graus até o final do século, e essa elevação provocará uma série de desastres em cadeia – maremotos, enchentes, fome e a morte de milhões de humanos, como sempre os mais pobres e mais frágeis.

O efeito estufa não é mais uma questão para os estudiosos do clima, mas de todos. Com o aumento da temperatura, a Europa será invadida por inimigos invisíveis, os microorganismos patogênicos, que para lá levarão a malária, a dengue, diarreia, febre amarela. Os casos de salmonelose e febres hemorrágicas aumentarão nas regiões tropicais, mas essas doenças baterão também às portas dos países temperados. Os problemas ambientais são hoje responsáveis por aproximadamente 25% das doenças humanas.

Além da atmosfera, o sistema social dos humanos está matando o mar. O mar está doente. A causa dessa doença é a ação dos humanos, através das descargas de produtos químicos usados nos fertilizantes e pesticidas, das descargas dos navios, dos desastres ecológicos provocados pelos petroleiros, por efeito das condições atmosféricas – e, mais uma vez, a poluição do ar em decorrência das descargas de CO_2 que resultam do uso de combustíveis fósseis .

Segundo o relatório da ONU sobre o meio ambiente, em outubro de 2006, mais de 200 áreas oceânicas, de diversas dimensões, foram declaradas "zonas mortas". São consideradas áreas mortas aquelas regiões dos oceanos em que a poluição é tão elevada que provoca a morte dos peixes – ou provocam mutações em suas características genéticas –, danificando todas as formas de vida marinha, com repercussões na vida dos humanos. A água do mar morre quando tem consumida a maior parte do oxigênio que ela contém. Ocorre quando chega ao mar um excesso de azoto e fósforo, como consequência do uso de fertilizantes e pesticidas para a agricultura, sempre conjugado com as descargas de combustíveis fósseis. Esse processo envolve os fitoplânctons e os zooplânctons. A decomposição deles em consequência da poluição consome o oxigênio, que é assim subtraído ao mar.

As áreas mortas dos oceanos aumentaram 34% entre os anos 2000 e 2006. A tendência atual é a ampliação dessas áreas. As previsões é de que no ano 2030 o volume de azoto descarregado no mar será 14% maior do que o era no ano 1990. "Surpreende inclusive que algumas novas áreas mortas encontram-se próximas de países com grande preocupação com o meio ambiente, como Finlândia e Inglaterra... Novas áreas mortas surgiram na costa africana, próximo a Ghana, na China, na Grécia e na América Latina. O que preocupa é o fato de que nos últimos dois anos o aumento dessas áreas cresceu exponencialmente".[15]

Outro indicador da degradação do mar é o estado de saúde dos corais. Os danos aos corais indicam perdas já irreparáveis. Aproximadamente 30% das barreiras de corais já foram destruídas nos últimos 50 anos, e outros 30% encontram-se muito danificados. Mais da metade das barreiras hoje existentes podem desaparecer completamente nos próximos 25 anos por causa do aquecimento global.

O aquecimento das águas dá origem a reações químicas que são fatais para a vida dos corais. O aumento da temperatura da água conjugada com a poluição provoca a morte dos micro-organismos que constituem a base dos corais, provocando a morte das colônias.

Mais de 47% das áreas coralinas das Ilhas Virgens – mais ou menos 120.000 km² – já foram perdidas pelas altas temperaturas registradas em 2005. No ano de 2002, o aumento de dois graus na temperatura da água do mar provocou graves consequências na Grande Barreira de corais da Austrália.[16]

O que se pode extrair dessas informações é que, por qualquer lado que se considere a questão ecológica, seja pela atmosfera, pelo mar, pelas águas doces, pelas florestas, pela biodiversidade, surgirá com clareza sempre maior a incompatibilidade entre a forma de organização social da produção praticada pelos humanos e a vida, ou seja, a incompatibilidade entre o *software social moderno* e a vida humana, a biodiversidade e a própria existência do planeta.

O momento vivido pelos humanos e pelo planeta é extremamente grave. Cabe se perguntar a razão pela qual não foi possível alterar os rumos da humanidade antes do desastre anunciado. Perguntar-se quais são os processos, os mecanismos que impulsionam esse estranho comboio constituído por todos nós, humanos, que, mesmo não sendo este o desejo da maioria, marcha através da história em uma direção que pode estar conduzindo todos para uma imensa tragédia...

> "(....) marcha um homem.
> Leva no coração uma ferida acesa.
> Dono do sim e do não
> diante da visão da infinita beleza
> finda por ferir com a mão essa
> delicadeza, coisa mais querida,
> a glória da vida."
> Caetano Veloso, *Luz do Sol*

Novas informações sobre a tragédia ecológica chegam todos os dias, em cada jornal, telejornal, revistas e sites especializados. São produzidas por muitas fontes, com destaque para o Painel Intergovernamental sobre Mudanças Climáticas (IPCC), criado pela ONU, com participação de mais de uma centena de países e de milhares de cientistas e grupos de pesquisas. A consciência de cada cidadão é cotidianamente inundada por informações e imagens sobre as condições da Terra, sobre as mudanças climáticas, sobre os fatores que provocaram essas mudanças e sobre seus impactos sobre o homem e outros seres vivos. Iniciou-se o que pode ser considerado como a primeira grande crise ecológica vivida pela humanidade. Todos os dados e informações indicam de modo definitivo que:

- Já ocorreram alterações definitivas no clima da Terra. Ainda que cessassem todas as causas que as provocaram, será necessário muito tempo para revertê-las, nos casos onde isto ainda é possível. São tempos na escala do universo – decênios, séculos, milênios.

- As alterações climáticas foram provocadas pela ação dos humanos, sobretudo, pela maneira como estes se relacionam com a natureza, ou seja, pelo *software* social moderno.

- As consequências serão dramáticas para todos, mas os efeitos piores ocorrerão naquelas regiões do planeta habitadas pela população mais pobre, onde se localizam os países menos desenvolvidos.

- Trinta por cento das espécies vivas provavelmente se extinguirão. Bilhões de humanos serão obrigados a abandonar os territórios onde vivem e muitos deles perecerão por falta de água e comida. É a produção social da morte.

Estamos próximos de um grande impasse que envolve todos. Enquanto o sistema marcha irresistivelmente para ferir à morte a beleza da vida, sempre, todos os dias, e cada dia de um modo mais amplo e radical, a humanidade se interroga perplexa sobre os novos caminhos a seguir, que até agora não se apresentam visíveis com clareza aos olhares de todos. Em todos os cantos da Terra, em todos os grupos e instituições contemporâneas, em todos os espaços sociais, os humanos se interrogam sobre novos caminhos. Apresentam-se somente enigmas. Misteriosos enigmas. A questão ecológica passou a ocupar um espaço importante nas preocupações de todos.

Essas reflexões buscam o encontro com esses enigmas e a construção de um olhar sobre os complexos dilemas que a história colocou para os que vivem estes nossos tempos. Um olhar brasileiro, um olhar nosso, aqui das bandas do sul. Daqui é um ponto de observação privilegiado para compreender a globalidade da modernidade madura e entender as suas raízes.

Notas

1. BOFF, Leonardo. Copa do mundo e Noosfera. *Jornal do Brasil*, 7 jul. 2006.
2. Dados obtidos no site do Observatório Nacional de Astronomia, Rio de Janeiro, www.on.br; www.astro.iag.usp.br/planetas.htm; www.if.ufrgs.br/mpef/mef008/mef008_02/translacao.html; e também em BOFF, Leonardo. *O Despertar da Águia*. 18. ed. Petrópolis: Vozes, 2005.
3. James Lovelock (www.jameslovelock.org/) é um cientista ambiental, membro da Royal Society, do Reino Unido. Em 1979, formulou e desenvolveu a Hipótese de Gaia, pela qual o planeta Terra se comporta como um organismo vivo.
4. Todos os dados citados foram retirados do site da Organização das Nações Unidas (ONU): http://unstats.un.org/unsd/demographic/.
5. Utilizo dados recolhidos para uma pesquisa realizada em 2008, tendo por base dados de 2005. São ainda atuais e suficientes como fundamentos destas reflexões. As alterações ocorridas nestes últimos três anos reforçam a abordagem aqui apresentada.
6. Disponibilizados pelo site das Nações Unidas: http://unstats.un.org/unsd/demographic/.
7. Idem.
8. *O Globo*, Rio de Janeiro, 31 out. 2006.
9. ORGANIZAÇÃO INTERNACIONAL DO TRABALHO (OIT). *Relatório Anual*. 2007. Disponíveis no site: www.ilo.org/.
10. *Folha de S.Paulo*, 1 ago. 2008.
11. Elaborado a pedido da OMS (Organização Mundial da Saúde) e coordenado pelo cientista social brasileiro Paulo Sérgio Pinheiro, que também coordena o Núcleo de Estudos sobre a Violência da Universidade de São Paulo (USP) e que foi secretário para os Direitos Humanos do Governo do Brasil na gestão de Fernando Henrique Cardoso.
12. *Folha de S.Paulo*, 22 nov. 2005.
13. Dentre todas as fontes consultadas naquela ocasião, das quais tirei os dados e informações citados a seguir, destaco algumas para o leitor que desejar aprofundar-se no tema. O relatório *Living Planet Report 2006*, produzido pela ONG World Wildlife Fund e lançado em conferência de imprensa em Pe-

quim, e o relatório da pesquisa *Up in Smoke 2*, elaborado por um conjunto de ONGs inglesas, Oxfam, a New Economics Foundation (NEF) e o Working Group on Climate Change and Development. Um dos indicadores dessa pesquisa é o "Overshoot Day", data a partir da qual começa o débito ecológico do planeta. Foram também divulgados nestes dias dados dos relatórios da OMS (Organização Mundial da Saúde), da OMM (Organização Mundial de Meteorologia), assim como da FAO, estes últimos organismos das Nações Unidas. Grande destaque recebeu também o *Relatório Stern*, uma análise das condições ambientais da Terra, solicitado pelo primeiro-ministro inglês Tony Blair a Nicholas Stern, ex-diretor do Banco Mundial, e dados do relatório da NOAA (National Oceanic and Athmosfere Administration), do governo dos EUA. Foram publicados artigos interessantes, dentre os quais destaco o "Ecologizar a Economia", de Leonardo Boff, e "Biodiversidade em Baixa", de José Eli da Veiga, do Programa de Pós-Graduação em Ciência Ambiental da USP (Universidade de São Paulo), e algumas entrevistas com cientistas [Giampiero Maracchi, diretor do Istituto di Biometeorologia (IBIMET) do Consiglio Nazionale della Ricerca (CNR), órgão do governo italiano, e Andrew Simms, diretor da New Economics Foundation (NEF)]. Todas essas referências são datadas de outubro/novembro de 2006.

14. *La Repubblica,* Milano, 6 nov. 2006. Tradução do autor.

15. Nancy Rabalais, diretora do " Louisiana Universities Marine Consortium". *La Repubblica*, Milano, 22 out. 2006. Tradução do autor.

16. *La Repubblica*, Milano, 5 nov. 2006.

As Raízes da Globalidade:
A Construção do Sistema Internacional
e das Periferias Modernas

Este é um tempo muito diferente dos outros já passados. É tempo de crise civilizatória, que pode estar sinalizando o ocaso de uma etapa da civilização humana. Nesse contexto, é importante refletir sobre as características que constituem os fundamentos, a essência mesmo, da natureza das formações sociais de nosso dias, ou seja, aquelas modernas. É necessário contemplar criticamente a modernidade por inteira. Passados cinco séculos do seu surgimento, isto é possível.

A modernidade começa a surgir quinhentos anos atrás, gerando rupturas com o passado, tanto pela amplitude, pois já nasce mundial, quanto pela radicalidade dos conteúdos.

A primeira ruptura é que a modernidade não é um projeto local, mas possui amplitude global. Já começa a ser construída em nível mundial, diferentemente, portanto, de todos os projetos civilizatórios anteriores, que nasceram nacionais. A modernidade já nasce criando o sistema internacional, este mesmo que nos é dado viver, com os mesmos fundamentos.

A segunda ruptura diz respeito ao fato de que a modernidade romperá com todas as sociedades, dissolverá suas estruturas, o modo como eram organizadas, e construirá novas sociedades em todas as partes do mundo. Os conteúdos que orientaram a construção e o funcionamento das novas sociedades surgidas desse processo eram também uma ruptura com tudo que se conhecia até então. A modernidade construiu novas sociedades que se definem por dois fundamentos básicos: a supremacia da razão instrumental e a centralidade da economia.

Bom é refletir sobre esses conteúdos com a contribuição de alguns autores que a eles dedicam o melhor do seu trabalho intelectual. Escolhi dois contemporâneos, dois sábios do nosso tempo, um brasileiro e um polonês que vive na Inglaterra: Leonardo Boff e Zygmund Bauman.

Leonardo Boff, no seu belo livro sobre São Francisco de Assis, lá no início dos anos oitenta, nos dizia:

"O homem arcaico, antes da hegemonia da razão, vivia uma *union mystique* com todas as realidades, inclusive Deus; sentia-se ligado umbilicalmente com o mundo circunstante e com sua própria intimidade; ele participava da natureza das coisas e as coisas participavam de sua natureza. Por isso, o sentimento de pertença e de parentesco universal permitia uma integração bem-sucedida da existência humana com respeito e veneração de todos os elementos. É porque ele vivia da estrutura verdadeiramente arcaica da vida, quer dizer, no coração do princípio e do originário do conhecimento (o sentido etimológico de arcaico, de arché = princípio, origem.[1]

O homem da modernidade burguesa está sobre as coisas e não mais com elas, porque seu saber analítico significa poder de controle sobre seus mecanismos colocados em função do desfrute humano. A racionalidade analítica exigirá um corte dos outros acessos legítimos ao real orientados pelo pathos, a simpatia, o Eros, a comunhão fraterna e a ternura. Toda essa dimensão será recalcada e até difamada como fator perturbador da objetividade científica. A ciência a serviço dos a priori fundadores (a vontade do lucro, de desempenho) organiza sua *démarche* de dominação mediante a projeção de modelos e paradigmas da realidade que lhe garantem a eficácia operatória. Certamente, esse pragmatismo possui a sua razão de ser (garantir a produção e a reprodução da vida), mas nem por isso deixa de ser profundamente redutor na medida em que esquematiza e artificializa a realidade e oculta dimensões decisivas para a realização do sentido humano da vida.[2] (...) a raiz ontológica desta crise (...) está ligada ao surgimento da burguesia, como classe social, do bojo do próprio sistema feudal. O desenvolvimento do mundo dos artesãos criando o sistema de mercado fez com que se projetasse um outro sentido de ser: a vontade de lucro, de acúmulo, de poder. Em função disto elaborou-se um novo ethos, vale dizer, um novo estilo de vida com relações diferentes para com a natureza, os outros, a religião e Deus. A ciência e a técnica não surgiram pelo puro exercício gratuito da racionalidade, mas como resposta exigida pelo avanço da produção, do mercado e do consumo. Elas são a decisiva contribuição que a burguesia deu à humanidade."[3]

Zigmund Bauman, em seu *Modernidade Líquida*, considera deste modo o mesmo processo:

"Os primeiros sólidos a derreter e os primeiros sagrados a profanar eram as lealdades tradicionais, os direitos costumeiros e as obrigações que atavam pés e mãos, impediam os movimentos e restringiam as iniciativas. Para poder construir seriamente uma nova ordem (verdadeiramente sólida!) era necessário primeiro livrar-se do entulho com que a velha ordem sobrecarregava os construtores. 'Derreter sólidos' significava antes e acima de tudo eliminar as obrigações 'irrelevantes' que impediam a via do cálculo racional dos efeitos; como diria Max Weber, libertar a empresa de negócios dos grilhões dos deveres para com a família e o lar e da densa trama das obrigações éticas; ou, como preferiria Thomas Carlyle, dentre os vários laços subjacentes às responsabilidades humanas mútuas, deixar restar somente o 'nexo dinheiro'. Por isso mesmo essa forma de 'derreter os sólidos' deixava toda a complexa rede de relações sociais no ar – nua, desprotegida, desarmada e exposta, impotente para resistir às regras de ação e aos critérios de racionalidade inspirados pelos negócios, quanto mais para competir efetivamente com eles.

Este desvio fatal deixou o campo aberto para a invasão e dominação (como dizia Weber) da racionalidade instrumental, ou (na formulação de Karl Marx) para o papel determinante da economia: agora a 'base' da vida social outorgava a todos os outros domínios o estatuto de 'superestrutura' – isto é, um artefato da 'base', cuja única função era auxiliar sua operação suave e contínua. O derretimento dos sólidos levou à progressiva libertação da economia de seus tradicionais embaraços políticos, éticos e culturais. Sedimentou uma nova ordem, definida principalmente em termos econômicos. Essa nova ordem deveria ser mais 'sólida' que as ordens que substituía, porque, diferentemente delas, era imune a desafios por qualquer ação que não fosse econômica (...) essa nova ordem veio a dominar a totalidade da vida humana porque o que quer que pudesse ter acontecido nessa vida tornou-se irrelevante e ineficaz no que diz respeito à implacável e contínua reprodução dessa ordem".[4]

*

No contexto da longa história da evolução humana, o nascimento da modernidade significou a construção intelectual e social da supremacia da razão. É o último ato da evolução humana considerada até nossos dias. E um dos mais importantes marcos dessa evolução, talvez comparável somente ao surgimento da vida e à construção da linguagem.

A humanidade que hoje está viva teve o destino, a determinação histórica da qual ninguém pode fugir, de viver a modernidade em sua fase madura, quando esta se realiza em extensão planetária, envolvendo com seu jeito de ser todos os povos da Terra, transformando-se no primeiro projeto civilizatório mundial.

Entre tantas características importantes, a modernidade é dotada da capacidade de explicar a si mesma. É um projeto civilizatório que fundamenta a sua dimensão mundial e os seus conteúdos na universalidade dos seus valores e na sua capacidade de demonstrar cientificamente, matematicamente, seus fundamentos.

Construiu uma gigantesca, maravilhosa e fascinante estrutura de ideias organizadas, verificáveis, que constitui o conhecimento científico. Este busca a universalidade de suas leis e postulados. Tal arquitetura intelectual foi sendo construída desde o século dezesseis. Durante todo esse tempo veio se enriquecendo de novas questões, novas teorias, novos ramos da ciência, do conhecimento humano, todos buscando fundamentar-se na experimentação e na demonstração matemática. E foi assim por séculos. É a linguagem da razão. Esse paradigma somente entrou em crise recentemente, com o advento da física quântica. A crise dos paradigmas da ciência moderna e das sociedades que se fundamentam em suas certezas domina o cenário do conhecimento em nossos dias, nestes novos tempos de crise civilizatória.

Junto com a construção de uma nova constelação de ideias, foram construídas novas sociedades. A modernidade criou novas sociedades e acelerou o dinamismo de todas, das antigas e das novas. Criou sociedades a partir da economia entendida como negócios privados e criou também sociedades especializadas em algumas atribuições, estabelecidas no âmbito da economia mundial. Essas são as novas formações sociais empresariais, as sociedades-empresa.

Será criada também a mais sofisticada forma de organização política conhecida pelo homem. Trata-se dos Estados modernos, o Estado nacional e o Estado econômico internacionalizado. Criou-se também um sistema internacional planetário, constituído pelas relações econômicas, culturais e políticas entre esses diversos tipos de Estado.

Ao contemplá-la e admirá-la não se pode deixar escapar à observação alguns aspectos que produzem imensas perplexidades. São irracionalidades que se aninham na intimidade do mundo da razão. É um desafio compreender a razão pela qual essas construções sociais edificadas pelo reino da razão são tão profundamente desiguais, injustas, conflituais e, sobretudo, portadoras de tantas irracionalidades.

É também um desafio compreender por que as relações do homem com a natureza, estabelecidas por parâmetros racionais, provocam a destruição da vida e da própria natureza, isto é, produzem um resultado irracional.

*

O reino da razão compareceu na história da evolução humana vinculado a construções sociais novas. Os conhecimentos anteriores, mesmo aqueles sancionados socialmente como verdadeiros, não solicitavam novas sociedades. Basta pensar que a cosmologia de Ptolomeu vigorou por dezessete séculos. Os conhecimentos pré-modernos conviveram com muitos tipos de sociedade. A modernidade, com a sua razão, veio trazendo uma nova sociedade e não soube conviver com nenhuma outra. Dissolveu todas.

Zygmund Bauman reflete sobre a capacidade da modernidade de dissolver os sólidos históricos anteriores, velhos, constituídos pelas estruturas sociais feudais, de construir novos sólidos melhores e duráveis (a sociedade industrial) e também derretê-los, apresentando-se nestes tempos nossos pela primeira vez na sua feição real, um fluido.[5]

Se refletirmos sobre essa formulação de Bauman, observaremos que foi assim desde o início, desde a época que os europeus chamaram de colonização.

Desde o início, a modernidade se mostrou capaz de dissolver sólidos históricos, como o fez com as sociedades tribais africanas e latino-americanas, os primeiros sólidos a serem dissolvidos. Sociedades baseadas em vínculos de crenças profundas e notável estabilidade das relações sociais simplesmente se desmancharam. Na maioria dos casos desapareceram.

Embora a imagem teórica de Bauman seja contemporânea, ela ajuda a entender a dissolução das sociedades que existiam em outras regiões do mundo e foram incorporadas ao projeto civilizatório moderno. Portanto, a modernidade já possuía essa característica desde a primeira meninice, quando dissolveu os sólidos históricos que existiam nas regiões que hoje formam a periferia mundial. Entre nós, aqui na periferia, ela aprenderá a dissolver sólidos e a construir novos, melhores para seus fins, mais robustos, mais estáveis e sobretudo mais eficientes.

As forças sociais modernas demorarão mais de dois séculos para transformar as sociedades onde se originaram. Isto é, derreter os sólidos lá, onde estavam seus berços, as sociedades europeias. Durante esse tempo acumularão aqui entre nós experiências e recursos, sobretudo dinheiro, muito dinheiro. Foi com essa experiência histórica e com esses recursos materiais que adquiriram forças para romper com seus aliados tradicionais, as monarquias e a Igreja, e realizar a grande transformação política e econômica e cultural em suas próprias sociedades nacionais. Essas transformações foram as revoluções europeias.

Há uma leitura histórica do surgimento da modernidade, considerando-a como um fruto próprio, exclusivamente europeu. É como se as sociedades europeias tivessem se autotransformado, vivido um processo histórico cujas forças estavam exclusivamente dentro delas mesmas. Assim, o processo histórico que se seguiu seria somente o fruto do esforço da Europa para difundir a "sua" invenção civilizatória, de distribuí-la pelo mundo afora, de expandi-la, numa espécie de generosidade civilizatória, papel que a história atribuiu aos europeus. Seria o que chamam de processo de modernização dos outros, de modernização do mundo.

A Europa efetivamente se transformou por ação dessas forças sociais novas. Mas essas forças sociais e políticas, de origem europeia, certamente habitavam na realidade em outro lócus. Viviam em um lócus planetário. Elas eram residentes na esfera mundial, na amplidão da economia mundial, onde se constituíram, seja nos negócios do Brasil, do México, das Índias, das Antilhas, seja no comércio, na agroindústria (açúcar), nas finanças e no tráfico de escravos. Essas forças sociais novas paulatinamente se reforçaram nas guerras coloniais que estimulavam e sobretudo no processo de acumulação do capital em nível mundial.

Numa perspectiva exclusivamente europeia, as forças sociais construtoras da modernidade teriam, na realidade, capitaneado historicamente uma autotransformação social de grande porte. Ou seja, o processo político, social e econômico de algumas nações europeias, frutos endógenos deles mesmos, é que conduziu à construção de sociedades modernas e à formulação do fantástico edifício da racionalidade moderna.

A modernização do mundo seria então uma evolução e uma expansão europeia. Os outros povos deveriam realizá-lo por imitação, deveriam realizar uma autotransformação orientada pelo modelo europeu, no sentido de alcançar os mesmos objetivos, implementar a mesma ética, os mesmos padrões de consumo e de conduta, se europeizarem em uma espécie de autotransformação por imitação.

Vista a partir dos trópicos, o que se observa na história política dos povos do mundo é algo diferente. As forças sociais modernas não nasceram e cresceram em oposição ao velho poder que dominava os países europeus e não postularam um mundo novo lá na Europa. Cresceram aliadas aos tais sólidos históricos feudais – nobreza e igrejas – que derreterão lentamente, mais de um século e meio depois na Inglaterra e mais de dois na França.

Essas forças sociais modernas, isto é, as forças econômicas criadoras da modernidade – as finanças e o comércio e as vanguardas modernas, construtoras de novas ideias, de uma nova concepção de mundo, de teorias e soluções, de empresas e colônias, de rotas e cartas náuticas – cresceram fora da Europa, nos espaços mundiais novos, e permaneceram por vários séculos convivendo em estreita aliança com as nobrezas de monarquias absolutas fortes e com a Igreja Católica e aquelas reformadas.

Sem os recursos provenientes dessa atividade desenvolvida em nível mundial não teriam ocorrido as grandes transformações econômicas modernas na Europa, inclusive a mais importante delas, a Revolução Industrial.

*

Visto que o domínio sobre povos e territórios situados mundo afora foi tão importante para o êxito da modernidade, é fundamental refletir sobre o processo de construção dessas novas relações mundiais estabelecidas entre os povos. É fundamental também perguntar-se como foi possível que a ação de dois reinos periféricos transformasse a conjuntura da época até o ponto de construir um mundo novo, superando aquela conjuntura de modo tão radical, criando uma nova era.

A performance histórica de Portugal e Espanha não é explicável pela geopolítica, nem teve origem na lógica do poder como até então se conhecia. É necessário, pois, indagar-se sobre a natureza da energia nova que interveio como um raio na conjuntura histórica entre 1450 e 1550, transformando-a para sempre e criando nosso mundo.

A expansão portuguesa e a espanhola não foram a extensão do poder de reinos ricos e poderosos, que dominavam grandes extensões de terras e muitos povos em suas respectivas regiões. Não foram a expansão de reinos que exerciam hegemonia política em suas regiões. Esse era o modo tradicional de expansão das nações, dos reinos e dos Estados.

A expansão ibérica seria diferente. A força que soprou suas velas rumo ao desconhecido não foi de natureza militar, nem econômica, nem religiosa. Não foi o velho poder que se expandiu. Uma força nova surgiu criando um novo poder.

> Cessem do sábio Grego e do Troiano
> As navegações grandes que fizeram;
> Cale-se de Alexandre e de Trajano
> A fama das vitórias que tiveram;
> Que eu canto o peito ilustre lusitano,
> A quem Netuno e Marte obedeceram.
> Cesse tudo o que a musa antiga canta,
> Que outro valor mais alto se alevanta.
>
> Eternos moradores do luzente,
> Estelífero polo e claro assento:
> Se do grande valor da forte gente
> De Luso não perdeis o pensamento,
> Deveis de ter sabido claramente
> Como é dos fados grandes certo intento
> Que por ela se esqueçam os humanos
> De Assírios, Persas, Gregos e Romanos.
>
> Camões, *Os Lusíadas*, Canto I

"Outro valor mais alto se alevanta." Eram as ideias. Ideias de um outro modo de ser, ideias para um novo mundo. Ideias baratas, ao alcance de quem não dispunha de muitos recursos. Ideias que salvaram a Europa, pois permitiram que esse continente invertesse sua posição no cenário mundial e se colocasse no centro de subsistemas internacionais que abraçavam todos os espaços planetários. Eram subsistemas que formariam um mundo novo, desconhecido por todos, até mesmo pelos seus construtores. Os chineses e os turco-otomanos, as potências da época, se transformaram, em um passe de mágica, em poderes locais. Foram aprisionados pela globalidade que os envolveu e os diminuiu.

Mas não foram ideias dos príncipes portugueses e espanhóis nem eram ideias inventadas, descobertas, no Portugal ou na Espanha daqueles anos gloriosos. Eram ideias, estas sim, europeias, águas que vinham de longe, sobretudo de uma imensa nascente localizada em uma maravilhosa península mediterrânea, a Itália.

Nestes tempos amadureceu uma busca, uma procura. Os europeus foram buscar em sua tradição cultural milenar uma releitura dos tempos e dos modos de ser. Seus pensamentos atravessaram a história, capturaram a herança cultural helênica e romana e retornaram para reler aquele presente histórico de forma criativa e surpreendente. Eram as vanguardas modernas que surgiam no cenário daquelas sociedades flageladas pela crise final do feudalismo.

A Europa era uma região especial. Possuía certa densidade cultural comum que vinha se acumulando há pelo menos dois mil anos, ou seja, vinha de meio milênio antes da era cristã. Naquela época, em nosso planeta, somente China, Japão, Índia e Europa ocidental possuíam uma tradição cultural de vários milênios, conhecida, documentada, que pode ser buscada e que periodicamente seduz seus habitantes a nela mergulhar.

Nos dois mil anos anteriores àquela conjuntura, a Europa viveu vários momentos de integração política, militar, econômica e cultural e também momentos de fragmentação. Vale a pena pausar a reflexão sobre alguns momentos marcantes da construção da tradição cultural europeia, em que as vanguardas daquela época mergulharão.[6]

É bom lembrar que a notável façanha de Felipe e Alexandre da Macedônia, que integraria pela primeira vez a Europa oriental, promovendo ampla helenização e expandiundo-se para o ocidente em tantas colônias no Mediterrâneo, vem de longe, do IV século a.C., e que a República de Roma surge no ano 509 a.C. Esses fatos estão distantes dois milênios da conjuntura política internacional que está sendo considerada, na qual nasce o mundo moderno, mas são marcos históricos importantes nessa tradição.

É bom lembrar ainda que Roma se espalhará pela Europa, levando sua cultura, suas leis, seus costumes, rapidamente. Já no longínquo tempo de 264-260 a.C., por ocasião da primeira guerra contra Cartago, Roma terá como províncias a Sicília, a Sardenha, a Córsega. Com a segunda guerra contra os mesmos cartagineses, a Espanha também se transformará em uma província romana. Na última fase dessa guerra, a da destruição de Cartago, Roma já será senhora de um pedaço da África.

No último século a.C., o domínio romano se estendia por toda a Europa, incluindo a Inglaterra, a colônia de Bretanha e todo o Mediterrâneo, europeu, médio-oriental e africano.

A guerra civil romana que contrapôs Júlio César a Pompeu e à maioria do Senado, e que terminará por gerar o império, se decidirá no ano 49 a.C. Embora tivesse sido uma disputa interna do poder em Roma, foi combatida na Espanha, na França, em toda a Itália, na Macedônia, na Grécia, no Egito – onde Pompeu morrerá – e em todo o litoral norte-africano.

No ocidente, na Europa criadora da modernidade, a integração romana durará ainda por mais meio milênio, até o século seis, quando o império se fragmentará, mas continuará de qualquer forma presente nos reinos romano-bárbaros, sem perder completamente as tradições culturais. No Mediterrâneo oriental, o império romano continuará e chegará até a conjuntura considerada, terminando em 29 de maio de 1453, com a tomada de Constantinopla.

A fragmentação do império no ocidente não será definitiva porque a Europa será reunificada, cultural, religiosa e militarmente, por Carlos Magno, rei dos francos, no século nove. Esse império também se fragmentará, gerando o mosaico político da conjuntura internacional considerada.

O processo de "romanização" foi muito mais que um domínio político, cobrança de tributos, deposição de armas, entrega de frotas e rotas econômicas. Ocorrerá, simultaneamente, a difusão de conhecimentos sobre a gestão da sociedade, da coisa pública, sobre modos e forma de resolver essas questões que se colocam para todas as sociedades. Junto com as legiões romanas se espalharão pela Europa ideias sobre uma legislação republicana, sobre Senado, cargos eletivos e temporários, pluralidade no exercício das funções públicas, tribunos eleitos (a partir de 494 a.C.!) e possuidores de imunidades. Essas tradições vêm de muito longe. As leis fundamentais da República romana são do ano 491 a.C. O direito romano até hoje é estudado nas faculdades de ciências jurídicas em todo o mundo.

A história desses povos e de suas culturas foi escrita por filósofos e historiadores, foi descrita pelos próprios dirigentes e imperadores, como Alexandre e Júlio César, foi representada em pinturas e esculturas e se mostra também em obras públicas primorosas, em pontes, em estradas e palácios. Sua vida cultural produziu uma literatura exuberante, poesia e prosa, amada e estudada em todo o mundo até nossos dias.

Pois foi no âmbito dessa tradição cultural milenar, que se encontrava esquecida na Idade Média, que o imaginário das vanguardas modernas voou até o território histórico de suas raízes mais fundas, trazendo no bico, como um ramo de oliveira, uma nova concepção de homem e de mundo. Trazendo na alma humanista as novas ideias que sopraram as velas lusitanas.

As vanguardas modernas começam a surgir realizando e propondo a redescoberta dos grandes escritores da antiguidade clássica. Inicialmente, os estudos tiveram uma orientação principalmente teológica. Mas a descoberta dos clássicos através dos manuscritos mantidos nos mosteiros e abadias católicas não foi somente um fato de erudição, de redescoberta do próprio latim clássico, de onde virá a expressão *humanae litterae*, que também designará o humanismo renascentista. A redescoberta alcançava uma reflexão sobre os personagens, o modo de vida, a conduta e a postura moral e política do mundo clássico. É dessa reflexão que surgirá a crítica à cultura da época, isto é, à conjuntura que está sendo considerada, ao feudalismo em crise.

A cultura hegemônica daquele tempo, sob forte influência da Igreja, subordinava a atividade humana exclusivamente aos fins ultraterrenos, subordinava a vida concreta ao que se pensava ser o reino de Deus, o reino do depois. Os valores espirituais se afirmavam como verdadeiros porque se colocavam acima da vida terrestre, pairavam sobre as paixões, os interesses e a própria razão dos humanos, subordinando-as. A existência humana até aquele momento da história era uma espera, uma transição para o reino de Deus, não valia em si mesma. O homem era oprimido, esmagado, por suas próprias crenças.

Com o início das formulações modernas, essas velhas concepções gerais do mundo começam a mudar.[7] Novas experiências políticas, econômicas, sociais e técnicas surgiam, estimuladas, empurradas, pelo trabalho intelectual dessas vanguardas. Essas experiências, embora ocorressem no âmbito do feudalismo, terminaram por antecipar seu fim.

A cinco séculos de distância ainda é possível avaliar o impacto dessa experiência intelectual sobre a história. É ainda possível imaginar o choque produzido pela descoberta de uma legislação republicana como aquela romana, que tinha sido formulada e praticada dois mil anos antes, enquanto se vivia sob monarquias absolutas de príncipes obscuros. É possível também imaginar a surpresa de descobrir um mundo pagão, livre para os pensamentos, para a imaginação, para as teorias, para a arte, para as paixões e para as aventuras, enquanto se vivia uma tenebrosa ditadura teológica e filosófica imposta pela Igreja Católica, que também passava por um dos seus momentos obscuros.

Essa reflexão humanista proveniente de uma revisão das sociedades clássicas terá profundo impacto sobre a realidade europeia daqueles anos. Aos poucos esse movimento abandonará a reprodução dos clássicos e se empenhará na criação de obras originais, inspiradas nas antigas, mas muito diferentes destas.

O herói até aquele momento histórico era o santo, aquele que se dedica à renúncia, que orienta seu espírito no sentido da afirmação da fé, do abandono do mundo, do domínio sobre as paixões e sentimentos.

A partir das vanguardas modernas que construíram o humanismo surgirá um novo herói. O novo herói será parecido com aqueles da antiguidade, será o homem que exercita seu espírito crítico, que afirma plenamente suas energias e que, liberto dos escrúpulos teológicos, usa a razão, a inteligência para experimentar a vida, para entender e desvendar as leis da natureza, afastando-se de uma vez do mundo das superstições.

Será afirmada a confiança no homem, no humano, a confiança no valor do indivíduo, e se afirmará o culto à beleza e à aventura de viver. A vida passa a ser entendida como o "aqui e agora", como única experiência real. Será construída a centralidade da razão, como eixo da centralidade do homem na natureza. Afirmar-se-á o conceito do homem como construtor de si mesmo.

A natureza deixará de ser transfigurada pelo artista ou escritor, deixará de ser um apanágio de uma visão religiosa do mundo e passará a ser estudada cientificamente e representada como ela é, criando-se o realismo.

E se debruçaram sobre o livro da natureza, como mais tarde escreveria Galileu.[8] Debruçaram-se para desvendá-la, para construir teorias sobre ela e para representá-la da forma mais perfeita, de acordo com os conhecimentos elaborados sobre ela e não segundo a fé. Essa vanguarda recuperará a verdadeira beleza da natureza, e esta ganhará autonomia estética e deixará de ser somente uma alegoria de uma representação do mundo "teologicamente correta". Mas será submetida à razão.

As vanguardas modernas construirão obras nas quais a supremacia será a expressão do homem mesmo, de suas fantasias, de seu imaginário, dos novos pensamentos e sentimentos, dos novos tempos e dos novos conceitos. Tudo terá o objetivo de reforçar a dignidade da centralidade do homem na ordem universal da criação, ao contrário da desvalorização humana construída pela filosofia e teologia da Idade Média.

A própria religião ganhará uma dimensão nova, um modo novo de ser vivida, com a crítica ao ritualismo e à estrutura temporal da Igreja. Nascerá a valorização de uma vida religiosa mais interior, com a autenticidade sendo buscada na intimidade da alma e não na aparência coreografada.

A proposta das vanguardas modernas era o abandono dos mitos, das superstições, dos medos que bloqueavam a pesquisa do novo. A conduta do homem em relação ao mundo se altera e prevalecerá a realização de sua vontade de conhecimento direto da realidade. A razão humana escapole da natureza, escapa do cipoal de crenças e superstições que a amarravam.

O homem se separa da natureza e se atribui o mandato para submetê-la pela razão. Os segredos do mundo natural começarão a ser decifrados pela nova razão, que penetrará em sua mais profunda intimidade. Inicia-se o processo de decodificação, decomposição e recomposição artificial do mundo. O progresso técnico se transforma em um objetivo coletivo e apaixonará as sociedades.

Esses grupos surgiram em vários países e cidades. Eram as vanguardas modernas. É possível compreender sua abrangência mesmo sem realizar ampla descrição de suas bases geográficas e amplo apanhado do processo histórico da formação desses grupos. Basta considerar algumas das consequências de sua ação e as dimensões continentais das polêmicas que produziram, como o debate que conduzirá à reforma religiosa, o debate sobre a geografia terrestre que conduzirá às grandes navegações e a produção intelectual que construirá as bases fundamentais da ciência moderna. São apenas três exemplos que se transformaram em movimentos, que mobilizaram os interesses de muitas sociedades, em vários polos do continente europeu. Três movimentos que mudaram o mundo: Reforma Protestante, novas descobertas geográficas e as ciências.

A Itália será a raiz mais fértil dessas criações e dará os frutos mais belos. Entre seus muitos criadores se destacaram, pela magnitude da contribuição, Nicolau Maquiavel, Leonardo da Vinci, Michelangelo, Toscanelli e Vespúcio – em um segundo momento, Giordano Bruno e Galileu – como as expressões maiores desses novos tempos. Fora da Itália, Erasmo de Roterdã, o seu amigo Thomas Morus, Copérnico e Martinho Lutero terão a mesma importância.

O renascimento italiano será radical nas novas concepções teóricas e extraordinariamente belo nas novas concepções estéticas. Lá se juntam a ciência e a arte. O conhecimento e a beleza. Leonardo será um artista, um cientista, um intelectual e um agente transformador do mundo. As fantásticas descobertas e os arrojados projetos elaborados por esse gênio são testemunhos vivos, capazes de encantar e surpreender ainda hoje, após meio milênio, pela delicadeza e consistência do encontro da arte com a ciência.

O mesmo se pode dizer de Michelangelo. Uma sua escultura, o Davi, é considerada um dos maiores ícones do período. O Davi bíblico é um pequeno mas corajoso cidadão que vence o gigante Golias pela inteligência, não pela força. Michelangelo representou o pequeno Davi como um gigante, imenso, nu, desprovido dos preconceitos, com o olhar confiante no futuro. E, sobretudo, belo. O Davi foi, e permanece sendo, o ícone da beleza do humano, da sua pujança, da sua força e da vitória da inteligência, da iniciativa. O realismo e a exatidão das proporções, tanto no Davi quanto nas imagens dos humanos e divinos do teto da Capela Sistina, já são o reflexo visível de um novo, e quem sabe definitivo, encontro entre a beleza, o estudo e a pesquisa. A ciência já tinha se adentrado irreversivelmente pela arte e em Tordesilhas entrou definitivamente nas relações internacionais.

O núcleo florentino, onde viveram quase todos os nomes citados, terá importância imensa como uma conexão privilegiada entre as formulações fundamentais da modernidade e a construção racional das grandes navegações que resultaram no novo mundo. Era uma cidade luz naquele momento histórico, já que reunia, simultaneamente, Leonardo, Michelangelo, Maquiavel, Toscanelli e Américo Vespúcio, dentre outros, somados aos que iam para vê-los e debater com eles. E muito provavelmente existia entre eles um convívio social, pois a cidade era pequena e todos viviam sob a proteção iluminada dos Médici.

Toscanelli tinha estudado medicina e matemática em Pádua, mas terminou se dedicando com grande intensidade à geografia e à elaboração de cartas geográficas. Toscanelli também se corresponderá com Colombo, a quem enviou o seu mapa-múndi, incentivando-o a viajar até a China pelo mar. Será também professor de Vespúcio, figura central nas descobertas, a quem nosso continente deve seu nome.

Vespucci era filho de importante família da cidade, já tinha integrado a representação diplomática de Florença em Paris, em 1478, e, em 1490, seria enviado à Espanha como representante de banqueiros florentinos. Lá terá papel importante apoiando a travessia oceânica e comprometerá recursos financeiros com a empreitada. Permanecerá lá para sempre, como diretor da Companhia das Índias, ligada ao controle das navegações oceânicas, e morrerá como almirante-mor da esquadra espanhola.

É importante entender os navegadores como cientistas, não como aventureiros. Entendê-los como hoje entendemos os astronautas. Vespúcio virá em pessoa, no comando de várias expedições portuguesas e espanholas, para cartografar o litoral ocidental da América e demonstrar que era um novo continente, completamente desconhecido. A ele se deve o desenho do litoral brasileiro. Os marcos de sua passagem existem até hoje, como em Arraial do Cabo, datados de 1501.

É sempre bom lembrar. Foi para Florença e foi para seus parceiros intelectuais e de negócios que Vespúcio escreveu informando sobre o que hoje é a América e chamando-a, pela primeira vez, de Novo Mundo.[9]

Esses homens já tinham reorganizado o sistema de conhecimentos, mais Vespúcio que Colombo. Já tinham colocado o homem no centro desse sistema e entronizado a razão, e não mais a fé, como orientadora da conduta humana. Já tinham perdido o medo e a reverência no confronto da natureza e ansiavam por decifrá-la, e já tinham liberado o indivíduo de tudo aquilo que impedisse que a vida fosse a festa da realização dos interesses, paixões e ambições. Já tinham descoberto os prazeres e as dores do individualismo. Já eram modernos. Já tinham construído os eixos vetores do *software social moderno* e já se orientavam por eles.

Esse "*software* social" receberá uma elaboração mais sofisticada, ganhará seu traje de gala como construção teórica no iluminismo francês e inglês alguns séculos depois. Entretanto, os fundamentos teóricos modernos e, sobretudo, as novas condutas que dão origem à modernidade, estes não, estes foram criados pelas vanguardas modernas do início do século XVI e já orientavam aqueles que construíram o mundo mundial.

As viagens que realizaram, sobretudo Colombo, Vespúcio e Vasco da Gama, com poucos homens e muita coragem, se diferenciavam de todas as expansões imperiais do passado.

Em primeiro lugar porque, ao contrário de todas as expansões imperiais anteriores, não percorriam caminhos conhecidos. Partiam por caminhos novos. Flutuavam em novos rumos, buscavam novos destinos. Desprezaram os caminhos do antes por não poder segui-los. Em segundo lugar, não partiam segundo os oráculos e com a proteção dos deuses, mas viajavam confiantes na razão, na ciência, no conhecimento.

Eram, eles mesmos, os novos heróis. O passado heróico dos tempos da Antiguidade ficava assim, definitivamente, restaurado. A escuridão da Idade Média também ficava, definitivamente, para trás.

As conquistas teóricas das vanguardas modernas permitirão a construção dos conhecimentos que orientaram as grandes navegações e a construção dos subsistemas internacionais mundiais.

Foi a atitude existencial dessas vanguardas que dissolveu os medos de uma aventura do porte da travessia oceânica. Foi o individualismo e a busca de riqueza e poder do homem livre das antigas peias que levaram os europeus pelo mundo afora a construírem um mundo completamente diferente daquele que até então conheciam e em cujo âmbito tinham vivido.

*

O movimento que nasceu com as vanguardas modernas terá grande influência na esfera intelectual e moral. Os valores descobertos e propostos por elas supunham um mundo completamente diferente e formas de vida social impossíveis de serem contidas nos limites estreitos das sociedades do seu tempo. Curiosamente, o movimento não se confrontará com o *establishment* político da época. Isto somente ocorrerá no século dezoito.

As vanguardas modernas, em vez de se confrontarem com os poderes políticos e eclesiásticos, como seria normal supor, se aliaram a eles. Conseguiram realizar uma construção política notável e fundamental para os novos tempos. Realizaram uma aliança política heterodoxa, que as articularam aos seus futuros adversários, ao poder político de monarquias absolutas conservadoras, com as bênçãos e a participação da alta hierarquia eclesiástica e do capital financeiro e comercial.

Certamente, essa aliança heterodoxa foi possível em consequência da possibilidade, sempre iminente, do domínio islâmico. As vanguardas modernas colheram naquela conjuntura os frutos da ânsia de banqueiros amedrontados e de reinos em perigo que buscavam forças para se afirmarem e para se prepararem para um confronto definitivo com o Islã. Um confronto de êxito incerto até aquele momento.

Essa aliança permitiu que, lá longe, muito longe da Europa, pudesse ser construído um mundo novo, o mundo que povoava o imaginário dessas vanguardas modernas. Aqui não foram construídos reinos feudais. Também ninguém partiu para o novo mundo a fim de formar comunidades de fé e dar testemunho de uma vida religiosa autêntica.

Vieram aqui fazer negócios e se enriquecer. Vieram "fazer a América", dirão mais tarde. Vieram aqui para construir o mundo deles, o mundo dos modernos, o mundo da busca da riqueza individual, não da riqueza e glória de seus reis, vieram para construir o mundo da liberdade para a experiência e para a aventura, o mundo da submissão da natureza, da realização dos interesses, paixões e ambições. O mundo da competição. E, sobretudo, o mundo da submissão de gentes.

Indivíduos que viviam oprimidos na Europa, que só conheciam a existência subalterna, como súditos de reis e de príncipes, no novo mundo se transformaram em senhores de gente que desconhecia a existência de senhores, que desconhecia a servidão. Foi um mundo inédito para ambos.

A travessia da linha do Equador era uma travessia de *status* social. Aqui se libertavam do trabalho e assumiam o comando do social. O Equador era um filtro criador não só de uma refração conceitual, como já citado, mas de uma refração social. A vivência desses dois mundos exigiu uma reestruturação psicológica por parte dos atores.

Como esse novo mundo foi construído fora e longe da Europa e sua construção beneficiava os banqueiros, os monarcas e a Igreja, essas vanguardas evitaram um conflito precoce com seus aliados europeus. A folia do novo mundo beneficiava todos naquela estranha aliança, e as grandes diferenças existentes entre as relações sociais que prevaleciam nas sociedades europeias e aquelas que serão construídas nas novas formações sociais eram consideradas como "abusos" e "excessos" temporários, justificados como provisoriamente necessários.

A verdade é que, naquele tempo, amplos segmentos das sociedades europeias acreditarão nessas vanguardas, arrebentarão as peias mentais dos tempos feudais e se lançarão em novas atividades. Transformam-se em empreendedores, como hoje são chamados pelos modernos. O êxito positivo, medido pelo enriquecimento alcançado pelos atores dessas novas experiências sociais, foi a demonstração científica, na história, da correção desses valores. A prática foi o critério da verdade.

Agiam em conformidade com os conteúdos do novo projeto civilizatório. Surpreenderam todos e a si mesmos pelo fascínio do novo jeito de viver. O *software* social moderno nasceu extraordinariamente sedutor. Seduziu irreversivelmente parcelas majoritárias das sociedades europeias. Seduziu mais as sociedades do que seus reis, príncipes e cardeais. Com a adesão "interior", lá do fundo da alma, aos valores modernos, da parte mais ativa das sociedades europeias, foi possível, em um primeiro momento, a construção do mundo moderno nas formações sociais empresariais da periferia, mas, sobretudo, a construção da hegemonia desse novo *software* social nas sociedades europeias.

A capacidade de hegemonia sobre a conduta social de imensas maiorias é que dará a esse grupo social condições de, mais tarde, postular o poder em suas respectivas sociedades. E é o que ocorrerá nos principais países europeus, constituindo o que eles denominam de era das revoluções.

As revoluções europeias, vistas na perspectiva dessas reflexões, aqui dos trópicos, representam a ruptura da aliança heterodoxa que permitiu a construção do mundo moderno. As vanguardas modernas manterão suas alianças com o capital financeiro-comercial e com o mundo empresarial que lhe crescerá em torno e que desembocará na revolução industrial, mas abandonarão, combaterão e submeterão as monarquias e nobrezas conservadoras, assim como redesenharão o papel da Igreja, diminuindo sua função social. Somente as nobrezas que aceitaram a modernização, como a inglesa e a alemã, serão poupadas.[10] Somente as igrejas reformadas estarão incluídas em suas futuras alianças. A burguesia será a classe social que realizará, na história, o projeto moderno, e as vanguardas modernas serão os construtores, no âmbito da ciência e da cultura, do novo mundo burguês, moderno e capitalista.

Depois de enriquecidas, poderosas e vitoriosas no âmbito da economia mundial e hegemônicas nas mentes e corações de amplas maiorias sociais na Europa, a burguesia e as vanguardas modernas postularão e assumirão o poder, suplantando seus antigos aliados.

No início do século dezesseis – a nossa conjuntura –, se as vanguardas modernas tivessem tentado implantar na Europa o mundo do seu imaginário, se tivessem tentado praticar em solo europeu as relações sociais que construíram no resto do mundo, provavelmente não teriam tido êxito nem teriam podido construir essas alianças. Naquela conjuntura histórica, se tivessem tentado teriam se antagonizado com os príncipes e com a Igreja, e é possível que deles não existissem nem mesmo notícias, pois tanto eles quanto suas obras não teriam escapado das chamas da Inquisição. Não é possível imaginar que a Europa sancionasse socialmente as normas que orientaram as condutas dos europeus nos trópicos na época da construção dos impérios coloniais.

*

Com as grandes descobertas e a construção de uma nova teia de relações entre os humanos, a modernidade criou uma nova etapa das relações internacionais, levando essas relações, pela primeira vez, a ganharem dimensões mundiais.

Relações internacionais existem desde as origens, pelo menos desde que se inicia o assim chamado período histórico da humanidade. É isto que se observa na história das relações entre os reinos desde os tempos babilônicos. Mas relações internacionais entendidas como contato permanente, como relações econômicas, políticas e culturais entre todos os povos da Terra, estavelmente articulados entre si em um contexto de interdependência econômica e política através de Estados, é uma criação da modernidade. Conduzir as relações humanas ao patamar de relações mundiais, com amplitude planetária, é a maior contribuição da modernidade para a história da espécie humana. É um feito de enorme significado, que possui densidade própria.

O sistema internacional moderno significou muito mais do que as relações desiguais que construiu. Muito mais importante do que construir os dois polos, dominantes/dominados foi, na verdade, a revelação da humanidade para si mesma.A humanidade é uma categoria do pensamento – criada ou revelada – que existe desde tempos muito antigos. Vem lá dos nossos primórdios. É encontrada nos mitos da criação, desde tempos remotos, em quase todas as culturas do planeta. O humano é sempre um coletivo universal, um povo, os povos, etc. Sempre existiu como conceito, como categoria do pensamento.

Mas até então a humanidade era uma espécie de substantivo abstrato. Ninguém sabia como era, como se constituía, como era o seu ser concreto. Ninguém conhecia suas dimensões, sua cor, seu rosto, suas civilizações.

Por dezenas de milhares de anos, o raio de ação alcançado pelas práticas humanas de relações entre povos distintos – relações internacionais, portanto – era limitado a pequenos espaços geográficos. Ocorriam em pequenos pedaços da Terra. São muito importantes e mais conhecidas aquelas que se praticavam em torno do Mediterrâneo e em alguns polos orientais. Existiam também, mas são menos conhecidas, em algumas regiões das Américas e da África subsaariana.

Os humanos colaboravam, trocavam experiências, festejavam e combatiam, se sobrepunham ou eram dominados, em um espaço terrestre limitado, que alcançava, no máximo, seus vizinhos. De todas as constelações políticas conhecidas até o advento moderno, o Império Romano foi a experiência histórica que articulou os mais amplos territórios por mais tempo, chegando a quase mil anos na Europa ocidental e quase dois milênios no Mediterrâneo oriental. Chegou a incorporar, sobretudo com Otávio e Adriano, a Europa ocidental, o Oriente Médio, a África mediterrânea, alcançando até algumas regiões do sul da antiga União Soviética. A dinastia Khan, mil anos depois, chegou a estender seu poder sobre um território maior, mas por tempos mais breves e sem a mesma influência na vida dos povos, tanto na Ásia quanto em uma fração do Oriente Médio. O Império Otomano articulou sob seus domínios o Oriente Médio, a África mediterrânea e pedaços da Europa, a Península Ibérica e os Bálcãs.

Passadas essas experiências unificadoras, todas regionais, os povos retornavam às restritas relações locais, no interior dos ninhos relacionais existentes no planeta. O conhecimento sobre povos e regiões mais distantes, nos confins da Terra, era uma experiência humana rara e notável, que ocorria, por acaso ou por ousadia, só como experiências individuais. Poucas ficaram conhecidas e foram sempre experiências fascinantes, como foi a de Marco Polo.

Na Antiguidade, o número de indivíduos que passavam a conhecer e se relacionar com a diversidade humana e que podiam contribuir para a construção de uma ideia sobre essa diversidade era muito pequeno. A diversidade humana que servia de base para a formulação de conceitos de "humanidade" era também muito limitada. Havia, isto sim, mitos sobre a existência de outros humanos.

Nesses pequenos ninhos geográficos onde ocorriam relações interpovos, internacionais, não havia um conhecimento real de como era a existência dos outros nem havia vínculos de interdependência de uns em relação aos outros.

As influências, recíprocas, eram raras e limitadas a alguns aspectos da vida social, o que não lhes tira a importância. Basta pensar na difusão das religiões, das técnicas de navegação e de outras tecnologias. Relações comerciais sempre existiam, mas não eram as atividades principais de nenhum povo, salvo talvez os fenícios, os Tuaregs e um ou outro povo. Os ninhos relacionais europeus, mediterrâneos, médio e extremo oriental, quase desconhecidos entre si, também não sabiam da existência de outros ninhos situados nas Américas, sul, centro e norte, na Oceania e na África subsaariana. A ignorância alimentou por muito tempo fantasias sobre como seriam os outros povos.

Porém, o limite imposto pelo desconhecimento nunca aprisionou os pensamentos e a imaginação humana. A humanidade "em geral" sempre foi pensada, mesmo desconhecendo-se sua composição real.

Esse substantivo especial que é a humanidade, até então um substantivo abstrato, se transforma em um substantivo concreto pleno somente nos últimos raios de sol do século quinze e na aurora do século dezesseis, na ruptura moderna, quando então ocorre a construção do mundo mundial. Aí, sim, foi possível saber como de fato era a humanidade. Foi possível conhecer sua diversidade e sua amplitude.

A pluralidade grandiosa que compõe a humanidade foi uma das mais importantes descobertas desse período. Pela primeira vez foi possível descobrir o significado real do conceito, concretizar o substantivo. Pela primeira vez foi possível, para a razão, capturar e organizar esse significado. Foi possível entender a espécie humana como um conjunto imenso e complexo, como um coletivo único e múltiplo, em que as unidades constitutivas são etnias e culturas, com referências territoriais, é verdade, mas sempre compostas por seres humanos caracterizados por uma originalidade individual oriunda de uma química espiritual, de uma estrutura psicológica única, exclusiva de cada indivíduo e própria da espécie.

Foi nessa era da construção do mundo mundial que surgiu, para alguns humanos, pela primeira vez, a imagem real, a fotografia mesmo, daquilo que era a humanidade. Eles não tiveram "as tais fotografias". As primeiras imagens eram compostas de pedaços estanques, longínquos, distantes. Eram fotogramas isolados, que para serem vistos juntos demandavam longas viagens, difíceis travessias que demoravam meses. Só no imaginário de quem saiu mundo afora esses fotogramas se fundiram e a imagem da humanidade se completou. Os primeiros que puderam ver, nas aventuras existenciais de uma mesma vida, a Europa, a África, as Américas e o Oriente, viveram uma experiência especial e inédita.

O surgimento da humanidade real, a humanidade planetária, provocou um choque em todos esses ninhos relacionais, sobretudo na Europa, onde os fotogramas se juntavam. Um grande choque para quem viu e também para quem só ouviu falar.

E a humanidade se apresentou bonita, cheia de matizes de todos os tipos. Peles coloridas, roupas e nudez, mares e céus, casas e plantas, olhos e lábios. As primeiras visões da espécie humana tiveram um impacto avassalador. A humanidade apresentou-se diferente do que se sonhara, mas muito mais bela do que todas as fantasias existentes sobre ela.

A humanidade real, quando surgiu na história, fez explodir vulcões de sentimentos, novas atitudes e novas ideias. Explodiram novas paixões, muitas paixões. Um número imenso de Paraguaçus e Caramurus se encontraram e se apaixonaram nos novos e amplos territórios exóticos de um mundo sem fim.

Os europeus que construíram esse encontro provinham de sociedades marcadas pela repressão, de pensamento e de conduta, características da Idade Média e do domínio católico sobre a vida social. Estes se deslumbrariam em encantos diante da nudez bela e corajosa, soberba, com a qual os americanos e os africanos se apresentaram.

A carta de Caminha, a certidão de nascimento do Brasil segundo Darcy Ribeiro, é exemplar sobre o deslumbramento. Era uma carta a um rei, católico observante rigoroso, rodeado pelo clero em sua corte. Era um documento que comunicava a descoberta de um novo mundo. Pois nessa ocasião, tão cheia de solenidade, Caminha, em poucas páginas, se refere por catorze vezes à beleza da nudez. A nudez, portada com altivez, parece tê-lo surpreendido mais do que as novas terras.[11]

Não seria menor a surpresa e o deslumbre de Vespucci pouco mais de um ano depois e dos franceses no Rio de Janeiro, como se pode verificar pela bibliografia disponível.[12] A emoção do encontro propriamente humano foi muito grande, mas seus efeitos foram maiores ainda.

O encontro com a humanidade global abalou concepções teológicas, históricas, geográficas e filosóficas. Teorias, preconceitos e mitos se derreteram, todos de uma única vez, naquele face a face com a grandiosidade da espécie humana. Novas ideias nasceram. Essas novas ideias e criações, estéticas e teóricas, não somente deram concretude à humanidade, mas terminariam até por construir novos mitos. Basta ver T. Morus, Montaigne, Rousseau...

*

Teve início, então, o processo de criação de relações sociais globais, isto é, relações entre povos, etnias, culturas, territórios, Estados distintos, espalhados por toda a extensão da Terra.

Só nesse momento histórico começa a integração mundial da humanidade. Surgiram do nada, exclusivamente a partir de um ato de ousadia, relações materiais – econômicas e comerciais – e culturais entre quase todos os povos do mundo. Nenhum povo tinha a experiência histórica de relações planetárias. O mundo de cada um e de todos se enriqueceu de repente com a aprendizagem de novas línguas e criações de novas palavras para novos objetos, novos fenômenos. A troca de saberes relativizou em pouco tempo todo o saber existente na Europa, no Mediterrâneo, no Oriente e nas Américas. Balançaram e se quebraram para sempre as concepções míticas dos povos americanos e africanos.

Novas ciências nascerão com a troca de conhecimentos e com a constatação da existência de novos e diferentes modos de vida e de organização social dos humanos.

A vida cotidiana se alterará bruscamente com o conhecimento de novos frutos da terra, de novos produtos, de novos animais e novas plantas, de novos alimentos e bebidas. Novas ervas e novos perfumes. Batata e milho. Tabaco e cacau. Coco e açúcar. Pimenta e aguardente. Novos prazeres e novas delícias.

*

Mas as relações entre os povos não seriam fraternas. Nas relações sociais concretas que se estabeleceram no nascimento do sistema internacional desapareceram, foram eliminados, os componentes de igualdade humana presentes nas religiões e nos conteúdos da nova proposta civilizatória, a própria modernidade nascente. Foi imposta a desigualdade proveniente das correlações de força, das relações de poder.

A humanidade será integrada pela força e de modo desigual. A desigualdade de poder foi a base sobre a qual se estruturaram as novas relações sociais globais entre estados, nações e povos de toda a Terra. Esse é um momento importante para o entendimento das condições humanas contemporâneas. Justamente quando a humanidade comparece para si mesma em forma global pela primeira vez é que ocorre a submissão de grande parte dos humanos ao projeto de alguns poucos.

É importante meditar sobre o modo como essa submissão foi construída. A força das armas – a defasagem entre as tecnologias de guerra e de combates – foi um elemento importante, sobretudo na África e nas Américas. Entretanto, a arma decisiva, a que desequilibrou definitivamente a balança de poder, foi uma arma diferente. Era invisível e não disparou nenhum tiro. Eram as ideias.

Trata-se das ideias e das condutas que elas geravam. Os humanos que submeteram a nova humanidade encontrada nas Américas, na África e na Ásia jamais conseguiriam sobre ela uma vitória militar, dada a desproporção numérica, ainda que tivessem superioridade tecnológica. Alcançaram esse objetivo porque eram humanos diferenciados. No coração e na mente desses humanos já se podia reconhecer, em estágio avançado, uma reestruturação da percepção do mundo, tanto daquele real quanto daquele das ideias, que criou outra hierarquia de valores.

Pizarro, entre os incas, é o exemplo extremo, mas Cortez, Duarte Coelho, assim como aqueles que submeteram a África à escravidão, viveram os mesmos dilemas da desproporção numérica a desfavor e das vantagens proporcionadas pela defasagem conceitual.

Eram diferenciados porque já tinham colocado a razão "*al primo posto*", e por esse motivo se consideravam possuidores de uma capacidade especial, um mandato dado pela razão, que os autorizava a dessacralizar o mundo, o planeta e os humanos, exclusivamente em benefício próprio.

Tinham já construído uma hierarquia valorativa que colocava o homem, entendido como indivíduo isolado, na posição central da organização dos conhecimentos sobre o mundo. Tinham já o impulso irrefreável de instrumentalizar tudo em função de objetivos individuais, da obtenção do lucro e da busca de riqueza em cada ação. Esses indivíduos isolados, através da razão, se destacaram da natureza e se sentiam autorizados a considerá-la um seu objeto. E souberam realizar esse projeto. Tiveram êxito em seus desígnios.

Esses humanos diferenciados eram as vanguardas modernas e se orientavam pelas ideias novas que constituíam o que tem sido aqui chamado de "*software* social moderno". Estavam armados de uma cultura empreendedora e da convicção de que era legítimo destruir povos, cultura e ambientes em benefício dos seus projetos – individuais, de grupos sociais e de Estados estrangeiros.

Muito se deve refletir, a partir dos dilemas contemporâneos, acerca da pretensa superioridade das concepções modernas sobre aquelas de todos os outros povos em todas as regiões da Terra, que os próprios modernos definiram como tradicionais. É necessário repensar também o modo como se operou o encontro entre civilizações diferentes naquele momento histórico, que terminará por sancionar uma espécie de superioridade da visão de mundo moderna sobre as demais, sobretudo na África e na América Latina.

Nessas regiões, a superioridade foi entendida e praticada de forma radical, até as últimas consequências. A convicção dessa superioridade conduziu os atores a desmanchar, destruir, deletar, os outros padrões civilizatórios, definidos como atrasados. Como disse Caminha, "(...) imprimir-se-á ligeiramente neles qualquer cunho que lhes quiserem dar (...)".[13]

Não poderá fugir a este repensamento o fato de que essa imposição civilizatória destrutiva e desorganizadora era protegida e sustentada politicamente por monarquias absolutas imbuídas de uma espécie de fundamentalismo religioso cristão. Essa imposição civilizatória foi também realizada em intimidade com a Igreja Católica, que dela procurou tirar todas as vantagens possíveis. A Igreja tentou ampliar seu rebanho, estender a novos mundos a base de seus fiéis na esteira desse processo destrutivo. Porém, aplicar o conceito de conversão a essa imposição civilizatória destrutiva não deixa de ser uma manipulação teológica.

Esse processo dividiu a humanidade em dois grandes grupos. De um lado, os povos, etnias, culturas e Estados dominantes; de outro, povos, etnias, culturas e regiões dominadas. Os povos dominantes, ibéricos em primeiro lugar e europeus ocidentais depois, através de seus grupos sociais dominantes, ou seja, suas vanguardas, reunidos na aliança social heterodoxa referida, estabeleceram os parâmetros dessa integração humana, tendo por base seus interesses materiais, econômicos, políticos e militares.

De outro lado, os povos dominados, que sofreram interferências e imposições externas em suas formas de organização social, em suas culturas e crenças, em sua forma de viver e de reproduzir sua existência. Suas estruturas sociais, o modo como se organizavam enquanto povo, suas crenças, instituições, etc., frutos de sua evolução natural, foram desconstruídos, desmantelados.

Esses povos serão re-estruturados para adequarem-se às novas necessidades estabelecidas a partir da desigualdade de poder. Seu novo modo de ser será determinado de fora, para cumprir o papel de produzir e transferir riquezas para os polos dominantes do sistema que se criava então. Nessa divisão encontram-se a gênese e o fundamento do sistema internacional de nossos dias.

As empresas criadas pelas vanguardas dos polos dominantes serão os eixos da nova organização social dos povos dominados. E foi assim que, em muitas regiões do mundo, construi-se uma gigantesca estrutura social dependente – as formações sociais empresariais – que se estendeu mais tarde para todo o planeta. Nelas os humanos dos polos dominados foram obrigados a se agregar. E os fundamentos desse tipo de organização social prevalecem até hoje. Com a construção desses tipos novos de empresas que organizavam povos, criou-se uma forma perversa de integração universal da humanidade.

A empresa monopolizou todo o território e todos os seus recursos e absorveu e explorou além dos limites uma pequena parte da população, aquela que lhe foi útil. A parte utilizada, aquela "integrada", foi hierarquizada socialmente de acordo com interesses e complexidade da empresa. Inicialmente como escrava e depois remunerada com salários aviltantes.

Aqueles integrados nas estruturas das empresas conhecerão uma situação existencial nova. Incluídos na economia e excluídos da sociedade. Serão mantidos "excluídos" não somente da organização social imposta pela estrutura da empresa, a tal de economia, mas também do acesso aos bens do seu próprio país.

As populações dessas regiões dominadas que não foram incluídas nas novas estruturas empresariais viverão a experiência da exclusão completa. A milhões de humanos faltará um simples metro quadrado de território para viver e morrer, sendo-lhes negados todos os direitos e prerrogativas que constituem o normal modo humano de viver, segundo as concepções de cada época. Excluídos no seu próprio território. Esse processo ocorreu nas Américas e na África em amplitudes gigantescas. O pior é que as épocas mudaram, mas a exclusão permaneceu.

Foi sempre vedado a esses povos retornar à etapa histórica anterior, quando não havia exclusão e todos os recursos dos seus territórios serviam para a vida de todos. Passa a ser um dever compulsório de cada povo dominado estar integrado subordinadamente ao sistema internacional que se foi criando.

No curso desse processo, que já dura cinco séculos, foram criadas absurdas estruturas sociais nas quais vivem povos "sem si mesmo", povos para os outros. A face visível dessa estrutura social atrofiada é uma assombração imensa, da qual não se consegue escapar: é o povo da rua, os "sem-teto", os "sem-terra" e tantos outros milhões de "sem-mundo", "sem-nada".

*

Na aurora moderna se construiu pela primeira vez uma integração humana em nível global. Mas essa integração foi parcial e fundada na desigualdade. É a integração humana imperfeita.

Nessa época nascerão vários subsistemas, construídos e dirigidos por várias metrópoles. Eram subsistemas bipolares: um polo dominante e outro dominado. O polo dominante concentrou recursos e vantagens proporcionados pela nova construção mundial das vanguardas modernas. Esses recursos e vantagens serão distribuídos aos grupos sociais dominantes nessas sociedades em função da aliança política heterodoxa que começou a se construir na Europa ao final do século quinze e início do dezesseis. O polo dominado, os territórios "descobertos" ou territórios já conhecidos e subjugados, como no Oriente, nos quais as populações viveram um processo de desconstrução social. Nesse sistema, o polo dominante determina a forma de organização social dos outros, os dominados, que passam a viver, trabalhar e produzir em função das necessidades e para o lucro dos primeiros.

A humanidade foi também dividida, de acordo com os diversos polos dominantes que estabeleceram essas relações de integração desigual. Assim teremos a humanidade lusitana, a espanhola, a francesa e a inglesa.

Os diversos subsistemas internacionais eram diferentes uns dos outros, mas possuíam em comum seus principais fundamentos, conhecidos como "pacto colonial". Os portugueses e os espanhóis, sobretudo os primeiros, tiveram um papel de vanguarda na integração mundial e também como criadores dos primeiros subsistemas, como inventores de sua institucionalidade.

Os dois primeiros subsistemas já desejavam abarcar a universalidade. Esse era o objetivo perseguido com consciência pelas vanguardas modernas que se estruturaram em torno do poder em ambos os países. Não pode passar desapercebida a densidade especial e o grande significado histórico da *Capitulación de la Partición del Mar Océano*, assinada pelos dois países em Tordesilhas, em junho de 1494.

O Tratado de Tordesilhas foi certamente o primeiro tratado internacional a definir limites abstratos, fruto de cálculos matemáticos sobre uma abstração que são os meridianos, ainda que até aquele momento histórico não se soubesse medi-los com exatidão. A razão instrumental e o cálculo matemático irromperam formalmente, em uma ocasião nobre, como orientadores das condutas humanas. Foi também a primeira divisão do mundo, entendido como o planeta inteiro, entre duas potências.

Mas a pretensão em muito superava os meios e as capacidades. Portugal e Espanha não conseguirão dominar todas as novas terras. Com o tempo, aos dois subsistemas ibéricos iniciais, o português e o espanhol, se agregarão novos. No início, o aumento no número de subsistemas se deu pela extensão de novas influências sobre novas regiões, como é o caso do subsistema inglês, holandês e daquele francês.

Após o esgotamento das possibilidades geográficas, quando chegaram até o fim do mundo, incorporando nos subsistemas todos os territórios e povos do nosso planeta, o surgimento de novos subsistemas se deu pelo desmembramento dos antigos. Esse foi o caso do subsistema belga, do italiano, do alemão e, por último, daquele norte-americano.

Os subsistemas, que já nasceram desiguais dentro de si, serão também desiguais entre si, sempre de acordo com as características dos polos dominantes. Desigualdade cultural, política, econômica, militar, etc. A humanidade permanecerá integrada, mas dividida em blocos humanos e territoriais, estabelecidos de acordo com interesses dominantes.

E desde o início se estabelecem nesses subsistemas pelo menos dois tipos básicos de conflitos. O primeiro, entre os polos dominantes, em busca da hegemonia solitária; o segundo, nos diversos polos dominados, em busca da autonomia política, econômica e cultural perdida na aurora moderna.

Pode-se dizer que, até o início do século vinte, a integração desigual era mais de natureza econômica, política e militar. As trocas culturais obedeciam a critérios de discriminação social e racial. Nessa fase as alterações nas relações sociais no interior dos polos dominantes e as transformações culturais delas decorrentes influenciavam muito lentamente os processos sociais dos povos e regiões submetidos a suas hegemonias.

Por outro lado, as condutas humanas dos dominados que buscassem uma conformidade cultural com as populações dos polos dominantes não proporcionavam, regra geral, a aceitação dos mesmos por aquelas sociedades. Prevalecia, na realidade, uma discriminação cultural, racial e de origem.

Esse ritmo de influências se manterá até meados do século vinte. É recente a tentativa de terraplanagem cultural e de construção de um único padrão de conduta para todos os humanos, adequado aos valores e práticas sociais das sociedades dominantes. É a busca da música universal, da moda universal, do futebol universal, do padrão tecnológico universal. Esse processo gera o seu oposto, ou seja, a resistência enérgica e criativa de muitas culturas, em um movimento afirmativo de sobrevivência, buscando evitar a própria diluição em um único caldo cultural terrestre.

No período do pacto colonial, os humanos dos polos dominados desses diversos sub-sistemas não possuíam conhecimentos nem relações globais, não interagiam com os outros dominados nem com os outros dominantes dos outros subsistemas. Naquela fase histórica, essa possibilidade – relações globais – era atributo exclusivo dos centros dominantes. Para esses humanos, a globalidade, ou seja, a extensão planetária da espécie, constituía somente uma notícia, um vago conhecimento, restrito a poucos extratos instruídos do seu tecido social.

Nem a afirmação teológica da igualdade entre os humanos, no século dezesseis, nem a afirmação política dessa igualdade, formulada no século dezoito, alterou as relações desiguais estabelecidas na origem dessas relações sociais planetárias, no momento da descoberta da humanidade inteira.

A verdade é que, ao impor a todos os povos a desigualdade do seu sistema internacional, a modernidade destruiu a pluralidade fantástica, esfuziante e igualitária dos humanos que naquela época se encontravam espalhados por toda a extensão da Terra. Foi uma destruição definitiva.

*

Os vínculos econômicos da subordinação transformaram os pedaços de humanidade dominados em estruturas sociais especializadas em cumprir determinadas funções no âmbito dos vários subsistemas de poder mundial. Essas novas sociedades não se organizam em função de sua adaptação ao meio nem para produzir sua própria existência e reproduzir-se como coletivo humano. Essas características os povos africanos e latino-americanos, por exemplo, possuíam antes do encontro com as vanguardas modernas.

Desde então a organização social dos humanos nos polos dominados passou a se dar em torno e dentro da estrutura empresarial construída pelos polos dominantes para cumprir essas funções especializadas e produzir e transferir lucros para os centros. Os humanos foram organizados em torno das empresas que, juntas, compunham a grande empresa colonial. Essa diversificada empresa, também chamada de economia, foi o eixo organizador da estrutura e da vida social, política e cultural desse novo coletivo humano, dessa formação social de novo tipo, com o "internacional" incrustado em seu eixo formador. Subordinada à economia e internacionalizada de nascença. Era a humanidade inteira sim, mas transfigurada.

Os polos dominados, onde nasceram essas novas formações sociais empresariais, sofreram assim uma forma de desorganização social estável. Criou-se uma estrutura social organizada em torno de empresas "de outrem", que funcionam em uma lógica "externa" a essa estrutura social. Dessa estrutura nascerá o Estado econômico internacionalizado. Nessas formações sociais a economia moderna nasceu antes do Estado. A economia formou o Estado.

Essas novas formações sociais possuem o "internacional" dentro delas como fator decisivo. Esses "internacionais" se manterão articulados como um negócio único, submetido às mesmas regras, através do conjunto normativo conhecido como "pacto colonial", sob o controle econômico das vanguardas modernas, controle garantido pelo poder político e militar das metrópoles coloniais.

A articulação desses internacionais internalizados com o capitalismo mundial e as formações sociais que se constroem a partir dessas articulações nos Estados nacionais e nos Estados econômicos internacionalizados constitui um sistema, possui regras próprias, tem uma hegemonia clara e estabelece o que pode ser considerado como sistema econômico-social mundial contemporâneo. Fazem parte dele tanto a elevada concentração de riqueza em alguns lugares do mundo, produzindo um novo tipo de paraíso terrestre, o Éden do consumo, da alta tecnologia e do bem-estar, quanto as periferias pobres, com imensas maiorias de miseráveis, onde ainda prevalece a incorporação excludente inaugurada nas sociedades humanas cinco séculos atrás. É isto que é o sistema internacional.

Sua lógica é própria. É a busca dos melhores negócios. Dele não se pode esperar uma atitude diferente, uma conduta nova, no que diz respeito aos dilemas atuais da humanidade, criados e mantidos por ele mesmo. A história desse sistema não autoriza ilusões. Pela lógica de sua evolução, ele não consegue evitar a desigualdade entre os povos e não consegue eliminar seu antagonismo com a vida da maioria dos humanos, com a vida na Terra, e não consegue evitar a destruição do próprio planeta. E, se tiver tempo e capacidade, de outros planetas também.

A estabilidade e o dinamismo dos vínculos entre esses dois tipos de Estado, entre as sociedades nacionais dominantes e as formações sociais empresariais criadas nas regiões colonizadas, vêm conseguindo se manter, apesar de todas as transformações do sistema. É a *estabilidade do desequilíbrio*.

*

Uma reflexão sobre o momento de formação do sistema internacional conduz a ensinamentos e permite interessantes observações.

No final do século quinze e início do século dezesseis, a Terra era já toda habitada. Nossa espécie, muitos milênios antes, já tinha se espalhado por toda a extensão do planeta. Os povos sempre mantiveram relações uns com os outros, mas, como já foi mencionado, sempre em escala geográfica limitada. Até aquela época não existiam relações globais.

Havia alguns ninhos geográficos nos quais os povos mantinham relações estreitas entre si e, em geral, para os padrões das épocas mais antigas e que chegam até a conjuntura onde nasce o mundo moderno, encontravam-se reunidos em torno de impérios, frutos da expansão e domínio de um povo, de um reino.

No momento histórico que antecede o nascimento dos impérios modernos e a construção do sistema internacional da modernidade, coexistiam em nosso planeta vários polos políticos, econômicos e militares. Destes, dois eram impérios poderosos, que existiam no Extremo e no Médio Oriente e que reuniam em torno de si imensas extensões territoriais e milhões de habitantes.

Trata-se do império chinês e do império turco-otomano. O Japão mantinha uma política de isolamento quase total. A Europa, naquele momento, representava um núcleo de relações internacionais intensas, provenientes de raízes históricas comuns, mas não havia uma potência imperial que as articulasse em um projeto de domínio.

Cada um desses polos deve ser considerado um subsistema de relações internacionais, autônomo e regional. Havia outros polos, só que ninguém sabia de suas existências. Esses polos também se constituíam em subsistemas, mas eram completamente desconhecidos dos demais. Eram como se fossem invisíveis. A ignorância os escondia. Essa era a condição dos subsistemas americanos, daquele da África subsaariana e o da Austrália. Quanto à África ao sul do Saara, os chineses já a conheciam desde o início do século dezesseis, mas com ela não desenvolveram relações permanentes nem ali ocuparam territórios.

Portanto, pode-se dizer que naquela conjuntura histórica, isto é, meados do século quinze, existiam entre os humanos, grosso modo, os seguintes subsistemas de relações internacionais:

1. O subsistema oriental, sob liderança política, econômica e militar da China. Neste estava excluído o Japão, que permanecia isolado.

2. O subsistema do Império Otomano, que em 1453 se instalará na antiga Constantinopla. Compreendia terras e povos que viviam na Europa mediterrânea, na Europa oriental, no Médio Oriente, estendendo-se até a porções do Oriente, toda a África mediterrânea e os países africanos do Golfo Pérsico.

3. O subsistema da Europa Ocidental, sem um polo hegemônico, mas com intensas relações internas entre países, reinos e feudos.

4. O subsistema centro-americano, sob liderança do Império Asteca.

5. O subsistema sul-americano sob liderança inca, nos Andes, e que se apresentava de forma desorgânica nas planícies orientais, onde está situado o Brasil.

6. O subsistema da África subsaariana que, como a Europa, não se encontrava reunida em torno de um polo que tivesse organizado em torno de si as relações entre os diversos povos e etnias. Havia povos na vertente oriental da África ao sul do Saara, sobretudo a Etiópia e o Sudão, que podiam também ser incorporados ao sistema médio-oriental, dada as estreitas relações que sempre mantiveram com o Egito e com a península arábica.

7. O subsistema que incluía os povos e o território australiano e sua imensidão de ilhas.

Os quatro últimos subsistemas, 4, 5, 6 e 7, além de desconhecidos, eram isolados dos demais e entre si.

Os três primeiros polos se conheciam, sabiam da existência uns dos outros, mantinham relações entre si, documentadas, desde a Antiguidade, constituindo assim um eixo horizontal por onde passavam relações internacionais entre os impérios e entre seus povos.

Em torno desse eixo, seguramente desde Alexandre, desenvolveu-se uma forte rede de trocas comerciais, culturais e religiosas. As rotas utilizadas para essas trocas eram terrestres e mediterrâneas, o que fazia do litoral do Mediterrâneo oriental e do Oriente Médio a praça do mercado desse encontro.

Todos esses subsistemas, se submetidos a uma análise fundada em variáveis geopolíticas, que permitem uma avaliação do nível de poder de cada um, podem ser hierarquizados. E, mesmo não sendo essas reflexões a sede adequada para esta análise, seus resultados não são favoráveis ao polo europeu ocidental.

Em primeiro lugar, na hierarquia de poder da época, encontrar-se-ia o polo oriental, sob liderança da China. A China tinha reconquistado sua independência do império mongólico no ano de 1368, quando, ao fim de uma luta vitoriosa, o poder será de novo ocupado por chineses, inaugurando-se a dinastia Ming.

Durante a dinastia Ming, a China independente retoma um acelerado ritmo de crescimento econômico, científico e tecnológico que a conduzirá à condição de nação mais poderosa do mundo. Ela aumentará a população, a produção agrícola e a produção de ferro no norte do país, que alcançará milhares de toneladas. Através do comércio no Oceano Índico, as riquezas afluíam para a China.

Criou-se um gigantesco exército nacional, capaz de repelir qualquer tentativa de invasão. Houve reflorescimento das artes e da cultura e será compilada a primeira enciclopédia da literatura chinesa.

A exuberância da China será observada em todos os indicadores importantes da geopolítica, como território, recursos naturais, população, produção, conhecimentos técnicos e poderio militar. Um aspecto do poderio militar chinês que interessa de perto às relações internacionais será visível em seu poderio naval. Este é um indicador seguro da supremacia chinesa na conjuntura internacional da época.

Os resultados do reflorescimento do poder naval chinês são impressionantes até aos olhares contemporâneos. Já por ocasião do reinado do terceiro imperador da dinastia Ming, o imperador Yong Le, que reinou no início do século quinze, a marinha chinesa mostrava uma superioridade imensa em relação à dos outros polos, tanto aquele médio-oriental quanto o europeu. Somente em seu reinado, Yong Le mandou construir 1.681 navios, mercantis, militares e logísticos. Todas as províncias tiveram de contribuir para a construção.

Os navios, construídos em estaleiros a seco – técnica que somente um século mais tarde será usada no Ocidente –, geralmente possuíam quatro pontes, estiva de estabilização, com pedras e terra. Aqueles militares eram armados de catapultas incendiárias e canhões a pólvora, tinham em geral mais de 100 metros de comprimento, podendo chegar até 146 metros e 60 metros de largura. Encontram-se entre as maiores naves de madeira já construídas na história e, de tão grandes, era possível colocar, dentro de apenas um deles, a Pinta, a Nina e a Santa Maria. Juntas, naturalmente. Deslocavam 3.000 toneladas e possuíam cascos com compartimentos estanques. As caravelas de Vasco da Gama e Cabral, que abriram os caminhos para o novo mundo, mediam em torno de 30 metros e deslocavam de 100 a 120 toneladas!

Yong Le determinou também a realização de uma série de grandes viagens, todas sob o comando do grande almirante chinês Zheng He, que se realizaram entre 1405 e 1433. Foram sete memoráveis expedições, que visitaram 37 países, no Oceano Índico, no Golfo Pérsico, visitando a África oriental de Moçambique até os confins meridionais do Egito. Em sua primeira expedição, em 1405, sua frota era composta de 208 navios, entre a nave almirante, navios de combate, barcos mercantis, transporte de uma legião de cientistas, de tropas e cavalos, de água, etc.

Essa armada chinesa transportava 28 mil soldados. Uma ideia sobre a dimensão dessa frota se tem quando se constata que somente na Primeira Guerra Mundial (1914-1918) o mundo veria uma armada mais poderosa.[14]

Esses indicadores mostram que a China já possuía meios para unificar o mundo pelo menos oito décadas antes das grandes navegações portuguesas e espanholas. Dispunha de recursos técnicos, materiais e forças militares suficientes até para colonizar a Europa. Não o fez. As indagações sobre essa postura política terão resposta somente nos mistérios profundos da política chinesa daquele período. Chegou-se a especular, por ocasião dos 600 anos das grandes viagens, portanto, poucos anos atrás, que os chineses teriam visitado e influenciado as nações latino-americanas. É, entretanto, uma hipótese que ainda não se confirmou.

O segundo subsistema mais poderoso era o Império Turco-Otomano. A independência chinesa no Oriente será seguida, no ocaso do império ocidental do Khan, pela independência e expansionismo dos otomanos, turcos de religião islâmica, que tinham sido empurrados pelo império mongol para a Ásia Menor, próximo a Constantinopla.

O império foi fundado pelo sultão Osman Uthman Othman. Foi um dos mais longevos impérios regionais, que durou de 1361 até 1923, após o fim da Primeira Guerra Mundial.

Sua expansão foi rápida. Na realidade significou uma reação islâmica ao império mongol e ao império bizantino. Em 1389, com a vitória na batalha de Kosovo, seus domínios já incluíam a Grécia, a Macedônia e parte da Iugoslávia, em 1393 se estendeu até a Bulgária e um pedaço da

Hungria, e em 1444 a toda a Hungria e à Polônia. Em 1453, sob direção do sultão Maomé II, O Conquistador, tomou Constantinopla, que se transformou em sede do império com o novo nome de Istambul.

Retomará sua expansão sob direção do sultão Solimano, o Magnífico, em 1521, com a conquista de Belgrado e, em 1534, com a anexação do Iraque e depois do litoral mediterrâneo da África, do Egito até Argélia. Mais tarde chegará até o Marrocos.

Essas conquistas fizeram do Império Otomano um território contínuo que se estendia por três continentes: os Bálcãs e a Europa oriental, o Oriente Médio e um pedaço da Ásia e, finalmente, todo o norte da África, de Suez ao Atlântico.

O final do século quinze e o início do século dezesseis, ou seja, nossa conjuntura, passa para a história como o período de maior esplendor do império turco-otomano, sobretudo durante o reinado do sultão Solimano, o Magnífico, que reinou entre 1520 e 1566, quando o império alcançou sua maior extensão territorial e consolidou seu poder.

O período de esplendor alcançado pelo reinado de Solimano coincide exatamente com as novas descobertas geográficas e a construção do mundo moderno. A pujança do império otomano foi um estímulo decisivo para a expansão europeia.

Olhando a geografia e a história daquele período, pode-se dizer com segurança que a Europa estava espremida pelo poder islâmico, que chegou a ameaçar a anexação até da Europa central. Viena foi sitiada duas vezes e, com a conquista de Belgrado, os turcos chegaram até a soleira das portas da Itália. A influência do Islã também estava presente na Europa ocidental com as bases islâmicas na Espanha. Todo o comércio mediterrâneo era controlado pelos turco-otomanos.

A Europa empobrecia. Até a metade do século dezesseis, a Europa não tinha capacidade estratégica de confrontar o Islã.

E, se bem observado, embora esse império tenha sido dissolvido política e economicamente e seus territórios tenham sido esquartejados e divididos entre as potências europeias – a independência política desses territórios é recente, data do século vinte –, sua existência alcança nossos dias através da unidade religiosa que construiu em seus territórios. Essa unidade criou o que pode ser chamado de mundo islâmico, que se constitui em um dos sujeitos de um cerrado confronto de civilizações que marca nossos dias.

Essas breves considerações são suficientes para dar uma ideia da grandeza dessa construção imperial islâmica. O mais importante, entretanto, é observar que no final do século quinze e todo o século dezesseis, durante a conjuntura histórica em que começa a ser edificado o mundo moderno, o império turco-otomano era infinitamente mais poderoso que qualquer Estado ou reino europeu, e somente com muita dificuldade, juntando todas as suas forças, os europeus, no máximo, conseguiram impedir o avanço do império islâmico.[15]

O terceiro subsistema das relações internacionais do período, como capacidade de poder, é aquele europeu. A Europa era o polo mais frágil entre os três considerados até aqui. Pode-se até considerar que a Europa estava sendo periferizada pelo Império Turco-Otomano. Transferia riquezas, via comércio internacional, para o poder imperial e era militarmente pressionada por este.

Durante esse período, as populações europeias viviam assombradas com pesadelos da invasão, alimentados pela ação e atos de pirataria praticada pelos turcos, que tomavam, ocupavam e saqueavam cidades litorâneas, e pelos saques promovidos por incursões que chegaram a atingir o coração da Europa, partindo de cabeças de pontes situadas no litoral mediterrâneo.

A Europa que se apresenta aos nossos olhos naquela conjuntura internacional específica é um continente que vive um dos períodos de maior desorganicidade e fragilidade política de sua história.

Não se pode esquecer também que a Europa vinha se recuperando lentamente de uma catástrofe de grandes proporções. A peste que a atingiu entre 1348 e 1350 vitimou praticamente um terço da população europeia.[16]

Um olhar sobre o continente inteiro naquele período mostra que a Europa oriental se encontrava, em boa parte, sob domínio do império islâmico, que controlava os territórios da Grécia, da Macedônia, de parte da Iugoslávia, até Belgrado, parte da Áustria, Hungria, Romênia e Polônia, além das principais ilhas mediterrâneas e do comércio naquele mar. Ou seja, todo o Mediterrâneo e a Europa oriental eram integrados no Império Otomano.

A transformação do Mediterrâneo como mar comercial novamente aberto à participação da Europa ocidental se dará somente com a batalha de Lepanto, entre o Império Otomano e a Liga Santa – tendo Veneza e Espanha como atores principais – em 1571, portanto, em data posterior ao período histórico considerado.

Mesmo ameaçada, a Europa ocidental encontrava-se em melhor situação que a oriental, mas só porque ainda conseguia manter as independências dos diversos reinos face ao domínio islâmico. Ou seja, esses reinos ainda não se encontravam dominados por impérios extraeuropeus.

As lutas dos espanhóis para expulsar os mulçumanos já tinham resultados concretos, sobretudo com a constituição de dois reinos importantes, Castela e Aragão. Mas a Espanha ainda não existia. Somente em 1469, com o casamento dos herdeiros desses dois reinos, Isabela, de Castela, e Fernando, de Aragão, é que surgiria a possibilidade da unificação, que ocorrerá apenas dez anos mais tarde, em 1479. O último território espanhol, o reino de Granada, será conquistado dos islâmicos somente em 1492, depois do retorno de Colombo e da descoberta da América.

A Europa central, por outro lado, não apresentava um quadro de esplendor. Ao contrário. A França estava devastada. Em primeiro lugar, pela Guerra dos Cem Anos, a longa guerra sustentada contra a Inglaterra, que duraria de 1337 até 1453, quando a coroa inglesa renuncia à pretensão ao trono francês. Ainda assim, o território, devastado e empobrecido, era dividido em fortes senhorias feudais. Somente em 1491 é que se unificarão o território e o reino.

A Inglaterra, também empobrecida de gente e de recursos em consequência da mesma Guerra dos Cem Anos, será palco, imediatamente a seguir, de uma guerra sucessória, entre os York e os Lancaster, que devastará ainda mais o país e quase extinguirá sua nobreza. Foi a Guerra das Duas Rosas, que acabará somente em 1485, com a coroa inglesa caindo nas mãos dos Tudor, com Henrique VII.

Ao final do período dessas guerras, a Europa logo seria atingida pelas guerras de religião. Muitas causas dinásticas, interesses políticos e econômicos se escondiam atrás do manto religioso das guerras, já sendo possível ver ao fundo os primeiros raios dos nascentes Estados nacionais. Essas observações valem, seja para a guerra entre Espanha e Países Baixos, que tanta influência terá no Brasil, seja para a guerra civil da qual a França será teatro, entre 1562 e 1598, sendo conhecida em todo o mundo a crueldade com que essa guerra se desenvolveu. O massacre dos huguenotes, na famosa noite de São Bartolomeu, é de 1572.[17]

Enfraquecida economicamente, politicamente desunida e envolvida em guerras que não terminavam nunca. Esta era a realidade da Europa, exceto a de um país especial: Portugal.

Portugal aos poucos foi emancipando o seu território do domínio islâmico que, como os romanos, até lá tinha chegado também. De um pequeno feudo, com ajuda de ordens de cavaleiros e do pequeno apoio que a Igreja podia fornecer, foi constituindo seu território. Mas Portugal o fez de maneira diversa no plano da estrutura social e da política. Não conheceu o feudalismo, conforme Raymundo Faoro nos mostra em seu importante livro sobre as origens brasileiras. No único e decisivo confronto da sociedade urbana e comercial portuguesa com os senhores das terras, os últimos foram derrotados. Foi por ocasião da Revolução Portuguesa, entre a morte de Dom Fernando, em 1383, e a aclamação de Dom João I, Mestre de Avis, em 1385.

Foi a primeira revolução burguesa europeia, e suas consequências serão de imensa importância para o reino e para todo o mundo. Lisboa se transformará no mais importante centro comercial e financeiro europeu. As terras e os senhores serão mantidos sob domínio direto do rei. Para fundamentar esse domínio, será construída uma leitura moderna da legislação da Antiguidade, sobretudo no que diz respeito à questão da soberania, o principal fundamento teórico de um Estado moderno.

As ameaças permanentes da jovem Espanha de anexar o reino e estender sua soberania por toda a península ibérica fará com que Portugal comece a construir uma sólida relação com a Santa Sé e com a Inglaterra. Dom João se casará com Dona Filipa de Lancaster. As relações com a Inglaterra, e mais tarde a submissão à Santa Sé com a inquisição, é que permitirão a manutenção de sua integridade territorial e autonomia política até o final da conjuntura considerada. Como se sabe, em 1580, finalmente a Espanha conseguirá anexar o reino, com a união das coroas ibéricas, que durará até 1640 e que também terá muitas consequências para o Brasil.

A Coroa portuguesa, a partir da aclamação do mestre de Avis, praticará grande tolerância religiosa e se empenhará em oferecer todas as garantias ao capital estrangeiro, inclusive se comprometendo a jamais expropriá-lo, mesmo se Portugal estivesse em guerra com o país de origem dos capitais. Cria o seguro de navegação e se transforma em um importante centro financeiro e comercial. Reunirá, por decisão própria, os conhecimentos mais importantes sobre a geografia terrestre e sobre a tecnologia de construção naval e de navegação. Islâmicos e judeus, expulsos da Espanha, para lá seguirão, carregando seus contatos e seus negócios. Lá também estarão presentes os banqueiros de toda a Europa, sobretudo da Holanda e de Florença. Lisboa chegou a ser o porto mais movimentado de toda a Europa.[18]

É Portugal que começará a expansão marítima. Expansão marítima portuguesa e não europeia. Começará com a conquista de Ceuta em 1415, Ilha de Porto Santo, 1418, Ilha da Madeira, 1419, Açores, 1431. Continuará com a exploração do litoral africano, ultrapassando o Cabo Bojador em 1434, alcançando a foz do rio Congo (Zaire) em 1484 e chegando ao Cabo da Boa Esperança em 1487. Em 1497, Vasco da Gama realiza a primeira viagem às Índias e, em 1500, Cabral desembarca no litoral do sul da Bahia. Os espanhóis chegarão nas ilhas do Caribe em 1492 e conquistarão o México, com a vitória sobre os astecas somente em 1521.[19]

Portugal era um pequeno reino, com uma população aproximada de um milhão de habitantes, sem um grande exército nacional e sem condições de se impor militar e economicamente a outros reinos da Europa (dos quais, aliás, tentava se defender, sobretudo em relação às pretensões espanholas) e muito menos de confrontar o império islâmico dos otomanos. É até justo se perguntar por que os poderosos exércitos otomanos jamais se confrontaram com o esforço de independência daquele pequeno pedaço de terra, nos confins da Europa, de frente para o oceano desconhecido e inexpugnável.

Mas os fatos históricos mostram que esse pequeno reino e o recém-inaugurado reino espanhol promoveram a descoberta de novos mundos e de rotas comerciais que em pouquíssimo tempo fariam empalidecer a riqueza e o poder dos dois polos internacionais mais poderosos, o subsistema oriental, a China, e o subsistema médio-oriental, o Império Turco-Otomano.

Terras mais extensas do que aquelas conhecidas até então seriam incorporadas ao conhecimento humano, ganhando concretude histórica a ideia do planeta Terra. Pela primeira vez, a Terra seria unificada, comercial, política e militarmente.

Os autores dessa façanha seriam esses dois reinos periféricos, um muito pequeno e outro apenas constituído. A primeira viagem de Colombo, a de 1492, foi realizada em três pequenas naves, com pouquíssimos tripulantes. Eram expedições quase infantis, comparadas com as frotas navais otomanas e chinesas. E nem Portugal, nem a Espanha as financiou por inteiro. As expedições foram financiadas em parte pelas coroas dos respectivos reinos, em parte por banqueiros genoveses, holandeses e florentinos.

*

As relações internacionais se dão em um campo político especial. Esse campo é na realidade um descampado sem fim, que se aprofunda por toda a extensão da história humana. Que atravessa os tempos. É nesse descampado que vivem, se alimentam, crescem, lutam, vencem ou sucumbem e morrem os leviatãs, monstros de poder em estado puro e selvagem, os deuses mortais criados pelo homem, segundo Hobbes. É o âmbito da ação dos Estados, dos impérios e dos reinos. Só recentemente surgiram nesse campo novos atores, originários das sociedades civis, mas eles ainda padecem de muitos limites, impostos pelos Estados. O campo internacional tem sido o âmbito da expressão do poder. Do poder dos Estados.

Os Estados representam soberanias nacionais, autônomas e irrenunciáveis. Nunca existiu uma ordem na qual os interesses dos Estados convergissem de modo harmônico. É verdade que a história registra uma permanente busca de modelos de regulação, como organismos internacionais regionais e mundiais, tratados bilaterais e multilaterais, sedes institucionais para negociação, sistemas de arbitragem e outros, mas nunca com êxito completo. Dessas tentativas surgirá até um ramo próprio do direito, o direito internacional.

Mas o internacional não é um campo regulado. Não existe uma constituição mundial e não existe um poder planetário não nacional em condições de impor a todos os Estados da Terra padrões de conduta política.

Os Estados se reconhecem, se relacionam, colaboram e se confrontam, se combatem e sempre terminam por estabelecer uma hierarquia, sempre com o predomínio dos mais fortes, dos mais poderosos. A desigualdade se impõe pelo diferencial de poder existente entre eles. Não sabem ser iguais.

Entre eles não têm existido, pelo menos até nossos dias, relações de igualdade, de respeito recíproco. O predomínio de alguns sobre outros sempre foi estabelecido e exercido através de relações de poder, frequentemente com o uso da força. Os estudos internacionais, sobretudo os da geopolítica, já construíram conhecimentos que permitem compreender o significado, os conteúdos e as formas desse poder.

A história das sociedades humanas, desde a Antiguidade, desde os antigos impérios, mostra a natureza especial das relações sociais que ocorrem no âmbito internacional. Sempre que, em alguma região do mundo, um reino ou um Estado conseguiu, por causas mais diversas, desequilibrar a seu favor a balança de poder, teve início um processo de expansão territorial, político, militar, econômico e cultural. É a expansão do poder. Sempre através do uso da força. Já era assim muito antes da construção dos Estados modernos.

Foi assim durante os três impérios egípcios, desde quase 5500 anos a.C. Foi assim com a Babilônia, como nos conta Daniel. Foi assim com os persas de Ciro. Foi assim na construção do tão imenso quanto fugaz império grego, com as conquistas e a helenização promovidas pelo gênio de Alexandre. Foi assim com a Roma de Júlio César, de Otavio e de Adriano, foi assim com Carlos Magno, quase mil anos depois, foi assim com o império de Gengis Khan no Oriente e com o império Turco-Otomano que nascerá no fim da Idade Média.

Esses casos, situados na Antiguidade clássica e na Idade Média, são somente os mais conhecidos, aqueles que influenciaram regiões extensas e muitos povos e que ficaram documentados para a história. Existiram também centenas de casos menores, menos importantes. Todas essas experiências de domínio do mais forte, mais numeroso, mais sábio, mais rico e, sem esquecer, daqueles que possuíam armas melhores, ocorreram em pedaços do planeta Terra. Mesmo aquelas mais extensas, como a Grécia de Alexandre, a Roma de Adriano e a Mongólia de Gengis Khan. Foram sempre regionais.

Os impérios coloniais modernos, entretanto, são fenômenos especiais e apresentam muitas diferenças em relação aos impérios antigos.

A diferença mais saliente é a amplitude mundial que alcançaram. Os impérios modernos, que desabrocham com os impérios coloniais, serão os primeiros impérios mundiais. Só na modernidade, pela primeira vez na história humana, os impérios e os domínios se estenderão por toda a extensão da Terra.

A segunda diferença importante é que não nasceram de um único polo político-militar-cultural que se expande. Os impérios modernos já nasceram no plural. Têm início com a bipolaridade – Portugal e Espanha – e alcançam, em pouco tempo, uma multipolaridade, com as novas presenças da Inglaterra, da França e da Holanda. Esse aumento no número de pólos não foi sem conflitos, mas também não gerou uma guerra total. O mundo era ainda muito grande e podia acomodar novas demandas imperiais com o domínio sobre territórios ainda livres dessas relações.

Era, entretanto, uma multipolaridade diferente daquela que sempre existiu na história humana. No final dos 400 e início dos 500 existia também uma multipolaridade, mas constituída por polos regionais, separados, isolados entre si.

Os reinos antigos, quando se expandiam criando impérios, se localizavam longe demais uns dos outros e nem sempre foram contemporâneos. Poucas vezes na história se confrontariam diretamente, como se deu na guerra entre a Pérsia e a Magna Grécia, nos confrontos entre Dario e Alexandre.

Essas experiências imperiais criavam domínios territoriais amplos, mas desarticulados uns dos outros. Eram de pouco significado as relações que estabeleciam entre si, e nenhum deles dependia dessas relações para sua sobrevivência, seu progresso, sua paz interna e sua evolução material e espiritual.

Nos impérios coloniais modernos, a pluralidade é composta por vários subsistemas, todos mundiais, isto é, estendendo-se por pelo menos quatro continentes. Os impérios modernos são simultâneos, contemporâneos. Nos vários subsistemas mundiais modernos, as relações entre todos são importantes e foram sempre crescentes, gerando uma interdependência criada pela especialização de cada país ou região a um projeto global. Essa interdependência, que se intensificará em ritmo crescente, é que permitirá, mais tarde, em nossos dias, a supremacia planetária de um único país.

Os impérios modernos, à diferença daqueles antigos, apresentam como atores principais agentes privados e eixos orientadores de natureza econômica. Nos antigos, os objetivos econômicos existiam, mas não eram mais importantes do que a submissão política, e às vezes religiosa, e estas, enquanto tal, eram questões do império, do reino. Não era um negócio privado. Era um negócio estatal.

Pelo menos em três casos, aqueles historicamente mais ricos e mais belos, na Magna Grécia de Alexandre, no secular império romano e no império islâmico turco-otomano, a expansão civilizatória e a submissão política eram, em muitos casos, mais importantes que os objetivos exclusivamente econômicos.

Os impérios modernos se diferenciam também porque são destruidores das sociedades subjugadas. O domínio produz uma desconstrução da sociedade dominada e sua reconstrução artificial em torno de objetivos estranhos a si. O domínio não está sobre a sociedade subjugada, mas penetra até a essência dela, passa a viver nas entranhas do seu modo de ser. Os impérios modernos serão construtores de formações sociais novas, organizadas em torno e de acordo com os objetivos de empresas privadas. Essas formações sociais terminarão por se transformar no modo de vida social da maioria dos habitantes da Terra e darão vida às estruturas sociais dependentes e aos Estados econômicos internacionalizados.

Antigamente também ocorreram mudanças nas sociedades subjugadas, provenientes da expansão dos reinos e formação dos impérios. Influências eram obrigatoriamente impostas, mas as estruturas sociais dos povos subjugados eram sempre, com algumas exceções, mantidas. Cessado o domínio externo, prosseguiam com seu desenvolvimento histórico, marcado por influências novas, é certo, mas mantendo seu dinamismo próprio.

Tanto o império de Alexandre quanto o império romano e, mais tarde, aquele turco, respeitarão a organização social da maioria dos povos subjugados. No império romano e naquele otomano, os costumes dos dominados e até o direito consuetudinário existirão em paralelo ao direito romano e às leis corâmicas. E não era raro que, através do domínio político-militar, também se absorvesse conhecimentos políticos, jurídicos, militares, produtos, matérias-primas, crenças e alimentos. Assim os romanos agiram em relação aos gregos e aos povos mediterrâneos. Se não fosse assim, Pilatos jamais teria lavado as mãos. Teria julgado.

Ao contrário deles, os modernos tiveram sempre como orientação básica a destruição das estruturas sociais das sociedades dominadas e a criação de novas formações sociais, à imagem e semelhança de seus interesses materiais. Dinheiro e lucro.

Entretanto, a mais fantástica diferença entre os impérios antigos e os modernos é visível somente no âmbito das relações internacionais. É proveniente de considerações sobre a conjuntura mundial da época, na qual tem início a construção do mundo moderno.

A conjuntura da época mostra que os impérios modernos, à diferença daqueles antigos, serão construídos pelos pequenos, pelos fracos. Fracos, mas ousados. Foram fruto da ação histórica de reinos jovens, naquele momento com pouca expressão econômica e militar.

Naturalmente, essas características, sobretudo a fragilidade, são observadas somente quando relacionadas aos outros polos de poder existentes no mesmo período histórico, isto é, aquele médio-oriental e o oriental. Não se aplicam aos povos subjugados das Américas e da África.

A nova era em que nascerão os impérios modernos será construída pelo polo mais fraco da constelação de poder existente no mundo naquela época. O mundo dos humanos se transformará em um mundo planetário por ação de reinos que existiam nas periferias internacionais daquele tempo. Essa circunstância é de grande significado em si mesmo e, sobretudo, no campo das esperanças para as atuais periferias mundiais.

É natural que os europeus, unificadores do mundo mundial, quando desenvolvem suas interpretações históricas, se situem sempre nos centro dos eventos, dos processos que envolveram a história de todos os humanos. É como se os outros existissem em relação a eles. Fizeram assim também com as cartas geográficas, que trazem sempre a centralidade europeia, com a posição central de Greenwich. Normal é pensar o mundo atual como uma construção europeia, como fruto da expansão do polo mais evoluído, mais desenvolvido e mais poderoso do planeta.

Entretanto, um olhar mais atento pode permitir outra compreensão dos fatos históricos, sem alterar suas consequências – já que nenhuma interpretação tem esse poder –, mas revelando elementos novos na formação dos processos sociais que deram origem à construção do mundo como hoje o conhecemos.

Uma análise da conjuntura internacional da última parte do século quinze e da primeira parte do século dezesseis, o momento decisivo para a construção da expansão europeia, permite também outros posicionamentos e a formulação de novas hipóteses. Sobretudo no que diz respeito ao papel que as periferias podem desempenhar para o futuro das relações entre os povos do mundo. Naquela época, o desenlace da história ocorreu pela ação de Estados fracos, pequenos e pobres, orientados pelas vanguardas modernas. Os dois grandes e poderosos impérios que existiam naquela conjuntura foram imobilizados e diminuídos pela ação vigorosa da inteligência e ousadia das vanguardas modernas apoiadas por jovens e pequenos Estados europeus.

Notas

1. BOFF, Leonardo. *São Francisco de Assis, Ternura e Vigor.* Petrópolis: Vozes, 1981. p. 25.
2. Ibidem. p. 21.
3. Ibidem. p. 20.
4. BAUMAN, Z. *Modernidade Líquida.* op. cit. p. 10 e 11.
5. BAUMAN, Z. op. cit.
6. Seguirá uma reflexão sobre momentos conhecidos da história antiga e medieval. A trajetória histórica da Europa e os fatos e personagens citados neste capítulo encontram-se em todos os bons manuais de História Geral.

Evitei a interrupção da leitura com um número imenso de citações. Os eventos históricos da Antiguidade, da Idade Média e do Renascimento citados neste capítulo são aqueles mais significativos e foram colhidos em vasta bibliografia consultada no curso de vários anos. Destaco algumas das fontes, à guisa de indicações, para ulteriores aprofundamentos: SPINI, Giorgio. *Storia dell'Etá Moderna*. 5. ed. Torino: Giulio Einaudi Editore, 1965. v. I, II e III; SPINI, Giorgio. *Storia Econômica Cambridge*. Torino: Giulio Einaudi Editore, 1976. v. I a IV.; VILLARI, Rosário. *Sommario di Storia 1350-1650*. Roma-Bari: Editori Laterza, 2002; VILLARI, Rosário. *Storia Medioevale*. Bari: Editori Laterza, 1973; VILLARI, Rosário. *Storia Moderna*. Bari: Editori Laterza, 1971; VILLARI, Rosário. *Storia Contemporânea*. 3. ed. Bari: Editori Laterza, 1971; e BRAUDEL, Fernand. *Civilização Material, Economia e Capitalismo. Séculos XV-XVIII*. São Paulo: Martins Fontes, 2005. v. I, II e III; GRANZOTTO, Gianni. *Cristoforo Colombo*. Milano: Mondadori Editori, 1984; MOSSÉ, Claude. *O Grande Alexandre*. São Paulo: Nova Alexandria, 2004; DURANT, Will. *A História da Civilização*. Rio de Janeiro: Record, 1971. v. III.

7. Como se pode verificar pelos trabalhos de Maquiavel. *O Príncipe* foi escrito em 1513 e publicado em 1532, os *Discorsi* foram escritos entre 1513 e 1517. Ver: MAQUIAVEL, Nicolau. *Comentários sobre a Primeira Década de Tito Lívio*. 4. ed. Brasília: Editora Universidade de Brasília, 2000; e *O Principe*. Rio de Janeiro: Ediouro, 2001.

8. GALILEI, Galileo. *Dialogo Sopra i Due Massimi Sistemi Del Mondo*. 2. ed. Torino: Giulio Einaudi Editore, 1975.

9. Amerigo Vespucci, ver em: VESPÚCIO, Américo. *Novo Mundo. As Cartas Que Batizaram a América*. São Paulo: Editora Planeta do Brasil, 2003.

10. Conforme MOORE JR., Barrignton. *Le origini sociali della dittatura e della democrazia*. Torino: Giulio Einaudi Editore, 1969.

11. Pero Vaz de Caminha, carta escrita ao Rei de Portugal sobre a descoberta do Brasil. O documento original encontra-se no Arquivo Nacional da Torre de Tombo, Lisboa. Texto recolhido em: ALVES FILHO, Ivan. *Brasil, 500 Anos em Documentos*. Rio de Janeiro: Mauad Editora, 1999. Lê-se no texto de Caminha:

    "Eram pardos, todos nus, sem coisa alguma que lhes cobrisse suas vergonhas (...). A feição deles é serem pardos, maneira de avermelhados, de bons rostos e bons narizes, bem feitos. Andam nus, sem cobertura alguma. Não fazem o menor caso de encobrir ou de mostrar suas vergonhas; e nisso têm tanta inocência como em mostrar o rosto. (...) Então estiraram-se de costas na alcatifa, a dormir, sem buscarem maneira de encobrir suas vergonhas, as quais não eram fanadas; e a cabeleira delas estavam bem rapadas e feitas. (...) Ali acudiram logo obra de duzentos homens, todos nus, e com arcos e setas na mão (...) e com eles vieram os outros que nós leváramos, os quais vinham já nus e sem carapuças. (...) Ali andavam entre eles três ou quatro moças, bem moças e bem gentis, com cabelos muito pretos e compridos pelas espáduas, e suas vergonhas tão altas, tão cerradinhas e tão limpas das cabeleiras que, de as muito bem olharmos, não tínhamos nenhuma vergonha. (...) E uma daquelas moças era toda tingida de baixo a cima daquela tintura; e certo era tão bem feita e tão redonda, e sua vergonha (que ela não tinha) tão graciosa, que a muitas mulheres da nossa terra, vendo-lhe tais feições, fizera vergonha, por não terem a sua como a dela. (...) Ali veríeis galantes, pintados de preto e de vermelho, e quartejados, assim nos corpos, como nas pernas, que, certo, pareciam bem assim. (...) Também andavam entre eles, quatro ou cinco mulheres moças, nuas como eles, que não pareciam mal. Entre elas andava uma com uma coxa, do joelho até o quadril, e a nádega, toda tinha daquela tintura preta; e o resto, tudo da sua própria cor. Outra trazia ambos os joelhos, com as curvas assim tintas e também os colos dos pé; e suas vergonhas tão nuas e com tanta inocência descobertas, que nisso não havia vergonha alguma. Também andava aí outra mulher moça, com um menino ou menina ao colo, atado com um pano (não sei de quê) aos peitos, de modo que apenas as perninhas lhe apareciam. Mas as pernas da mãe e o resto não traziam pano algum (...) porque os corpos seus são tão limpos, tão gordos e formosos que não pode mais ser. (...) Nem comem senão deste inhame, que aqui há muito, e dessa semente e frutos, que a terra e as árvores de si lançam. E com isto andam tais e tão rijos e tão nédios que não o somos nós tanto, com quanto trigo e legumes comemos (...) uma mulher moça, a qual esteve sempre à missa e a quem deram um pano para que se cobrisse. Puseram-lhe a redor de si. Porém, ao assentar, não fazia grande memória de o estender bem, para se cobrir. Assim, Senhor, a inocência desta gente é tal que a de Adão não seria maior, quanto a vergonha (...)". (Frases extraídas de vários períodos, em linguagem atualizada.)

12. Além das obras citadas de autores como Amerigo Vespucci, Darcy Ribeiro e Raymundo Faoro, ver: HOLANDA, Sérgio Buarque. *Visão do Paraíso*. 4. ed. São Paulo: Ed. Nacional, 1985. v. 333.

13. Pero Vaz de Caminha. In: ALVES FILHO, Ivan. op. cit.

14. Sobre a China, ver: MENZIES, Gavin. *1421. O Ano em Que a China Descobriu o Mundo*. Rio de Janeiro: Bertrand Brasil, 2007; RAMPINI, Federico. *La Repubblica*, Milano, 21 ago. 2005 – artigo em comemoração aos 600 anos das Grandes Viagens Chinesas; e VILLARI, Rosário. *Storia Moderna*. op. cit.

15. Sobre o Império Turco-Otomano, ver: MONTRAN, Robert. *Storia dell' Impero Ottomano*. Firenze: Argo, 2000; e VILLARI, Rosário. *Storia Moderna*. op. cit.

16. VILLARI, Rosario. *Storia Moderna*. op. cit.

17. Idem.

18. FAORO, Raymundo. op. cit.

19. FAORO, Raymundo. op. cit.; VILLARI, Rosário. op. cit.

Os Limites do Universalismo Moderno

À distância do meio milênio que nos separa dessa fantástica aventura humana, se observa que o tempo passado serviu somente para ampliar seu significado.

Antes que as vanguardas modernas transformassem profundamente o mundo da sua época, arrastando a Europa da condição de periferia ameaçada pelo domínio islâmico para tornar-se o polo mais poderoso da conjuntura internacional, colocando-se como centro de uma nova geopolítica mundial, essas vanguardas, através do humanismo, já tinham transformado profundamente as ideias do seu tempo, colocando o homem no centro de um sistema novo de conhecimento e a razão no centro das orientações de conduta do homem.

Foi essa construção teórica que outorgou à Europa o mandato para a construção do novo mundo, do nosso mundo. Foi a descoberta e a construção teórica de um novo paradigma civilizatório, o *software* social moderno, que a transformou em "região eleita" para desempenhar esse formidável papel histórico.

As ideias ganharam a sociedade da época. A existência concreta, a vida real, de muitos grupos sociais, sobretudo daqueles urbanos, passou a se orientar pela busca das aventuras existenciais e das liberdades – liberdade de pensar, de verificar o mundo, de empreender, de se enriquecer. Como imaginavam que havia ocorrido no período clássico.

As novas concepções tinham o condão de transformar todos os homens em senhores, pelo menos de si mesmos. Como senhores, todos podiam ter a vida nas próprias mãos, construir a si mesmos, se apropriar dos próprios destinos. A crítica ao catolicismo e a construção histórica da liberdade religiosa, ao lado da construção dos fundamentos das ciências, mostram o quão profundo esse processo chegou no interior da alma de cada um que teve a aventura de vivê-lo.

As ideias das vanguardas modernas apresentavam uma superioridade sobre as outras do seu tempo. Podiam ser demonstradas cientificamente na vida real. Era assim com as descobertas científicas, com a questão do calendário, e foi assim nas viagens e nas descobertas geográficas. E assim, conforme queriam, se demonstraram. Como em um teorema geométrico. Essa capacidade de se demonstrar foi o que sancionou a hegemonia moderna sobre as sociedades europeias daqueles tempos. A construção do arcabouço teórico moderno foi fruto das raízes culturais daquele continente. A salvação da Europa se deu por via da cultura.

Aquelas vanguardas tiveram de capturar a imensa herança cultural dos gregos que, naquela fase da história, encontrava-se em poder dos árabes, e reler a civilização romana. Capturaram as ideias, mas não as fizeram reféns. Libertaram-nas nos amplos espaços históricos do futuro.

A grande admiração que todos nós, descendentes dessas vanguardas, nutrimos pela grandiosidade de sua construção histórica e teórica não pode esconder ou suprimir outro aspecto fundamental dessa herança. Trata-se de seus limites. Grandes limites, até hoje não superados e que são mais visíveis se observados a partir do planalto constituído pelas relações sociais em nível mundial nesta fase da modernidade madura.

Esses limites foram ficando cada vez mais claros e, na conjuntura da crise de nossos dias, ganharam visibilidate total, se desvendaram para que todos os humanos os enxerguem.

Embora possam ser reconduzidos a uma unicidade teórica, esses limites se manifestam em dois planos distintos: no plano das relações sociais inter-humanas e no plano das relações entre os homens e a natureza.

No plano das relações inter-humanas destaca-se principalmente a questão dos obstáculos interpostos para a universalidade dos valores modernos. Hoje é necessário debater a questão das possibilidades históricas de realização dessa universalidade.

Weber, nas observações preliminares à Ética Protestante,[1] pergunta-se por que somente no solo ocidental, com a modernidade, desenvolveram-se manifestações com um significado universal. Somente no Ocidente se desenvolveu uma ciência com critérios considerados válidos, isto é, uma ciência fundada sobre a demonstração matemática.

Weber observa que essa possibilidade era ausente na astronomia babilônica e na geometria indiana, ainda que reconheça a complexidade dessas construções teóricas. Observa também que as ciências naturais indianas eram muito avançadas enquanto observação, faltando, entretanto, o experimento racional. Mostra que Maquiavel teve precursores no Oriente, mas faltava-lhes um esquema de conceitos racionais. Lembra que só no Ocidente surgiria o direito canônico, a música harmônica racional, uma especialização racional das ciências, etc. Só a modernidade construiu conteúdos universais.

A universalidade de seus conceitos, alcançada pela demonstração, desde cedo é reivindicada pelas vanguardas modernas. Suas teses e suas condutas se apoiavam na demonstração, através do método, da matemática, da coerência interna dos sistemas conceituais. As leis da natureza são leis universais, começavam a acreditar. Estava ao alcance humano descobrir e formular conceitos universais! Era como decifrar um segredo de Deus. E trata-se de uma universalidade construída pela razão humana. É sobre esse fundamento que se assenta o papel central do ser humano nessa universalidade. É uma centralidade fundada na supremacia da razão, na razão capaz de decifrar e demonstrar leis divinas estabelecidas para toda a natureza.

Mas no momento histórico em que a centralidade do homem, conforme construída teoricamente pelas vanguardas modernas, confrontou-se com a diversidade humana existente no mundo real, ela se inibiu. Os mesmos atributos da espécie humana que emergem das formulações modernas não foram, entretanto, reconhecidos no homem americano, naquele africano e no asiático. As diferenças inibiram a universalidade dos conceitos sobre o homem. Faltaram o afeto, a aceitação, o reconhecimento.

A universalidade da ciência e da compreensão científica da natureza se afirmou, mas a centralidade, a dignidade, a liberdade do homem que construiu esse novo sistema de conhecimentos, não. A razão embriagou os europeus. Eles elegeram a razão analítico-instrumental como único critério tanto para se enriquecer quanto para hierarquizar as civilizações e o mundo humano.

Um notável progresso no amadurecimento da própria espécie humana se transformaria assim em um instrumento de domínio. A centralidade do homem no novo sistema de conhecimentos passou a significar a centralidade somente do homem que sabia mover-se nesse novo universo conceitual, que sabia manipulá-lo.

No plano das relações sociais entre os humanos, a modernidade criou uma universalidade imperfeita, anteviu a universalidade, mas não conseguiu construí-la na história. A centralidade do humano valeu somente para os autores de sua elaboração, para aqueles que a construíram teoricamente. Não valeu para todos os humanos.

A universalidade esbarrou e não soube superar os limites impostos pelas desconhecidas diferenças antropológicas apresentadas pela primeira vez somente quando se deu a integração política, econômica e cultural dos povos de toda a Terra. A riqueza da diversidade cultural dos humanos surpreendeu os pensamentos e as atitudes das vanguardas modernas. Quando se confrontou com a universalidade humana real, a universalidade postulada teoricamente se apequenou e se negou.

A centralidade conceitual do homem passou a ser concebida somente nos marcos de uma universalidade subordinada aos interesses materiais de um único segmento da humanidade, ou seja, das vanguardas modernas da Europa ocidental. Esse exclusivismo conceitual é que constitui o europocentrismo.

> "No fundo, o debate sempre girou em torno do que queremos dizer com universalismo. Tentarei mostrar que o universalismo dos poderosos sempre foi parcial e distorcido, um universalismo que chamo de 'universalismo europeu' por ter sido promovido por líderes e intelectuais pan-europeus na tentativa de defender os interesses do estrato dominante do sistema-mundo moderno (...) ao contrário, podemos avançar rumo a um universalismo genuíno, que chamo de 'universalismo universal'.
>
> A luta entre o universalismo europeu e o universalismo universal é a luta ideológica central do mundo contemporâneo, e o resultado será fator importantíssimo para determinar como será estruturado o sistema-mundo futuro (...).
>
> Se quisermos construir uma altenativa real ao sistema-mundo vigente, teremos de encontrar o caminho para enunciar e institucionalizar o universalismo universal: um universalismo possível de conseguir, mas que não se concretizará de modo automático ou inevitável."[2]

A beleza teórica do homem que o renascimento europeu construiu se despedaçou e se fragmentou na história, empalideceu e se apagou. Limitando-se exclusivamente ao âmbito das relações sociais, devem ser consideradas pelo menos três questões importantes como efeitos dessa fragmentação:

1. a hierarquização civilizatória, que postula a supremacia europeia e atribui um *status* subordinado a outras civilizações, consideradas inferiores;

2. a escravidão, com a transformação de multidões de humanos em objetos e em mercadorias, vendidos e comprados para servirem de energia, para serem gastos e consumidos nas formações sociais empresariais das periferias modernas; e, finalmente,

3. as liberdades, que não foram reconhecidas como um direito dos outros povos, mas somente como uma prerrogativa dos europeus.

A questão da herarquia de civilizações estabelecida pela modernidade merece análise profunda. Aqui serão feitas apenas breves referências. Essa questão requer uma reflexão até mesmo sobre a estrutura psicológica do homem moderno, sobre seu modo de ver e viver as diferenças e de viver as contradições entre seu saber e suas atitudes, contradição esta que gerará suas neuroses. A questão da hierarquização das civilizações produzida pela modernidade está irrompendo nos estudos internacionais contemporâneos, sobretudo *vis-à-vis* a questão islâmica.

A postura das vanguardas modernas construtoras do mundo mundial, unificado através das empresas que se espalharam por todo o planeta, em relação aos africanos, aos americanos e até em relação aos asiáticos, de cultura mais antiga do que a delas, foi sempre a de construir uma espécie de hierarquia étnica-cultural na qual elas ocupavam o vértice e se outorgavam, pela razão, o poder de atribuir a esses povos um lugar subordinado.

Essa postura está presente desde o início e é parte da essência mesma do processo de colonização. O exemplo brasileiro é um exemplo maiúsculo.

A postura que as vanguardas modernas descobriram na construção brasileira se difundiu por todas as partes do mundo, e é possível encontrar seus resultados até em atos de menores significados.

Um exemplo simples, mas revelador, vem da África. Os africanos das colônias francesas, por exemplo, depois que aprendiam o francês, vestiam-se como os franceses, moravam e comiam como os franceses, como aqueles africanos incorporados à administração colonial, recebiam um título, uma identidade própria e diferente da sua, especial. Recebiam a condição de "evolués". Era uma espécie de certificado de amestragem, de aculturamento, mas que também significava que a pessoa era confiável, inteligente, competente.[3]

As vanguardas modernas europeias não souberam se relacionar com os outros como diferentes e iguais. Essas vanguardas modernas modelaram conceitos, comportamentos e atitudes que constituirão as posturas adequadas ao projeto colonial. Em consequência dessas formulações, os outros povos tinham de ser convertidos, civilizados, consertados, tinham de ser mudados para, finalmente, serem elevados ao patamar onde eles se colocavam. Nenhuma lei eterna determinava que tinha de ser do modo como ocorreu, nenhuma ordem sobrenatural interveio estabelecendo essa conduta. Foi só uma opção humana. Havia outras possibilidades.

Seria importante aqui poder confrontar o que os africanos e os índios americanos pensavam sobre essa hierarquia civilizatória. Pode ser que não a tenham entendido ou pode ser que a entenderam e a julgaram ridícula.

Entre as poucas referências existentes, há o diálogo narrado por Jean Léry.[4] Apresento esse texto em homenagem às populações que desapareceram, que perderam sua voz na história. Apresento o texto de Léry, com uma bela, pequena e singela introdução de Darcy Ribeiro. Só o texto de Léry estará em itálico.

> "Aos olhos dos recém-chegados, aquela indiada louçã, de encher os olhos só pelo prazer de vê-los, aos homens e às mulheres, com seus corpos em flor, tinha um defeito capital: eram vadios, vivendo uma vida inútil e sem prestança. Que é que produziam? Nada. Que é que amealhavam? Nada. Viviam suas fúteis vidas fartas, como se neste mundo só lhes coubesse viver.
>
> Aos olhos dos índios, os oriundos do mar oceano pareciam aflitos demais. Por que se afanavam tanto em seus fazimentos? Por que acumulavam tudo, gastando mais de tomar e reter do que de dar, intercambiar? Sua sofreguidão seria inverossímil se não fosse tão visível no empenho de juntar toras de pau vermelho, como se estivessem condenados, para sobreviver, a alcançá-las e embarcá-las incansavelmente? Temeriam eles, acaso, que as florestas fossem acabar e, com elas, as aves e as caças? Que os rios e o mar fossem secar, matando os peixes todos?
>
> (...)

Os nossos tupinambás muito se admiram dos franceses e outros estrangeiros se darem ao trabalho de ir buscar os seus arabutan. Uma vez um velho perguntou-me: – Por que vindes vós outros, maírs e pêros (franceses e portugueses) buscar lenha de tão longe para vos aquecer? Não tendes madeira em vossa terra? Respondi que tínhamos muita, mas não daquela qualidade, e que não a queimávamos, como ele o supunha, mas dela extraíamos tinta para tingir, tal qual o faziam eles com os seus cordões de algodão e suas plumas.

Retrucou o velho imediatamente: – E porventura precisais de muito? – Sim, respondi-lhe, pois no nosso país existem negociantes que possuem mais panos, facas, tesouras, espelhos e outras meercadorias do que podeis imaginar, e um só deles compra todo o pau-brasil com que muitos navios voltam carregados. – Ah! retrucou o selvagem, tu me contas maravilhas, acrescentado depois de bem compreender o que eu lhe dissera: – Mas esse homem tão rico de que me falas não morre? – Sim, disse eu, morre como os outros.

Mas os selvagens são grandes discursadores e costumam ir em qualquer assunto até o fim, por isso perguntou-me de novo: – E quando morrem para quem fica o que deixam? – Para seus filhos, se os têm, respondi; na falta destes para os irmãos ou parentes mais próximos. – Na verdade, continuou o velho, que, como vereis, não era nenhum tolo, agora vejo que vós outros maírs sois grandes loucos, pois atravessais o mar e sofreis grandes incômodos, como dizeis quando aqui chegais, e trabalhais tanto para amontoar riquezas para vossos filhos ou para aqueles que vos sobrevivem! Não será a terra que vos nutriu suficiente para alimentá-los também? Temos pais, mães e filhos a quem amamos; mas estamos certos de que depois da nossa morte a terra que nos nutriu também os nutrirá, por isso descansamos sem maiores cuidados."[5]

Na segunda questão, aquela da escravidão, é onde o *software* social moderno mostra, com clareza cristalina, o principal limite desse projeto civilizatório. Nem mesmo todas as luzes do iluminismo foram capazes de mostrar para os europeus o absurdo obscurantismo no ato de transformar populações humanas inteiras em mercadoria. Aquelas luzes não alcançaram alumiar a incoerência teórica da escravidão de outros humanos como forma institucionalizada de organização social.

É sempre bom lembrar. A escravidão não foi um pecado lusitano, um pecado dos latinos. Essa consideração é importante porque existe uma leitura etnicista, restritiva, da modernidade, que considera que as origens e a plenitude desse projeto civilizatório é atributo somente das sociedades europeias não latinas, não católicas, embora tenham sido estas últimas, as latinas e as católicas, os atores principais da sua construção, seja quando se considera seu conteúdo, seja quando se considera a formação das primeiras sociedades modernas na periferia do atual sistema internacional, quando se inventou a Empresa Brasil e as bases da economia e da política do mundo mundial moderno.

A lógica teórica e histórica que reduz as fronteiras da modernidade aos limites das sociedades protestantes e anglo-saxônicas não é visível destas paragens aqui do Sul, destes territórios tropicais ensolarados. Daqui mais se parece com uma leitura étnica e eclesial da modernidade, em que eclesial significa as igrejas nascidas com a reforma protestante. Para o Brasil, a modernidade nasceu em 1532, construída pelos portugueses, em estreita aliança com grupos sociais que viviam em Amsterdã, Haia, Gênova, Florença e outros lugares.

O estabelecimento dessas fronteiras teóricas no contexto social europeu mais se parece com uma tentativa de um bloco étnico-cultural-religioso existente no interior das sociedades europeias de hierarquizar a seu favor uma construção histórica coletiva. Essa hierarquização pode ter nascido no nevoeiro existente nas regiões de fronteiras entre ideologia e teoria social.

Mas é necessário reconhecer que, entre tantos frutos importantes, essa hierarquização intereuropeia foi capaz de impor a Inglaterra como paradigma da transição do feudalismo ao capitalismo, da própria construção do capitalismo e da democracia burguesa. Olhando de longe se pode também observar que essa imposição teórica coincide com o período da hegemonia mundial inglesa, com o esplendor do império britânico.

É bom, portanto, não tratar a questão da escravidão a partir do exemplo lusitano e brasileiro. É melhor considerá-la a partir do exemplo inglês, tido como o país mais avançado nos processos de transformações modernas.

Em janeiro de 1642 começa a guerra civil inglesa e o confronto entre as forças militares da Coroa e do Parlamento, guerra esta que conduzirá à prisão, julgamento e execução do rei Carlos I, em 1649, e à tomada do poder por Cromwell, o "Lorde Protetor da República da Inglaterra, da Escócia e da Irlanda".[6]

Desde então, a Inglaterra realizou sua revolução burguesa, com leis que asseguravam a garantia das liberdades individuais e coletivas, a proteção do cidadão, um novo sistema eleitoral, um sistema de representação política da sociedade, um parlamento efetivo, etc. Foram também tomadas todas as principais decisões que permitiram a efetiva transição para o capitalismo, assim como foram implementadas as políticas necessárias à promoção da revolução industrial e da construção do império inglês. A democracia inglesa começará aos poucos a assumir a fisionomia que possui hoje.

Todo esse admirável processo histórico transcorreu com ingleses – governo e privados – praticando a escravidão como forma legal e institucionalizada de organização social de suas empresas nas colônias. A democracia, as liberdades e os direitos dos ingleses foram sempre compatíveis com a escravidão. Na Inglaterra se combinará, em um estranho tipo de consciência histórica, o humanismo com a escravidão. Evoluir política e civilmente e escravizar foram verbos conjugados simultaneamente.

Estranha combinação, já que uma relação social é a negação da outra. A partir da Inglaterra se pode observar que um progresso civil importante se dissolveu diante da prática do tráfico e exploração cruel, e legal, de multidões de seres humanos, com destruição física de inteiras sociedades, tribos, etnias, culturas, famílias e indivíduos.

A escravidão moderna é racional, é estabelecida e nasce no bojo de um processo civilizatório que surge com o humanismo, que marcou a recuperação do papel da vida como a principal experiência existencial do homem, que construiu a centralidade do humano e de seu poder sobre a natureza.

A submissão de outros humanos diferentes e a transformação destes em energia e mercadoria com a instituição da escravidão são radicalmente contraditórias com o conjunto da construção ideal moderna, que busca a universalidade de teorias e valores que se fundam no humanismo. A contradição é ainda mais profunda quando se considera que, com a escravidão moderna, seus autores pensavam estar expandindo os fundamentos do cristianismo, seja na sua vertente protestante, seja naquela católica.

A escravidão era legal, reconhecida e praticada em todo o mundo colonial britânico. Era um negócio. Como outro qualquer. Não foi a Inglaterra que descobriu o tráfico de escravos, mas o país se transformará, em poucos anos, em um de seus agentes mais poderosos.

O capital que permitirá a construção do sistema econômico que está conduzindo toda a humanidade para uma tragédia ecológica sem proporções na história da espécie, tragédia esta que já começa a despontar no horizonte da história, tragédia que nos amedronta nestes dias, teve início com a subordinação dos povos e com a escravidão. Vista daqui destes trópicos, repito, é uma tragédia antiga, que resiste em acabar.

O fim da escravidão na Inglaterra foi possível somente depois de um importante movimento da sociedade, talvez um dos primeiros grandes movimentos por justiça social no mundo ocidental. Depois de grande mobilização social e com muita luta se conseguiu a proibição do comércio de escravos em território inglês, em 1807.[7]

Os traficantes ingleses continuaram livres para desenvolver o tráfico de escravos em outros lugares do mundo, inclusive no Brasil. O modo como se praticava esse tráfico assombrava as noites de Livingstone e terminou produzindo uma indignação generalizada, que abriu finalmente as portas para a abolição definitiva da escravidão.

> "Ao procurar descrever o tráfico de escravos na África Oriental, foi-me necessário manter-me bem dentro da verdade para não se me argüir de exagerado; mas o assunto não consentia que eu o fosse. Pintar com cores por demais carregadas os seus efeitos é simplesmente impossível. O espetáculo que presenciei, apesar de serem incidentes comuns ao tráfico, são tão repulsivos que sempre procuro afastá-los da memória. No caso das mais desagradáveis recordações, eu consigo por fim adormecê-las no esquecimento; mas as cenas do tráfico voltam-me ao pensamento sem serem chamadas, e fazem-me estremecer no silêncio da noite, horrorizado com a fidelidade com que se reproduzem."[8]

A campanha abolicionista na Inglaterra alcançará seu ápice somente por ocasião das eleições de 1832, realizadas depois do famoso *Reform Act*, que, entre outras coisas, elevará o número de eleitores de 500 mil para 813 mil, após o qual se implantará, através de várias outras medidas, o programa dos *whigs*, que consolidará a vitória da burguesia industrial.

O movimento abolicionista sairá reforçado dessa eleição, após memorável mobilização social, mas o principal argumento para a abolição foi mesmo a revolta dos escravos da Jamaica, que tem início em 1831, liderada por Samuel Sharpe e sob influência dos protestantes (anabatistas).

A propósito da abolição inglesa, um importante ator das lutas abolicionistas no Brasil, a sua época, observou:

"A guerra contra a escravidão foi, na Inglaterra, um movimento religioso e filantrópico, determinado por sentimentos que nada tinham de político, senão no sentido em que se pode chamar política à moral social do Evangelho. No Brasil, porém, o abolicionismo é antes de tudo um movimento político, para o qual, sem dúvida, poderosamente concorre o interesse pelos escravos e a compaixão pela sua sorte, mas que nasce de um pensamento diverso: o de reconstruir o Brasil sobre o trabalho livre e a união das raças na liberdade.

Nos outros países, o abolicionismo não tinha esse caráter de reforma política primordial, porque não se queria a raça negra para elemento permanente de população, nem como parte homogênea da sociedade. O negro, libertado, ficaria nas colônias, não seria nunca um fator eleitoral na própria Inglaterra, ou França. Nos Estados Unidos, os acontecimentos marcharam com tanta rapidez e desenharam-se por tal forma que o Congresso se viu forçado a fazer dos antigos escravos do Sul, de um dia para o outro, cidadãos americanos, com os mesmos direitos que os demais; mas esse foi um dos resultados imprevistos da guerra. A abolição não tinha, até o momento da Emenda constitucional, tão amplo sentido, e ninguém sonhara para o negro ao mesmo tempo a alforria e o voto.

No Brasil, a questão não é, como nas colônias europeias, um movimento de generosidade em favor de uma classe de homens vítimas de uma opressão injusta a grande distância das nossas praias. A raça negra não é, tampouco, para nós, uma raça inferior, alheia à comunhão, ou isolada desta, e cujo bem-estar nos afete como o de qualquer tribo indígena maltratada pelos invasores europeus. Para nós, a raça negra é um elemento de considerável importância nacional, estreitamente ligada por infinitas relações orgânicas à nossa constituição, parte integrante do povo brasileiro. Por outro lado, a emancipação não significa tão somente a termo da injustiça de que o escravo é mártir, mas também a eliminação simultânea dos dois tipos contrários, e no fundo os mesmos: o escravo e o senhor."[9]

As revoltas na Jamaica foram decisivas. Vinte mil escravos se rebelaram, ocuparam parte do território e atearam fogo nas plantações. Queimaram mais de uma centena. A revolta foi sufocada, os escravos derrotados. Centenas foram mortos e executados, mas foi necessária a intervenção do exército inglês, já que as milícias locais não eram suficientes. Os acontecimentos da Jamaica produziram impacto profundo na sede do Império.

Em 1833, o parlamento inglês aprovou a abolição da escravidão na Inglaterra e nas colônias, libertando os escravos, mas seus efeitos se tornaram efetivos somente a partir de 1838. Os proprietários foram indenizados. O valor da indenização alcançou 20 milhões de libras, que correspondem a 50 bilhões de libras atuais. Os escravos não foram indenizados. Continuaram a trabalhar nas fazendas onde eram escravos e foram obrigados a pagar impostos.[10]

Ou seja, no país mais avançado no âmbito do processo civilizatório moderno, a escravidão foi legal até 1838, durando mais de três séculos! É importante observar que, durante praticamente dois séculos, a escravidão conviveu, em total harmonia política, com as mais avançadas concepções políticas e o mais democrático modelo político da modernidade europeia.

Mas deve ser creditado à Inglaterra o fato de ser a primeira nação europeia a decidir-se pela abolição. Esse primato não foi mundial, já que as ex-colônias espanholas da América a antecederam em quase três décadas.

A França abolirá legalmente a escravidão somente na retomada da revolução, em 1848; os Estados Unidos da América abolirá a escravidão somente com a guerra de secessão, 1862-1865; a Holanda e a Bélgica, entre 1863 e 1869; e Portugal, entre 1858 e 1878. A Empresa Brasil, como se sabe, foi a última, e o processo durou de 1871 até 1888.[11]

A abolição da escravidão, na maioria dos casos, foi só uma decisão formal, que deixou quase sem mudanças a situação social dos ex-escravos. Em geral, estes foram mantidos afastados da sociedade, excluídos, e submetidos a atrozes discriminações raciais.

Essas discriminações raciais em muitos países foram legais, como aconteceu nos EUA, onde prevaleceram até a década de 1960, quando foi abolida após a famosa luta pelos direitos civis, na qual será figura de destaque Martin Luther King. É surpreendente que aquela que reivindica a condição de mais importante democracia do mundo tenha mantido a discriminação racial apoiada em leis até quarenta anos atrás!

Tanto a hierarquização das civilizações promovida pela modernidade quanto a escravidão e a discriminação racial são questões que, juntas, constituem o melhor ângulo para ver as dificuldades do projeto civilizatório moderno de se universalisar. A partir dessas duas questões se pode perceber a mais dilacerante de todas as contradições internas da modernidade, ou seja, a incapacidade de compreender que o *status* teórico do ser humano, do cidadão, que surge da construção do humanismo e do iluminismo é uma prerrogativa da espécie humana e não um privilégio étnico, religioso ou nacional. Esta incapicidade revela a dificuldade dos "modernos" de viverem, no plano histórico, a universalidade de suas formulações teóricas.

Estas não são questões do passado, mas questões do presente, e se encontram na base da incapacidade dos polos políticos hegemônicos modernos de conviverem com outros padrões civilizatórios, seja islâmico, seja africano ou oriental.

Em nosso tempo, essa incapacidade passa do campo internacional para as respectivas situações internas de países e sociedades modernas avançadas, incapazes de aceitar a nova realidade humana em que se transformaram por causa das imigrações recentes, tendo surgido dentro delas mesmas realidades sociais mais complexas que as tornam um conjunto plural do ponto de vista étnico e cultural.

Elas se reconhecem – todas – como sociedades multiétnicas, mas não sabem como viver a riqueza desse encontro humano. Uma mirada sobre o debate político existente no continente europeu nestes nossos dias mostra inequivocamente que a Europa, e também os EUA, sofrem com a condição de sociedades multiétnicas, não sabendo como viver essa nova condição.

Por último, a questão das liberdades e da democracia. No âmbito dos Estados Tropicais, aqueles econômicos internacionalizados, estas têm sido, desde sempre, questões internacionais. A história mostra que têm sido inaceitáveis para os polos hegemônicos dos subsistemas internacionais modernos as decisões soberanas das populações desses Estados, sempre que estas contrariem os interesses, sobretudo econômicos, e sempre que estas contrariem os interesses dos segmentos "internacionais internos" dessas sociedades.

O Congo de Lumumba e o Chile de Allende não permitem outra interpretação, mas são somente dois exemplos. A imensa lista de ditaduras que pode ser elaborada nos séculos e séculos de história desses Estados, na América Latina, na África e na Ásia, demonstram esse limite moderno. Em quase todos os itens dessa imensa lista, a pressão externa e muitas vezes a intervenção direta do externo são as responsáveis por essas ditaduras e autoritarismos.

As ditaduras nas regiões periféricas do sistema internacional quase sempre foram uma criação do internacional internalizado, quando não impostas diretamente do externo.

> "será que nunca faremos senão confirmar
> a incompetência da América católica
> que sempre precisará de ridículos tiranos?
> será, será, que será, que será, que será
> será que esta minha estúpida retórica
> terá que soar, terá que se ouvir, por mais zil anos?"
>
> *Podres Poderes*, Caetano Veloso

Os ridículos tiranos não vêm dos céus, mas daqui mesmo da Terra. A maioria nasceu de escolhas dos vértices de interesses econômicos e políticos dos polos hegemônicos no plano internacional. Em quase sua totalidade, as ditaduras modernas nos Estados Tropicais mostram a incapacidade do projeto civilizatório moderno de respeitar a democracia dos outros povos, de coexistir em harmonia com um mundo plural.

A negação das liberdades e das possibilidades democráticas aos povos da Terra por tantos séculos é, ao lado da escravidão e da hierarquização civilizatória, a face mais visível e perversa dos limites da modernidade.

A contradição entre a universalidade dos valores modernos no plano teórico e a desigualdade étnica e cultural das sociedades construídas pelos modernos no plano histórico continua a ser uma das principais contradições desse padrão civilizatório. Tem sido assim nestes quinhentos anos de história e mesmo depois de sua afirmação planetária. Essa incapacidade moderna bloqueia as soluções para os dilemas atuais vividos com tanta dramaticidade pela espécie humana.

Essa contradição está nos fundamentos das sociedades-empresa e da desigualdade no âmbito do sistema internacional. Está fundida nos alicerces das colunas mestras da desigualdade do sistema internacional moderno. Está presente em toda a história dos vários subsistemas mundiais, atravessará a história de todas as macroestruturas de poder político que marcarão as diversas fases do sistema político internacional que se sucederão até chegar ao momento da hegemonia solitária de uma única superpotência moderna, em nossos dias.

No plano das relações entre os homens é impossível calcular quantas culturas, quantas sociedades e quantas centenas de milhões ou bilhões de vidas humanas foram destruídas pela incapacidade de universalização dos valores modernos, que decorrem de limites dos homens reais, concretos, históricos.

No plano das relações entre esse padrão civilizatório e a natureza é suficiente lembrar que a ideia moderna de natureza a transforma em um mundo de coisas, separadas do mundo da inteligência e da razão e à disposição do homem para manipulá-la, consumi-la e transformá-la, em função exclusiva de seus objetivos individuais de lucro, como se fosse uma matéria amorfa. Também supõe a ideia de que a natureza é estável e infinita. Essas ideias terminaram por orientar a conduta dos homens e a evolução do sistema econômico que eles criaram.

A vivência prática dessas concepções fundamentais é que terminou por construir uma incompatibilidade real entre a vida social organizada segundo o *software* social moderno e a vida real existente no planeta Terra. Sobre essa incompatibilidade, alguns dados e informações constam do segundo capítulo destas reflexões.

Notas

1. WEBER, Max. *L'ética Protestante e lo Spirito del Capitalismo.* op. cit. p. 63-81.

2. WALLERSTEIN. Immanuel. *O Universalismo Europeu. A Retórica do Poder.* op. cit. p. 27.

3. LIMA, Luiz G. S. *Ideologia Religiosa e Capitalismo nello Zaire.* Milano: CESPI, 1975.

4. LÉRY, Jean de. *Viagem à Terra do Brasil.* S. Paulo: Martins, 1960.

5. RIBEIRO, Darcy. *O Povo Brasileiro. A Formação e o Sentido do Brasil.* São Paulo: Cia. das Letras, 2006. p. 41-42.

6. VILLARI, Rosario. *Storia Moderna.* op. cit.

7. Idem.

8. Livingstone, citado por NABUCO, Joaquim. *O Abolicionismo.* Brasília: Ed. Universidade de Brasília, UNB, 2003. p. 132.

9. NABUCO, Joaquim. *O Abolicionismo.* op. cit. p.132 e segs.

10. VILLARI, Rosario. *Storia Contemporanea.* op. cit.; e HOCHSCHILD, Adam. *200 Años de la Abolición de La Ecravitud em Gran Bretañ: Rebeldes y Radicales Detrás de la Abolición.* Disponível em: SP.madrid@gmail.com . Acesso em: 25 mar. 2007.

11. VILLARI, Rosario. *Storia Contemporanea.* p. 100.

A Empresa Brasil

A chegada dos portugueses ao Brasil em 1500 foi decisiva para o reconhecimento de que este era um novo continente, uma terra até então desconhecida, um "novo mundo". Coube a Américo Vespúcio a conclusão definitiva sobre o tema, que valerá para ele a honra de ver designadas com seu nome estas novas terras. Em uma carta, escrita do litoral do Rio de Janeiro em 1501, Vespúcio usará pela primeira vez a expressão "Novo Mundo".[1] A essa conclusão se chegará após um debate que se iniciou em 1492, com a chegada de Colombo à América Central. Como se sabe, inicialmente Colombo acreditava ter chegado ao mar da China.

O "novo mundo" não eram as Índias, e a realidade era muito diferente de tudo aquilo que já se podia saber sobre o Oriente desde as viagens de Vasco da Gama. O que aqui foi encontrado, seja por Cabral, por Vespúcio e por outros navegadores, contrariava as expectativas construídas a partir dos encontros com as Índias e o Oriente.

A realidade encontrada no Brasil não permitia que se colocasse em prática nenhum dos modelos conhecidos de relações internacionais praticados até aquele momento da história.

Não existia a produção de mercadorias, não sendo então possível realizar trocas ou estabelecer taxas. Era inútil, portanto, a construção de feitorias, como na Ásia. Não existia a produção de riquezas em ouro ou outros metais preciosos, não sendo possível saquear, como era feito no México. Não foram encontradas minas nas quais se pudesse escravizar a população local, obrigando-a a produzir riquezas para serem levadas à Europa.

O encontro dos portugueses com o Brasil constituiu-se então em um grande enigma, em um desafio para a imaginação dos empresários e banqueiros que estavam ligados à corte de Lisboa e ao negócio colonial.

Essa singularidade obrigará a comunidade dos negócios coloniais, ou seja, a Coroa, os financistas, os comerciantes, os navegadores, os chefes das aventuras militares e os empresários, a burguesia internacional nascente, a promover um fantástico salto de qualidade na concepção e na prática desses mesmos negócios coloniais. Decifraram o enigma brasileiro com um roteiro surpreendente. Surpreenderam a história.

Decidiu-se por seguir um caminho novo. Um caminho novo mesmo para Portugal, que àquela época já capitaneava as relações comerciais e políticas da Europa com as Índias e com a África. Decidiu-se construir algo que não existia no cenário das relações internacionais da época: uma empresa gigantesca, que seria edificada muito longe de Portugal.

Tratava-se de uma empresa europeia, organizada para produzir para o mercado europeu e mundial, mas localizada em outro território, em outro continente. Para sua construção será necessário invadir e ocupar terras onde viviam multidões de seres humanos, submetê-los e escravizá-los para obrigá-los ao trabalho nesse novo projeto.

Realizou-se então a maior façanha econômica daquele período histórico, uma das maiores de toda a modernidade: a Empresa Brasil.

Decidiu-se cultivar uma planta que não era nativa, a cana-de-açúcar. Matas tropicais foram transformadas em imensos canaviais. Reuniram-se a tecnologia e os conhecimentos científicos do Oriente e do Mediterrâneo, organizando assim a mais avançada agroindústria daquele tempo. E começou-se a produzir milhares e milhares de toneladas de um bem raro para o mercado europeu e mundial.

Por diversas razões, como se sabe, decidiu-se importar mão de obra de um terceiro continente. Milhões de pessoas foram transferidas de um continente ao outro. Os produtos da empresa foram transportados até a Europa, seu mercado principal, e até o Oriente, assim como foi necessário trazer tudo da Europa para a construção dessa empresa: desde caldeiras a um simples parafuso. E isso tudo aconteceu lá pelos idos do século dezesseis! Essa tarefa mobilizou imensos recursos humanos, técnicos, financeiros, logísticos, e foi também uma imensa prova de coragem.

As dimensões foram tão colossais para a época e seu impacto sobre a Europa tão grande que, segundo o professor Celso Furtado, deve-se ao açúcar brasileiro a formação do próprio mercado europeu.[2]

Aqui não foi organizada somente a produção do açúcar para o mercado português. As dimensões da produção eram para um continente e depois para o mundo, não para um pequeno país. Os lucros gigantescos dessas atividades pertenciam aos financiadores, aos comerciantes europeus e, em parte, à Coroa portuguesa.

As dimensões das riquezas produzidas pela Empresa Brasil foram sempre colossais. Duas indicações ajudarão a compreendê-las. Em seu clássico *Formação Econômica do Brasil*, Celso Furtado estima que, após cinco décadas de colonização, portanto em 1600, já existissem em pleno funcionamento 120 engenhos de açúcar. A produção anual de açúcar atingia dois milhões de arrobas, com um valor estimado de 2,5 milhões de libras esterlinas da época. Essa renda tão elevada colocava a empresa colonial portuguesa como a mais próspera daquele período histórico, motivo pelo qual atraiu a cobiça de holandeses, franceses e outros povos.[3]

Somente um século e meio mais tarde, em torno de 1700, terão início as atividades de mineração, construídas também no mesmo modelo empresarial. Lembra-nos Darcy Ribeiro:

"Para avaliar a importância da atividade mineradora, é suficiente considerar que teria produzido, em ouro, cerca de mil toneladas e, em diamante, três milhões de quilates, cujo valor total corresponde a 200 milhões de libras esterlinas, o equivalente a mais da metade das exportações de metais preciosos das Américas."[4]

Essa empresa, como se sabe, teve muitas características, foi muito ampla e diversificada, mas possuiu eixos comuns, permanentes, sobre os quais é essencial refletir.

Era uma empresa europeia, de propriedade dos europeus, dirigida por eles, que produzia para a Europa, onde a empresa se realizava, ou seja, alcançava os resultados buscados, os lucros, que lá permaneceram.

Era uma empresa privada. A Coroa portuguesa, considerada na Europa a proprietária das novas terras descobertas por aqui desde o Tratado de Tordesilhas, decidiu privatizá-las, terceirizando sua exploração.

O Brasil foi então privatizado e seus pedaços – as capitanias hereditárias – entregues a produtores privados, investidores, banqueiros e comerciantes. Na verdade, antes mesmo das capitanias hereditárias, a Coroa já havia tentado terceirizar a exploração do novo e ainda desconhecido território.[5]

Somente em 1532 as capitanias serão criadas. O Brasil será dividido em quinze fatias, estabelecidas por linhas horizontais paralelas ao Equador, que se encontrariam imaginariamente com o meridiano situado a 370 léguas daquele de Tordesilhas. Um limite abstrato, pois ainda não se sabia medir com precisão. Esses limites abstratos formavam eixos cartesianos, que estabeleciam em um mundo imaginário espaços do planeta que seriam recheados de história, mas sobretudo de economia.

Entre os donatários, encontravam-se as grandes figuras da aventura de Portugal pelo mundo afora, os Homens das Índias, como a eles se refere Evaldo Cabral de Melo. Seriam eles a levar este pequeno país europeu a exercer grande e duradoura influência no mundo, não somente nas Américas e na África, mas também na China, no Japão, nas Índias. Lá estavam, entre os donatários, Duarte Coelho, tão importante na história brasileira daquele tempo (Pernambuco), Martim Afonso de Souza e Mem de Sá, que não veio na primeira hora, mas já era sócio de Jorge Figueiredo Correa, escrivão real. Todos eles eram associados aos grandes comerciantes portugueses, holandeses (e de portugueses que foram viver na Holanda em busca de liberdade religiosa), genoveses, e também associados aos banqueiros dessas praças, sem excluir aqueles de Florença.[6]

Os concessionários das capitanias possuíam poder tão amplo que muitos historiadores chegaram a compará-lo àquele dos senhores feudais. Acreditaram ser este o feudalismo brasileiro.[7] Esse superpoder não foi exercido na marra, à revelia, mas por concessão da Coroa, em legislação oficial. A legislação que concedia esse poder foi fruto de negociação entre empresários e a Coroa portuguesa, e se estendia sobre todas as terras do país e sobre todos os seus habitantes. Essa legislação criou o que pode ser chamado de marcos institucionais desse gigantesco processo de privatização.

Portugal foi uma monarquia absoluta durante toda a colonização brasileira, mas aqui no Brasil os poderes dessa monarquia foram balanceados com o processo de privatização. A Coroa reservava para si o monopólio das especiarias, da Justiça (somente quando as penas podiam ser a morte de pessoas de condição nobre), da segurança militar do empreendimento e, naturalmente, da nomeação de pessoas encarregadas de cobrar impostos. O resto era de responsabilidade dos empresários. Eles eram os "homens bons" que compunham a Câmara das vilas, o poder político na colônia.

Todos os recursos do Brasil – território e povo – foram colocados à disposição da empresa, sempre por concessão real, que podia estabelecer taxas sobre sua exploração. A escravidão e a servidão foram oficializadas como um modo de educar e converter os infiéis, os pagãos, mas sobretudo para transformá-los em trabalhadores, produtores de lucros, fonte de energia para o funcionamento da empresa.

Os estudos sobre essa empresa apresentam em comum três conceitos básicos para definir seus fundamentos: o latifúndio, a monocultura para exportação e a escravidão.

A construção da Empresa Brasil foi uma experiência histórica cheia de ineditismos. Entre eles, encontra-se o fato de que com ela se funda o primeiro "nó" econômico planetário, nó que enlaçou, de forma definitiva, atividades econômicas em várias partes do mundo.

A Empresa Brasil articulará em si diretamente, fisicamente, três continentes, mas seu funcionamento estará intimamente ligado ao comércio com a África e o Oriente, com as Índias. Funcionalmente, portanto, integrará quatro continentes, ou seja, todo o mundo da época.

A Empresa Brasil dará uma contribuição decisiva para a criação de uma economia mundial articulada e se constituirá em uma das principais pedras dos alicerces da economia globalizada. Unificará em si o comércio – mercadorias e escravos – e a produção – inclusive industrial – em níveis planetários e contribuirá definitivamente para a articulação econômica da própria Europa entendida como um mercado. E realizará esta façanha como uma empresa privada europeia.

Essa empresa sempre foi muito dinâmica, mas seu dinamismo será sempre proveniente de suas relações com a economia mundial e não produto de um desenvolvimento endógeno, daqui, nem do desenvolvimento do pequeno e corajoso Portugal. Sempre se relacionará com a economia mundial.

Sob esse ponto de vista, a Empresa Brasil é diferente de outras aventuras coloniais. O México no mesmo período apresentava uma relação bilateral, metrópole-colônia. Era um negócio espanhol e prevalentemente estatal. O eixo que estruturava o negócio – o saque das riquezas astecas e a escravidão local para o trabalho nas minas, que já eram exploradas antes da conquista – era de natureza político-militar. Era uma conquista, não a construção de uma empresa.

Ao contrário, o Brasil foi sempre um negócio mundial construído pelo setor privado mais dinâmico daquela conjuntura internacional e que envolvia atores que já agiam em âmbito planetário. Foi sempre, desde o início, um negócio que envolvia atores e interesses em várias partes do mundo. E, como negócio, quase foi vendido e comprado, como nos mostra o historiador Evaldo Cabral de Mello.[8]

No processo de fundação da Empresa Brasil e da economia globalizada, Portugal desempenhará um papel notável. Surpreende até que um pequeno povo, um reino que há pouco se emancipara do Islã e dos vizinhos, como vimos antes, tenha tido a capacidade de organizar uma empresa daquelas dimensões, que articularia mundialmente empresários, capitais, mercados, recursos naturais e humanos.

As condições políticas e econômicas para bem desempenhar esse papel começaram a ser criadas desde a revolução portuguesa (1383-1385), que conduziu ao trono Dom João, o Mestre de Avis, conforme já referi.[9]

A verdade é que Portugal se apresentará a esse encontro com a história com uma população corajosa, culturalmente aberta, preparada para uma aventura mundial, como nos mostra Gilberto Freyre.[10] Certamente de nada adiantariam a coragem e os dotes antropológicos culturais se lhe houvessem faltado a capacitação técnica, os conhecimentos científicos e a capacidade administrativa de dirigir, com êxito, empreendimento tão complexo.

A Empresa Brasil já era ela mesma uma criação original. Sua concepção, sua estrutura, sua finalidade, suas dimensões, exigiram a criação de soluções desconhecidas. Mas o fato de ser construída nos trópicos, onde os europeus nunca tinham vivido estavelmente, exigiu a descoberta e a construção de um novo modo de viver, de morar, de comer, de vestir, etc. A Empresa Brasil exigiu não somente modelos estruturais e institucionais novos, mas uma existência humana nova, modelos de comportamentos desconhecidos na Europa, nas diversas Áfricas e aqui em nosso território.

Com sua existência, a Empresa Brasil criou também outro modo de organização social humana, outros comportamentos, outros equilíbrios sociais e individuais, exigiu outros referenciais valorativos. Junto com a empresa foi criado um novo jeito humano de ser.

Nasceu aqui, junto com esta empresa, e foi por ela criada, uma formação social diferente de todas aquelas que existiam no mosaico das experiências sociais humanas até aquele momento histórico. Os novos grupos sociais criados e a estratificação social estabelecida foram densos de novidades. Sua estrutura originária já continha os lineamentos sociais que a caracterizará por séculos. É importante pausar os olhos sobre essa estrutura, compreender sua formação e a função dos grupos sociais mais importantes.

O grupo social dominante era constituído pelos europeus. Alguns eram articulados diretamente com a empresa – portugueses proprietários, patrões, e seus quadros dirigentes e subalternos indispensáveis, como construtores, instrutores, feitores, mecânicos, soldadores, etc., como tão bem descreveu Antonil.[11] Integrava esse núcleo também aqueles dedicados a garantir a vida material e cultural do segmento europeu diretamente integrado na empresa – artesãos, comerciantes, padres, religiosos, religiosas e os funcionários da Coroa portuguesa, que controlavam as atividades econômicas com a finalidade do recolhimento dos impostos. A estes se deve somar aqueles encarregados da defesa militar e da segurança da empresa e da coletividade europeia contra invasões externas e revoltas internas, sobretudo dos índios.

O grupo social europeu não era homogêneo, mas estratificado. Buscava reproduzir a estratificação social da metrópole daquele período, mas isso se demonstrou impossível no novo contexto. O vértice do sistema não era constituído pela Coroa e pela nobreza, mas diretamente pelos proprietários, os donatários das capitanias, os modernos empresários de açúcar, que não podiam ser compreendidos como se fossem a nobreza portuguesa. A eles tudo se subordinava, até mesmo os representantes da Coroa. Foi-se assim criando uma estratificação social nova. O clero, por exemplo, não era subordinado a Roma, mas à Coroa portuguesa e, sobretudo, aos proprietários. Surgiram funções e papéis sociais novos, como o feitor, o capitão-do-mato, o bandeirante, todos relacionados com a escravidão e a captura de índios nativos. Nasceram aventureiros, que se empenharam em busca de riquezas e sonhos.

Os outros humanos que integravam a formação social criada pela empresa não eram reconhecidos como tal. Viviam aquartelados, prisioneiros, acorrentados, dentro dos limites territoriais da empresa, e não eram considerados gente. Eram os escravos, africanos e indígenas. Estes, nem mesmo *in extremis* podiam ser considerados membros do sistema social. Na realidade, eles eram propriedade dos patrões, como as terras, os equipamentos e os animais. Eram só mercadorias.

Nessa formação social, a maioria dos humanos era integrada como propriedade da empresa, era comprada e vendida e a servia enquanto objeto. Era apenas energia. Não partilhavam da sociedade, não viviam seu padrão civilizatório. Não participavam nem dos seus consumos, nem de suas relações sociais.

Com essa originalidade, a Empresa Brasil inaugura na história um novo tipo de formação social dos humanos, no âmbito da qual foram criadas e se institucionalizaram novas relações sociais – estáveis, desiguais, perversas e instrumentais.

Essa formação social de tipo novo inventou de forma permanente e estruturada o que pode ser designado de *incorporação excludente*, como já foi observado no primeiro capítulo. A maioria dos membros desse insólito sistema social é incorporada e excluída simultaneamente. Incorporados ao trabalho, como energia e mão de obra, e excluídos das relações sociais. Incorporados como produtores, mas excluídos do consumo, da renda, da cultura e do universo dos direitos.

É necessário indagar onde, em nosso planeta, existia uma sociedade estruturada com essa organização social e até mesmo se é legítimo denominar essa organização de sociedade humana, ou seja, se é legítimo teoricamente usar o mesmo conceito para designar as sociedades europeias daquele período histórico, ou qualquer outra em qualquer lugar do mundo, e aquela que se apresentava em construção no Brasil.

Essa formação social ganha importância maior se situada no cenário das sociedades humanas que existiam no planeta na mesma época, se confrontadas com as sociedades feudais europeias, com as sociedades asiáticas, sobretudo as da Índia, China e Japão, com as sociedades islâmicas, com as sociedades tribais e as civilizações latino-americanas ainda não atingidas pela colonização e com as sociedades tribais africanas.

Em nenhuma latitude nem em nenhuma longitude se encontrará algo parecido com a estrutura social que aqui se construiu. Certamente não foi uma característica da época nem efeito inevitável de uma evolução natural das formas sociais construídas pelos homens até aquele momento da história.

Era uma formação social insólita. Nela os humanos não constituíam uma nação. Portanto, não pode ser considerada uma sociedade nacional, no significado europeu do termo. Era muito diferente destas. Aqui os humanos foram organizados para servir a uma empresa, não constituíam um sistema social nacional ou tribal, como se conhecia na época.

Essa formação social não surge como consequência de uma identidade cultural, étnica, nem pela vivência comum de um mesmo processo histórico, político e social. É uma formação social construída em poucas décadas, não possuindo, como todas as outras sociedades humanas, estruturas provenientes do acúmulo de uma experiência histórica de convivência.

Os humanos que constituíam essa estranha formação social experimentaram uma vivência social inédita, totalmente desconhecida para todos os atores: portugueses, escravos africanos e índios brasileiros.

Nenhum africano, nenhum indígena conhecia a experiência histórica de ser homem-objeto, homem-mercadoria. A exclusão era uma condição e um sentimento totalmente desconhecido. Nem mesmo os portugueses tinham experiência de dirigir uma economia exclusivamente baseada na escravidão. As pequenas experiências nas ilhas atlânticas foram importantes, mas eram de dimensões e de qualidade diferentes daquela que aqui se realizava.

A construção da Empresa Brasil foi um processo brutal de desconstrução de vínculos tribais, culturais, religiosos, entre os humanos das diversas tribos, e de desconstrução física de seus territórios. Surge, na construção dessa empresa, uma importante característica da modernidade: sua irrefreável tendência de desconstrução e reconstrução artificial de sociedades.

Seu traço mais moderno era, portanto, constituir-se em uma formação social artificial, criada por vontade e decisões humanas, prévias e conscientes, como empresa privada para fins lucrativos e que reunia gentes de vários lugares do planeta, isto é, era mundial.

Tudo ocorreu muito rápido. Súditos subalternos em Portugal aqui viraram senhores e se libertaram do trabalho. Outros senhores de si e de uma terra generosa e grande (África e Brasil) viraram objetos, escravos, mercadoria, energia. Tudo ocorreu muito rápido. Uma geração viveu as duas situações de forma inédita. Outras a perpetuaram por quase quatro séculos...

*

Havia outro grande contigente humano. Era formado pelos locais, os índios, que ainda não tinham sido incorporados à formação social empresarial inicial ou aqueles que dela conseguiram fugir refugiando-se nos territórios do país ainda não alcançados pelas fronteiras físicas da empresa. Mas, com o decorrer do tempo, quase todos serão alcançados e sumirão da história, sendo destruídos ou incorporados ao polo dominado do sistema. Deles o Brasil conhecerá sua face somente depois que lhes foi imposta pela história uma condição inimaginável. Morreram social e culturalmente, mas continuaram vivos biologicamente. Era um conjunto humano, fluido, que não tinha uma face definitiva. Esse grupo se constituía em uma espécie de reserva humana para a empresa. Existiu por algum tempo, até que a empresa o capturasse e o incorporasse.

Nunca se saberá com certeza o que ocorreu com as dispersões das tribos atingidas pela invasão moderna dos primeiros séculos de construção da Empresa Brasil.

Os índios não tinham uma organização nacional. Organizavam-se em tribos autônomas, independentes, nômades. No território que foi ocupado pelos portugueses, e que sempre foi aumentando até os dias de hoje, dois grandes grupos indígenas predominavam: os tupis e os guaranis. Mas existiam outros, que usavam até línguas diferentes. O tamanho da população indígena da época ninguém nunca poderá conhecer. Avaliações entre os antropólogos e historiadores oscilam entre um e vários milhões de indivíduos.[12]

Os descendentes desses grupos, nestes nossos dias, realizam um notável esforço para se recuperar do genocídio, tentando, com tenácia e persistência, reconstruir aquilo que for ainda possível de suas tradições culturais, reagrupando-se a partir de critérios étnicos mais ou menos elásticos. Essa reconstrução sempre tem como ponto de partida o reconhecimento de um certo grupo social como grupo indígena.

Em seguida se inicia um processo de organização e de lutas com o objetivo do reconhecimento como povo, da posse de um território a eles destinado e do exercício dos direitos a eles conferidos pelas leis brasileiras. Em muitos lugares do Brasil, estão em curso processos de retribalização, inclusive com o realdeamento dos membros da comunidade. E, a partir desse novo território social, esses novos-índios, os índios da sociedade industrial e tecnológica, tentam dialogar com a sociedade brasileira como um todo e com o Estado que a representa. E tentam, nesse diálogo, afirmar-se como povo. Estão repropondo um diálogo que não ocorreu cinco séculos atrás. Portanto, estes nossos tempos são marcados pela tentativa de construção de uma nova identidade política e cultural desses atores.

O processo de construção dessa identidade nova está aberto, pode ter vários futuros. Não é possível a restauração daquela identidade sociocultural originária nem esta pode ser exclusivamente étnica, porque os grupos indígenas, ainda que não tenham se dissolvido, se misturaram com a pluralidade étnica brasileira. Esse processo não tem uma valência política *strictu senso* porque evolui no âmbito da soberania do Estado brasileiro, no seio da nossa sociedade. Esse processo está em curso há pelo menos quatro décadas. Deve-se notar que ainda existem algumas poucas tribos vivendo em total isolamento, escondidas nos segredos profundos das nossas florestas, inacessíveis. São poucos, mas ainda são nossos contemporâneos.

*

O Brasil não foi construído a partir da conquista de um território que já tinha seus limites estabelecidos e população conhecida. As fronteiras do Brasil sempre foram aquelas que a empresa pudesse alcançar e ocupar. O território do Brasil, entendido no sentido político-jurídico, foi crescendo junto com a empresa. A empresa crescia, estimulada pela economia mundial, e com ela crescia o território dominado e o exército humano escravizado.

O que não estava dentro dos limites da perversa geografia física e humana da empresa era, na realidade, a empresa em potencial. Eram territórios e povos que passavam a existir para a realidade do próprio Brasil e para o mundo somente quando integrados na empresa.

Quando a empresa ampliava suas fronteiras geográficas, a agricultura para exportação alcançava esses novos povos, subtraía-lhes as terras, impedia-os de usufruir delas e integrava-os subalternamente, incorporados como escravos e servos. Ou então eram simplesmente exterminados, deletados, para que a empresa se apropriasse do seu território e cumprisse seu papel civilizatório.

A população que habitava nosso território não viu reconhecida sua condição de humanos. Seus membros foram combatidos e expulsos dos seus territórios. Os que escapavam iam compor, além das fronteiras econômicas estabelecidas, as reservas vegetais e animais, a colônia em potencial, cuja incorporação dependia exclusivamente de simples conveniência econômica. Seriam sempre incorporados como objeto, nunca reconhecidos como povo.

Como se vê, uma multidão de humanos participava nessa empresa de um modo diferente. Participava como mão de obra explorada ao limite da vida, contribuindo, assim, com a vida e a morte para o êxito de uma empresa estranha a ela, sendo ao mesmo tempo excluída da sua renda, do seu padrão civilizatório e de suas relações sociais.

Richard M. Morse, estudioso que construiu uma interessante interpretação comparativa entre a América ibérica e a anglo-saxônica, tem opinião semelhante sobre a natureza dessa estrutura social. Comentando sobre os dilemas políticos existentes por ocasião da independência dos países latino-americanos, observa que:

> "(...) as recém-independentes nações da Ibero-América não eram vistas como as verdadeiras 'sociedades' que um francês de 1830 poderia imaginar. (...) Um continente com uma população de mais de vinte milhões no final do período colonial – onde quatro entre cinco pessoas eram escravas, trabalhadores dependentes, agricultores e pastores em nível de subsistência ou ocupantes de precárias posições intersticiais, freqüentemente sem falar a linguagem dos conquistadores – era um cenário pouco propício para a realização dos grandiosos planos europeus de integração participatória, qualquer que fosse sua origem ou época (...)".

Sobre a incorporação excludente, Morse constata:

> "De nossa cômoda perspectiva atual pode parecer que a 'marginalização' da maior parte da sociedade ibero-americana foi precisamente um meio de 'integração' para os fins do Estado, da economia, das elites."[13]

*

A estrutura social criada no Brasil foi uma ruptura para os padrões da sua época. Foi a primeira grande ruptura moderna com o modo tradicional de ser sociedade. Aqui foi construída a primeira formação social em que tudo é mercadoria, inclusive os humanos, em que tudo é subalterno à economia. E são subalternos a uma economia diferente, que não era constituída pelas atividades para garantir sua existência. Era a produção de bens que a eles não serviam, mercadorias para outros mercados consumirem, que produziam lucros generosos apropriados por uma insignificante minoria dos membros daquele estranho sistema social. Esses lucros se concentrariam em outro lugar da Terra.

Criou-se aqui uma economia desvinculada da sobrevivência concreta da população que ela empregava, que podia ser substituída sempre através da captura dos índios e da importação de negros africanos. Essa economia passou a ser a razão de ser da existência da jovem formação social. Essa nova economia agroindustrial será sempre subordinada às tendências e possibilidades do mercado mundial e dos lucros fantásticos que ele permitia. O dinamismo dessa economia nova, que estrutura os humanos em torno de si de um modo peculiar e perverso, encontra-se fora de si mesma, encontra-se no internacional, no nascente mercado mundial, lá longe, no mundo todo.

Enquanto construção artificial – criada conscientemente pelo homem – fato este de imensa grandeza em si mesmo, ela também se apresenta como uma criação extremamente radical. O radicalismo moderno orientou sua construção. A coragem e a ousadia moderna alimentaram seus atores. Sonhos modernos brotaram em noites tropicais.

> "Por que você não verá meu lado ocidental?
> Não precisa medo não (...)
> Eu sou da América do Sul
> Eu sei, vocês não vão saber (...)
> Sou do ouro, eu sou vocês (...)"
>
> *Para Lennon e McCartney,* Milton Nascimento

Esse radicalismo fez com que, na construção da Empresa Brasil, o que denomino de *software* social moderno se apresentasse não somente pela primeira vez na história, orientando toda uma formação social, mas se apresentasse com um elevadíssimo grau de nitidez.

A aventura humana da dessacralização da natureza aqui foi vivida na plenitude. A busca desenfreada de lucros e fortunas, além de qualquer limite ético, o individualismo, a competição, a racionalidade instrumental e todas as características essenciais da modernidade estavam nela presentes em formas claras.

Não deixa de surpreender, mesmo a quinhentos anos de distância, ou exatamente por isso, a coragem e a ousadia dessas vanguardas modernas para manipular artificialmente o mundo. Manipularam territórios, povos e pessoas. Mudaram a distribuição natural da humanidade na face da Terra. Dessacralizaram a humanidade. Transformaram a humanidade em objeto. Transportaram milhões de humanos de um continente ao outro, alterando uma distribuição natural que existia desde as origens, há centenas de milhares de anos. Alteraram a fisionomia da própria humanidade. Criaram os homens-objeto, homens-mercadoria. Impuseram às raças um compulsório processo de miscigenação. Criaram novos povos, frutos dessa mistura. Marcaram para sempre a humanidade. E o fizeram exclusivamente para ganhar dinheiro.

O negócio do tráfico, que nasce em grande escala com a Empresa Brasil, se rivalizou em lucratividade com a produção açucareira. O tráfico foi sempre um negócio instituído e promovido pelas potências da época – Portugal, Inglaterra, Holanda e França.

A Empresa Brasil mostra com inconfundível clareza seus conteúdos. E também mostra a congruência desses conteúdos com o núcleo fundamental dos valores modernos, como foi observado na Introdução desta obra. Observando o processo de criação dessa empresa é que se constata que a modernidade, entendida como padrão civilizatório, como *software* social, nasceu primeiramente na periferia e somente mais tarde se transformará em padrão civilizatório e em poder nos centros do sistema mundial. Ela se espalhou e vem ainda se espalhando das periferias para os centros, e não o contrário, como sempre se pensou.

Quanto mais a economia se globaliza e quanto mais a economia passa a subordinar todas as instâncias da vida social e do poder por este mundo afora, tanto mais as sociedades humanas ganharão a fisionomia da formação social empresarial que aqui foi construída. Tanto mais se abrasileirarão.

Essa formação social artificial, excludente, inédita em sua estrutura, subordinada à economia e dessacralizadora do mundo é a carga genética do Brasil. É o DNA histórico deste imenso e amado país.

Naturalmente, uma reflexão opte por considerar somente os eixos e os nós fundamentais que orientaram a construção da formação social da Empresa Brasil não corresponde aos indivíduos reais que habitavam este território. É uma reflexão que se limita aos fundamentos das relações entre os grupos humanos, não coincide com eles. Certamente existiram grupos sociais intermediários – mestiços, brancos pobres, pequenos produtores ou que viviam do aluguel de poucos escravos, índios catequizados, escravos libertos, etc. – que terão papel importante como almofadas para amortecer os conflitos, que terão também papel importante na construção de uma cultura própria brasileira, nascida aqui.

Mas esses grupos sociais, em nenhum momento da história da colônia, do Império e da República, terão capacidade de modificar os fundamentos sociais construídos pela empresa que aqui se instalou.

*

Surpreende que as vanguardas modernas tenham realizado a façanha de dessacralizar a humanidade enquanto eram aliadas às forças sociais e políticas que não possuíam esses valores. Os valores das próprias vanguardas modernas eram diferentes. Vieram do cristianismo e do humanismo da Renascença, no qual o homem deixava de ser escravo da teologia para se transformar em senhor da natureza.

Surpreendente também que essa intervenção das vanguardas modernas sobre a espécie humana tenha se dado em alianças com monarquias absolutas, encabeçadas por reis por direito divino, em sociedades que se desatrelavam do feudalismo mas eram ainda dirigidas pela antiga nobreza e onde a Igreja Católica possuía imenso poder.

"Não existiu pecado do lado de baixo do Equador", dirá mais tarde um grande poeta brasileiro.[14] Mas existiu, é verdade, imensa influência da Igreja Católica no Brasil. Essa influência religiosa se incorporará para sempre nos fundamentos da cultura brasileira. A Igreja Católica se fundiu, se misturou e se identificou com o projeto da empresa moderna. Foi, no Brasil e na América Latina, como será no Congo no início do século vinte, uma das forças construtoras da empresa moderna. Misturou-se e perdeu-se entre os elos da estranha formação social dela proveniente. Joaquim Nabuco nos diz que:

> "A deserção, pelo nosso clero, do posto que o Evangelho lhe marcou foi a mais vergonhosa possível: ninguém o viu tomar a parte dos escravos, fazer uso da religião para suavizar-lhes o cativeiro e para dizer a verdade moral aos senhores. Nenhum padre tentou, nunca, impedir um leilão de escravos, nem condenou o regime religiosos das senzalas. A Igreja Católica, apesar do seu imenso poderio em um país ainda em grande parte fanatizado por ela, nunca elevou no Brasil a voz em favor da emancipação."[15]

Na verdade, a Igreja chegou até ser uma grande proprietária, sobretudo através de algumas ordens religiosas. Mas sua influência se dará mais no campo espiritual. No plano temporal, ela foi sempre uma força secundária e suas influências sempre se subordinaram ao projeto econômico da empresa, ao projeto econômico da colonização. Quando se opôs, como nas Missões Jesuítas, foi derrotada. O rei de Portugal e depois os imperadores brasileiros dispuseram sempre de modos de subordinar a Igreja, através de uma instituição chamada de "padroado", uma concessão papal.[16] Esse instrumento foi o principal modo de controlar e dominar, política, administrativa e teologicamente a Igreja para subordiná-la ao projeto empresarial.

A Igreja, ainda que possuísse outros valores, não foi, no plano temporal, um obstáculo político para a construção da empresa. Alguns dos seus melhores quadros até se deram conta do absurdo social que estava nascendo, colocando-se entre seus primeiros críticos. Mas nunca se constituiu em obstáculo político.

Há de se reconhecer, entretanto, que também nunca foi possível uma conciliação ética, teórica, teológica, do catolicismo com os valores modernos que orientavam a criação e o funcionamento da estrutura social que aqui se construía. Basta pensar na questão indígena e na escravidão, pedra angular do sistema. Do mesmo modo que não será possível, até hoje, a conciliação do catolicismo com os valores fundamentais da modernidade, como a manipulação instrumental da vida, subordinando e modificando o homem e a humanidade para fins exclusivamente mercantis.

Observando a gênese do Brasil, pode-se notar que esses temas contemporâneos de contraposição entre a Igreja e a modernidade não são tão contemporâneos assim. Encontram-se nas origens das relações sociais e das criações modernas, que já contam cinco séculos de idade.

A Igreja se confronta com essas questões desde a colonização do Brasil e da América Latina. A contraposição entre a Igreja e a modernidade, que hoje parece dominar o debate entre fé cristã e valores das sociedades pós-industriais, é na realidade um debate que contém o que, no âmbito da Igreja, pode ser considerada como uma "questão latino-americana".

Não é de se estranhar que tenha sido por aqui que começou a grande autocrítica teórica dos católicos que terminará por conduzir a novas formulações teológicas conhecidas como Teologia da Libertação.

Surpreendente é que os modernos tenham aqui construído a primeira grande organização social radicalmente fundada sobre seus novos valores e que essa construção tenha sido realizada em estreita aliança com forças sociais e políticas que possuíam outras concepções.

*

A abordagem apresentada neste livro tem por primeiro fundamento a análise da formação brasileira como uma empresa europeia nos trópicos. Uma empresa privada que tinha o lucro por objetivo principal, que produzia para o mercado mundial que a própria empresa ajudava a construir. Era o que hoje se chama de agronegócio. Uma grande agroindústria com tecnologia avançada para a época.

É a partir da Empresa Brasil, das várias empresas sobre as quais o Brasil foi fundado, que se pode observar as características inovadoras da sociedade que se criou para servi-la, o que aqui vem denominado de formação social empresarial. Uma formação social inédita, que reunia em si mesmo, em uma estrutura social praticamente desconhecida para a época, povos de três continentes diferentes. Essa formação social se caracterizava por negar a condição humana à maioria dos seus membros, nela incorporados como escravos ou servos, criando o que se denominou de incorporação excludente.

A observação e a reflexão sobre os eixos valorativos que orientaram a construção da empresa e da formação social empresarial apontam suas diferenças em relação às sociedades existentes naquela época na Europa e em outros continenes. Mostram também a congruência desses eixos valorativos com os conteúdos da modernidade, o novo projeto civilizatório que nascia, como já foi observado. É a partir e de dentro desse patamar analítico que devem ser considerados tanto a evolução econômica e política do Brasil quanto a construção e a evolução do sistema internacional moderno, a evolução da nova economia-mundo.

*

O ponto de partida das reflexões é, portanto, a construção da Empresa Brasil. Relendo os estudos clássicos sobre a formação brasileira, observa-se que não existem dúvidas sobre o fato de que a construção do país se deu a partir de empresas aqui construídas pelos europeus. Também não há dúvidas sobre as características principais destas – a monocultura, o latifúndio, a escravidão e a vocação mundial.

Entretanto, a leitura, o estudo e o debate sobre os principais intérpretes da construção brasileira aos poucos foi se afastando da formação dos nossos jovens, dos nossos cientistas sociais, e aos poucos vai desaparecendo do cenário cultural do nosso país. Por esse motivo decidi propor neste livro a leitura de alguns trechos do pensamento de alguns cientistas sociais e pensadores brasileiros a respeito da questão.

São somente notas de leitura, que não resumem nem desejam exprimir o conjunto do pensamento desses autores sobre a questão, mas que demonstram inequivocamente o modo como compreenderam a formação brasileira. Destacarei algumas formulações de Darcy Ribeiro, Caio Prado Júnior, Celso Furtado e Joaquim Nabuco.

*

Em seu clássico *O Povo Brasileiro*, livro do qual fugiu ao mesmo tempo em que o perseguiu, por trinta anos, e que terminará sendo o escrito com o qual se despediu de nós, Darcy Ribeiro se estende em importantes considerações sobre a Empresa Brasil. Algumas questões essenciais são colocadas com a habitual maestria por esse grande intelectual brasileiro.

Segundo Darcy, o processo civilizatório que deu origem à Empresa Brasil,

> "transfigurou as nações ibéricas, estruturando-as como impérios mercantis salvacionistas. Assim é que se explica a vitalização extraordinária dessas nações, que de repente ganharam uma energia expansiva inexplicável numa formação meramente feudal e também numa formação capitalista" (p. 58).

De acordo com esse autor, Portugal conseguiu se apropriar de tecnologias geradas no mundo árabe e no mundo oriental e as articulou no grande empreendimento ultramarino. A Empresa Brasil significa, de fato, a articulação de:

♦ a tecnologia aplicada à produção, ao transporte, à construção e à guerra;

♦ a navegação transoceânica, que permitiu a integração dos novos mundos em uma economia mundial, como produtores de mercadorias de exportação e como importadores de escravos;

♦ o estabelecimento do engenho de cana, baseado na aplicação de complexos procedimentos agrícolas, químicos e mecânicos para a produção de açúcar;

♦ a introdução do gado, que forneceria carne e couro, além de animais de transporte e tração, bem como a criação de outros animais;

♦ a adoção e difusão de novas espécies de plantas cultiváveis, tanto alimentícias quanto industriais;

♦ a singela tecnologia portuguesa de produção de telhas, tijolos, chapéus, sabão, rodas de carros, pontes e barcos.

Essas tecnologias foram aplicadas já em outro tipo de organização da vida social e econômica. Exigiram novidades no "plano associativo", exigiram outra organização social que apresenta algumas características:

♦ "Substituição da solidariedade elementar fundada no parentesco, característica do mundo tribal igualitário, por outras formas de estruturação social, que bipartiu a sociedade em componentes rurais e urbanos e a estratificou em classes antagonicamente opostas umas às outras, ainda que interdependentes pela complementaridade de seus respectivos papéis.

♦ Introdução da escravatura indígena, logo substituída pelo tráfico de escravos africanos, que permitiu aos setores mais dinâmicos da economia prescindir da população original no recrutamento de mão de obra.

♦ Integração de todos os núcleos locais em uma estrutura sociopolítica única, que teria como classe dominante um patronato de empresas e uma elite patricial dirigente, cujas funções principais eram tornar viável e lucrativa, do ponto de vista econômico, a empresa colonial e defendê-la da insurgência dos escravos, dos ataques indígenas e das invasões externas.

♦ Disponibilidade de capitais financeiros para custear a implantação das empresas, provê-las de escravos e outros recursos produtivos e capacitados para arrecadasr as rendas que produzissem" (p. 68).

Para Darcy, a Empresa Brasil (ele também a chama assim em algumas passagens) "é produto da implantação e da interação de quatro ordens de ação empresarial, com distintas funções, variadas formas de recrutamento de mão de obra e diferentes graus de rentabilidade.

1. A principal delas, por sua alta eficácia operativa, foi a empresa escravista, dedicada seja à produção de açúcar, seja à mineração de ouro (e mais tarde do café), baseada na força de trabalho importada da África.

2. A segunda, também de grande êxito, foi a empresa comunitária jesuíta, fundada na mão de obra servil dos índios. Embora sucumbisse na competição com a primeira e nos conflitos com o sistema colonial, também alcançou notável importância e prosperidade.

3. A terceira, de rentabilidade menor, inexpressiva como fonte de enriquecimento, mas de alcance social substancialmente maior, foi a multiplicidade de microempresas de produção de gêneros de subsistência e de criação de gado, baseadas em diferentes modos de aliciamento de mão de obra, que iam de formas espúrias de parceria até a escravização do indígena, crua ou disfarçada.

4. Sobre essas três esferas empresariais produtivas pairava, dominadora, uma quarta, constituída pelo núcleo portuário de banqueiros, armadores e comerciantes de importação e exportação. Esse setor parasitário era, de fato, o componente predominante da economia colonial e o mais lucrativo dela. Ocupava-se das mil tarefas de intermediação entre o Brasil, a Europa e a África no tráfego marítimo, no câmbio, na compra e venda, para o cumprimento de sua função essencial, que era trocar mais da metade do açúcar e do ouro que aqui se produzia por escravos caçados na África para renovar o sempre declinante estoque de mão de obra necessário para sua produção" (p. 160-161).

E, finalmente, destaca o autor que essas cúpulas empresariais

"seriam inexplicáveis, porém, sem a sua contraparte, que era o patriciado burocrático. Toda a vida colonial era presidida e regida, de fato, pela burocracia civil, de funcionários governamentais e exatores, e pela militar, dos corpos de defesa e de repressão. Ao seu lado, operando de forma solidária, estava a burocracia eclesiástica dos servidores de Deus, consagrando, dignificando os que se ocupavam dos negócios terrenos, sobretudo captando a maior parte dos recursos que ficavam na terra para com eles exaltar a grandeza de Deus nas casas e templos de suas ordens" (p. 162).

A estrutura social da Empresa Brasil é apresentada pelo autor de forma inequívoca:

"Uma classe dominante de caráter consular-gerencial, socialmente irresponsável, frente a um povo-massa tratado como escravaria, que produz o que não consome e só se exerce culturalmente como uma marginália, fora da civilização letrada em que está imersa. Entre aquela estreita cúpula e esta larga base, um contingente de escapados da miséria e da ignorância geral busca brechas institucionais em que se possa meter para fazer o Brasil a seu jeito" (p. 163).[17]

*

Também Caio Prado Júnior, em seu clássico *Formação do Brasil Contemporâneo*,[18] mostra as principais características da Empresa Brasil e sublinha algumas especificidades da formação social especial por ela criada.

"Como se vê, as colônias tropicais tomaram um rumo inteiramente diverso do de suas irmãs da zona temperada. (...) Nos trópicos, pelo contrário, surgirá um tipo de sociedade inteiramente original. Não será a simples feitoria comercial, que já vimos irrealizável na América. Mas conservará no entanto um acentuado caráter mercantil; será a empresa do colono branco, que reúne à natureza, pródiga em recursos aproveitáveis para a produção de gêneros de grande valor comercial, o trabalho recrutado entre raças inferiores que domina: indígenas ou negros africanos importados. (...) No seu conjunto e vista no plano mundial e internacional, a colonização dos trópicos toma o aspecto de uma vasta empresa comercial, mais complexa que a antiga feitoria, mas sempre com o mesmo caráter que ela, destinada a explorar os recursos naturais de um território virgem em proveito do comércio europeu. É este o verdadeiro sentido da colonização tropical, de que o Brasil é uma das resultantes; e ele explicará os elementos fundamentais, tanto no econômico como no social, da formação e evolução históricas dos trópicos americanos.

"Se vamos à essência da nossa formação, veremos que na realidade nos constituímos para fornecer açúcar, tabaco, alguns outros gêneros; mais tarde ouro e diamantes; depois algodão e, em seguida, café para o comércio europeu. Nada mais do que isto. E com tal objetivo, objetivo exterior, voltado para fora do país e sem atenção a considerações que não fossem o interesse daquele comércio, se organizarão a sociedade e a economia brasileiras. Tudo se disporá naquele sentido: a estrutura, bem como as atividades do país. Virá o branco europeu para especular, realizar um negócio; inverterá seus cabedais e recrutará a mão de obra de que precisa: indígenas ou negros importados. Com tais elementos, articulados numa organização puramente produtora, industrial, se constituirá a colônia brasileira. Este início, cujo caráter se manterá dominante através dos três séculos (...) se gravará profunda e totalmente nas feições e na vida do país."[19]

Ao tratar da natureza insólita do tipo de sociedade que nascerá no Brasil, a escravidão, fundamento da nossa formação social, merecerá do autor grande atenção e formulações importantes, que contribuirão de modo definitivo para a compreensão da formação social brasileira. Para Caio Prado Júnior, a única relação social organizada e estável que existiu no processo de formação do Brasil foi a escravidão.

"Naturalmente o que, antes de mais nada e acima de tudo, caracteriza a sociedade brasileira de princípios do séc. XIX é a escravidão. (...) Organização econômica, padrões materiais e morais, nada há que a presença do trabalho servil, quando alcança as proporções de que fomos testemunho, deixe de atingir; e de um modo profundo, seja diretamente, seja por suas repercussões remotas. (...) Porque a escravidão brasileira tem características próprias; aliás, as mais salientes, tem-nos em comum com todas as colônias dos trópicos americanos, nossas semelhantes; e são tais características, talvez mais ainda que outras comuns à escravidão em geral, que modelaram a sociedade brasileira."

"A escravidão americana não se filia, no sentido histórico, a nenhuma das formas de trabalho servil que vem, na civilização ocidental, do mundo antigo ou dos séculos que o seguem; ela deriva de uma ordem de acontecimentos que se inaugura no sec. XV com os grandes descobrimentos ultramarinos, e pertence inteiramente a ela. (...) O fato de se tratar, no caso da escravidão americana, do renascimento de uma instituição que parecia para sempre abolida do Ocidente tem uma importância capital. A ele se filia um conjunto de conseqüências que farão do instituto servil, aqui na América, um processo original e próprio, com repercussões que somente vistas de tal ângulo se poderão avaliar. (...)"

"A escravidão da Grécia ou em Roma seria como o assalariado em nossos dias: embora discutida e seriamente contestada na sua legitimidade por alguns, aparece, contudo, aos olhos do conjunto como qualquer coisa de fatal, necessária, insubstituível."

"Coisa muito diferente se passará com a escravidão moderna, que é a nossa. Ela nasce de chofre, não se liga a passado ou tradição alguma. Restaura apenas uma instituição justamente quando ela já perdera inteiramente sua razão de ser e fora substituída por outras formas de trabalho mais evoluídas. Surge assim como um corpo estranho que se insinua na estrutura da civilização ocidental, em que já não cabia. E vem contrariar-lhe todos os padrões morais e materiais estabelecidos. Traz uma revolução, mas nada a prepara. (...)"

"(...) Já sem falar na devastação que provocará, tanto das populações indígenas da América como das do continente negro, o que de mais grave determinará, entre os povos colonizadores e sobretudo em suas colônias do novo mundo, é o fato de vir a nova escravidão desacompanhada, ao contrário do que se passara no mundo antigo, de qualquer elemento construtivo, a não ser num aspecto restrito, puramente material, da realização de uma empresa de comércio: um negócio apenas, embora com bons proveitos para seus empreendedores. E por isto, para objetivo tão unilateral, puseram os povos da Europa de lado todos os princípios e normas essenciais em que se fundava sua civilização e cultura."[20]

Tratando da relação entre a escravidão e o conjunto da formação social brasileira, o autor destaca:

"Em suma, o que se verifica é que os meios de vida, para os destituídos de recursos materiais, são na colônia escassos. Abre-se assim um vácuo imenso entre os extremos da escala social: os senhores e os escravos; a pequena minoria dos primeiros e a multidão dos últimos. Aqueles dois grupos são os dos bem classificados na hierarquia e na estrutura social da colônia: os primeiros serão os dirigentes da colonização nos seus vários setores; os outros, a massa trabalhadora. Entre essas duas categorias nitidamente definidas e entrosadas na obra da colonização comprime-se o número, que vai avultando com o tempo, dos desclassificados, dos inúteis e inadaptados, indivíduos de ocupações mais ou menos incertas e aleatórias ou sem ocupação alguma. Aquele contingente vultoso em que Couty mais tarde, veria o 'povo brasileiro' e que, pela sua inutilidade, daria como inexistente, resumindo a situação social do país com aquela sentença que ficaria famosa: '*Le Brésil n'a pas de peuple*'."[21]

Ou seja, o que existia de organizado mesmo eram os fundamentos da estrutura social: senhores e escravos. Aquela parte da formação social empresarial que não era nem senhor nem escravo é considerada pelo autor como socialmente indefinida:

"Compõe-se sobretudo de pretos e mulatos forros ou fugidos da escravidão; índios destacados de seu *habitat* nativo, mas ainda mal ajustados na nova sociedade em que os englobaram; mestiços de todos os matizes e categorias, que não sendo escravos e não podendo ser senhores se vêem repelidos de qualquer situação estável, ou pelo preconceito ou pela falta de posições disponíveis; até brancos, brancos puros, e entre eles, como já referi anteriormente, até rebentos de troncos portugueses ilustres como estes Menezes, Barreto, Castro, Lacerda e outros que Vilhena assinala em Cairu, arrastando-se na indigência; os nossos *poor whites*, detrito humano segregado pela colonização escravocrata e rígida que os vitimou."

"Uma parte dessa subcategoria colonial é composta daqueles que vegetam miseravelmente nalgum canto mais ou menos remoto e apartado da civilização, mantendo-se ao deus-dará, embrutecidos e moralmente degradados. (...) Uma segunda parte da população vegetativa da colônia é daqueles que, nas cidades, mas sobretudo no campo, se encostam a algum senhor poderoso em troca de pequenos serviços, às vezes até unicamente de sua simples presença, própria a aumentar a clientela do chefe e insuflar-lhe a vaidade, adquirem o direito de viver à sua sombra e receber dele proteção e auxílio. São os então chamados *agregados*, os *moradores dos engenhos*. (...) Finalmente, a última parte, a mais degradada, incômoda e nociva é a dos desocupados permanentes, vagando de léu em léu à cata do que se manter e que, apresentando-se a ocasião, enveredam francamente pelo crime. É a casta numerosa dos 'vadios', que nas cidades e no campo é tão numerosa."[22]

Caio Prado Júnior também chama a atenção para certo tipo de desorganicidade da estrutura social proveniente do fato de que o dinamismo da Empresa Brasil se encontrava no mercado mundial. As variações desse mercado é que determinam a expansão ou a retração das atividades das empresas que constituem a Empresa Brasil, com reflexos dramáticos na estrutura social.

"Em capítulo anterior já assinalei essa evolução por arrancos, por ciclos em que se alternam, no tempo e no espaço, prosperidade e ruína, e que resume a história econômica do Brasil colônia. As repercussões sociais de uma tal história foram nefastas: em cada fase descendente, desfaz-se um pedaço da estrutura colonial, desagrega-se a parte da sociedade atingida pela crise. Um número mais ou menos avultado de indivíduos inutiliza-se, perde suas raízes e base vital de subsistência. Passará então a vegetar à margem da ordem social."[23]

"É a proporção considerável de populações que com o tempo vão ficando à margem da atividade produtiva normal da colonização. O círculo desta atividade se encerra quase exclusivamente com os dois termos fundamentais da organização econômica e social da colônia: senhores e escravos. Os primeiros, promotores e dirigentes da colonização. Os outros, seus agentes. Enquanto houve apenas senhores e escravos, e é o que se dá no início da colonização, tudo ia bem. Todos os povoadores do território brasileiro tinham seu lugar próprio na estrutura social da colônia e podiam normalmente desenvolver suas atividades. Mas formaram-se aos poucos outras categorias, que não eram de escravos nem podiam ser de senhores. Para elas não havia lugar no sistema produtivo da colônia. (...) Apesar disso, seus contingentes foram crescendo. (...) Acabaram constituindo uma parte considerável da população e tendendo sempre para o aumento. O desequilíbrio era fatal."[24]

Caio Prado Júnior também reforça a ideia de que as relações sociais de mercado, de natureza puramente econômica, são os verdadeiros e únicos fundamentos do novo sistema social.

"Os mais fortes laços que lhes mantêm a integridade social não serão senão os primários e mais rudimentares vínculos humanos, os resultantes direta e imediatamente das relações de trabalho e produção: em particular, a subordinação do escravo ou do semiescravo ao seu senhor. Muito poucos elementos novos se incorporarão a este cimento original da sociedade brasileira, cuja trama ficará assim reduzida quase exclusivamente aos tênues e sumários laços que resultam do trabalho servil. É neste sentido que não faltaria razão a Alberto Tôrres, quando num aparente paradoxo que escandalizaria seus contemporâneos, ele levanta a voz para fazer a apologia, não como escravocrata, mas pela primeira vez como sociólogo, do regime servil".[25]

Eis a citação que Caio Prado Júnior faz de Alberto Torres:[26]

"A escravidão foi uma das poucas coisas com visos de organização que este país jamais possuiu. (...) Social e economicamente, a escravidão deu-nos por longos anos todo o esforço e toda a ordem que então possuímos, e fundou toda a produção material que ainda temos."

E retornando a Caio Prado Júnior:

"Para constatar o acerto da observação (de Alberto Torres), basta-nos comparar os setores da vida colonial em que respectivamente domina uma e outra forma de trabalho, escravo ou livre. À organização do primeiro, à sua sólida e acabada estruturação e coesão, corresponderá a dispersão e incoerência do outro. (...) Fica-se em suma na tentação de generalizar ainda mais o conceito de Alberto Torres e não ver na servidão senão o único elemento real e sólido de organização que a colônia possui."

"Para compreendermos, no seu conjunto, os laços que lhe mantêm a coesão e de que se forma sua trama, temos de vê-la (a sociedade colonial) como de fato ela se constitui: de um núcleo central organizado, cujo elemento principal é a escravidão; e envolvendo esse núcleo, ou dispondo-se nos largos vácuos que nele se abrem, sofrendo-lhe mesmo, em muitos casos, a influência da proximidade, uma nebulosa social incoerente e desconexa."[27]

"Em suma, a escravidão e as relações que dela derivam, se bem que constituem a base do único setor organizado da sociedade colonial, e tivesse por isto permitido a esta manter-se e se desenvolver, não ultrapassam contudo um plano muito inferior e não frutificam numa superestrutura ampla e complexa. Serviram apenas para momentaneamente conservar o nexo social da colônia. No outro setor dela, o que se mantém à margem da escravidão, a situação se apresente em certo sentido pior. A inorganização é aí a regra. O que aliás a sua origem faz prever; vimo-lo anteriormente aquela parte da população que o constitui e que vegeta à margem da vida colonial, não é senão um derivado da escravidão, ou diretamente, ou substituindo-a lá onde um sistema organizado de vida econômica e social não pôde constituir-se ou se manter."[28]

Na leitura dos fundamentos da estrutura social brasileira que esse importante estudioso nos apresenta destacam-se dois tipos de exclusão. Em primeiro lugar, ele descreve com rigor a incorporação excludente, aquela à qual nos referimos anteriormente. Trata-se daquela incorporação ao trabalho, com a exclusão do convívio social, da cultura, dos consumos e da renda, que aqui se apresentou como escravidão e servidão. Incorporação ao trabalho e exclusão da sociedade, condição que se realiza através da expropriação da própria humanidade de uma parte da formação social que assim se vê reduzida a coisa, a mercadoria.

Em segundo lugar, ele descreve a exclusão que se apresenta como grupos sociais que não são escravos nem podem ser senhores e para os quais a estrutura da formação social empresarial não possui nenhum lugar. Estes não conseguem estabelecer vínculos formais, reconhecidos e estáveis, com a estrutura do sistema. Não podem ser classificados na nova sociedade que os abriga. São denominados pelo autor de "desclassificados", que formam uma "nebulosa social". Caio Prado Júnior chega a descrever alguns grupos sociais que constituem essa "nebulosa".

Esse segundo nível de exclusão produzida pela estrutura social brasileira é a que passará a existir com mais intensidade após a abolição da escravatura e a que alcança os nossos dias.

Hoje, essa forma de exclusão incorpora uma grande parcela da população brasileira. Há mais de meio século, Caio Prado Júnior já previa que esse componente social do sistema excludente tendia ao crescimento e poderia conduzir ao desequilíbrio e à crise do próprio sistema. O autor argumenta também que esse grupo social, nebuloso e sem classificação na estruturação formal do sistema da Empresa Brasil, poderia ter um papel político na história brasileira.

Como tem sobrevivido uma tão ampla base de excluídos? Um importante economista brasileiro, Carlos Lessa, para tentar explicar essa sobrevivência improvável, chegou a criar a categoria dos viradores, aqueles que fazem a viração para viver. Outro estudioso da questão, o saudoso geógrafo Milton Santos, tenta entendê-la pela criação de conceitos sobre circuitos econômicos distintos. O tema é também objeto de teses e dissertações em nossas universidades. Esses estudos têm contribuído para a tentativa de oferecer uma resposta consistente a essa interrogação. Tem sido demonstrado nesses trabalhos que essa população é dotada de elevado espírito empreendedor, que se situa nos níveis mais elevados em todas as pesquisas internacionais sobre a questão, chegando mesmo a liderar o ranking mundial de empreendedorismo.[29]

*

Na realidade, todos aqueles que estudaram a formação do Brasil nos mostraram sua natureza empresarial e o caráter original da sua estrutura social. Em geral destacam as principais características da formação brasileira: o grande agronegócio para exportação, a empresa privada, a escravidão, a monocultura e o latifúndio, isto é, o monopólio da posse da terra e do poder que dela deriva.

Celso Furtado, um dos mais importantes intérpretes da formação brasileira, chega a considerar o Brasil uma empresa do sistema produtivo europeu, diferente das outras colônias. No primeiro capítulo de seu também clássico *A Formação Econômica do Brasil*, editado e estudado em quase todo o mundo, afirma que:

> "Coube a Portugal a tarefa de encontrar uma forma de utilização econômica das terras americanas que não fosse a fácil extração de metais preciosos. Somente assim seria possível cobrir os gastos de defesa dessas terras. Este problema foi discutido amplamente e a alto nível – como Damião de Góis – que via o desenvolvimento da Europa contemporânea com uma ampla perspectiva. Das medidas políticas que então foram tomadas resultou o início da exploração agrícola das terras brasileiras, acontecimento de enorme importância na história americana. De simples empresa espoliativa e extrativa – idêntica à que na mesma época estava sendo empreendida na costa da África e nas Índias Orientais – a América passa a constituir parte integrante da economia reprodutiva europeia cuja técnica e capitais nela se aplicam para criar de forma permanente um fluxo de bens destinados ao mercado europeu."[30]

Uma empresa do sistema produtivo europeu, nos diz o mestre Furtado. E, é necessário completar, uma empresa muito diferente daquelas que existiam na Europa. Essa empresa tinha gerado consigo uma formação social baseada no trabalho escravo, na dessacralização de tudo e na transformação de tudo em mercadoria. Funcionava com a finalidade única de produzir lucros para seus proprietários. Esses proprietários não eram reinos nem igrejas, mas empresários modernos, associados aos grandes comerciantes e banqueiros, os principais atores dos negócios internacionais espalhados por toda a Europa. Era a burguesia internacional que nascia. O Brasil era só um negócio privado e mundial.

Também Joaquim Nabuco, sempre que se refere à estrutura da economia do Brasil, ressalta a sua natureza:

> "A escravidão está no Sul no apogeu, no seu grande período industrial, quando tem terras virgens, como as de São Paulo a explorar, e um gênero de exportação precioso a produzir. A empresa, nesse momento, porque ela não é outra coisa, está dando algum lucro aos associados. Lucro de que partilham todas as classes intermediárias do comércio, comissários, ensacadores, exportadores; cujas migalhas sustentam uma clientela enorme de todas as profissões, desde o camarada que faz o serviço de votante até o médico, o advogado, o vigário, o juiz de paz; e do qual por fim uma parte, e

não pequena, é absorvida pelo tesouro para manutenção da cauda colossal do nosso orçamento – o funcionalismo público. Com essa porcentagem dos proventos da escravidão, o Estado concede garantia de juros de sete por cento a companhias inglesas que constroem estradas de ferro no país, e assim o capital estrangeiro, atraído pelos altos juros e pelo crédito intato de uma nação que parece solvável, vai tentar fortuna em empresas como a Estrada de Ferro de São Paulo, que tem a dupla garantia do Brasil e do café."

"Quando o sr. Silveira Martins disse ao Senado: 'O Brasil é o café, e o café é o negro' – não querendo por certo dizer o escravo –, definiu o Brasil como fazenda, como empresa comercial de uma pequena minoria de interessados, em suma, o Brasil da escravidão atual. Mas basta que um país, muito mais vasto do que a Rússia da Europa, quase o dobro da Europa sem a Rússia, mais de um terço do Império britânico nas cinco partes do mundo, povoado por mais de dez milhões de habitantes, possa ser descrito daquela forma, para se avaliar o que a escravidão fez dele."[31]

*

Entretanto, o reconhecimento das características essenciais da Empresa Brasil e da formação social empresarial que aqui nasceu para servi-la não foi um ponto de partida para uma teoria própria sobre este país original.

Seus intérpretes reconhecem a empresa, mas por algum motivo esta é sempre considerada um fenômeno transitório, só uma espécie de "pontapé inicial" da história da sociedade brasileira. A Empresa Brasil se apresentou para seus analistas, mas aos poucos seria desconstruída por teorias que buscam um sentido de "construção nacional" para a fantástica história que aqui se realizou nestes quinhentos anos.

E assim, aos poucos, empurrados pelo desejo sincero de que o Brasil seja uma sociedade igual às outras, ou até como um gesto de amor ao país e a seu povo, a empresa, mesmo visível nas origens, vai desaparecendo do cenário teórico montado por seus interpretadores e termina se derretendo no calor dos sonhos de buscar um sentido de construção nacional para a nossa história.

Talvez a causa principal para o desbotamento progressivo até o apagamento definitivo da imagem da Empresa Brasil e da especial formação social que ela criou seja que tanto a economia quanto a sociedade brasileira serão sempre estudadas com o emprego de parâmetros teóricos elaborados para a análise das sociedades capitalistas do centro do sistema internacional, que terminam se constituindo como as únicas teorias sociais reconhecidas.

Em geral, busca-se encontrar aqui algo que corresponda às teorias sobre os países do centro do sistema, mas o que descobrem mesmo são as diferenças, as insuficiências, os defeitos dos Brasil, suas imperfeições *vis-à-vis* as verdadeiras sociedades nacionais. Os estudos sobre a nossa formação em geral buscam uma sociedade nacional, uma economia nacional, algo que não existiu aqui.

Encontram uma ausência. Descobrem a falta de uma sociedade nacional verdadeira, descobrem a falta de uma economia que tenha surgido desta sociedade e para esta sociedade.

Nossas mais belas interpretações podem também ser vistas como desejos manifestos de que a estrutura econômica da colonização e da Empresa Brasil seja naturalmente diluída no caldo do conceito mágico do desenvolvimento.

Um dos significados que esse conceito possui no Brasil é a construção de uma economia e de uma sociedade "nacional", como aquelas europeias, uma sociedade inteligível, que pudesse ser compreendida, uma sociedade revelada integralmente pelas teorias sociais. Entre nós, esse conceito significa a superação da economia colonial e a construção de uma economia nacional.

> "O mesmo poderíamos dizer do caráter fundamental da nossa economia, isto é, da produção extensiva para mercados do exterior e da correlata falta de um largo mercado interno solidamente alicerçado e organizado. Donde a subordinação da economia brasileira a outras estranhas a ela; subordinação aliás que se verifica também em outros setores. Numa palavra, não completamos ainda hoje a nossa evolução da economia colonial para a nacional."[32]

Essa evolução "da economia colonial para a nacional" se transformou em um projeto histórico, um projeto de Brasil, que catalisará grandes consensos políticos e mobilizará, por decênios, as principais forças políticas brasileiras. É o desenvolvimento. Este é o significado do reformismo nacionalista, sobretudo aquele de esquerda, mas tal projeto também acalentou os sonhos de uma certa direita nacionalista.

O desenvolvimento ou a construção nacional seria então essa caminhada na direção da construção de uma economia nacional autocentrada, uma espécie de capitalismo nacional, autônomo, que geraria uma sociedade igual às outras do capitalismo industrial, aberta mas não subordinada aos centros do sistema internacional moderno com o qual seriam estabelecidas parcerias de outra natureza.

Acreditou-se que esse processo pudesse ocorrer tanto como uma ruptura quanto como um tipo de integração ao sistema internacional, aproveitando-se de algumas ocasiões históricas nas quais esse sistema internacional, em suas crises periódicas, estivesse momentaneamente impossibilitado de impedir a ascensão de mais uma potência. Com esse desenvolvimento se mudaria o eixo da construção brasileira para dentro de si mesmo. Esse projeto supunha, na realidade, alterar o sistema internacional, subtraindo dele a periferia mais importante, além de obrigar os centros do sistema a encontrarem mais uma cadeira para um novo parceiro que, por sua própria vontade, se impôs à mesa.

Pode ter existido momentos históricos nos quais foi possível uma ruptura "econômica" com a estrutura da Empresa Brasil, uma ruptura com a economia colonial, como prefere Caio Prado Júnior, e a criação de uma economia nacional autônoma, com uma inserção autônoma no mercado mundial dominado pelas potências capitalistas do centro do sistema.

Se não é possível negar a existência desses momentos hipotéticos que sempre estimularam utopias e lutas sociais no Brasil e em todas as ex-colônias, também é possível afirmar que nenhuma tentativa de ruptura e de inserção autônoma no mercado mundial conseguiu alcançar êxito positivo e permanente.

Nenhuma formação social empresarial se automodificou para transformar-se em uma sociedade nacional. Também, nenhuma economia tipo a Empresa Brasil, isto é, nenhuma economia colonial, conseguiu construir-se em uma economia nacional. Nenhum país com essas características transitou politicamente da posição periférica para uma posição central do sistema internacional.

Nenhum projeto político, nenhuma utopia, foi suficientemente forte para derreter a força colossal da estrutura empresarial construída desde a metade do século dezesseis e que constituiu um dos mais resistentes e estáveis sólidos modernos: a Empresa Brasil.

No Brasil chegou a ocorrer, durante o governo Vargas e durante o governo do general Ernesto Geisel, tempos de duas ditaduras, um esforço, através do Estado, de constituir, e reforçar, uma economia nacional.

É inegável que esses esforços terminaram por construir notáveis infraestruturas econômicas, grandes parques industriais, projetos colossais de produção de energia e modernos sistemas de transportes. Realizaram avanços significativos no processo de industrialização do Brasil. Mas esses impulsos de "desenvolvimento" ocorreram sempre em forma complementar ao funcionamento da Empresa Brasil, somando-se a ela, sem transformá-la, sem substituí-la, sem modificar os fundamentos da formação social empresarial.

Sempre se acreditou que, no contexto desse desenvolvimento, fosse possível alcançar um ponto de inflexão irreversível a partir do qual o "nacional" seria mais importante do que a estrutura da Empresa Brasil e no qual o dinamismo da sociedade sairia do mercado internacional e se transferiria para o mercado interno. Nesse ponto da história, a Empresa Brasil se diluíria naturalmente nesse novo projeto "nacional". Esse ponto de inflexão, se é que existe, não foi alcançado em nenhuma das tentativas referidas.

Restabelecida a democracia, a burguesia brasileira e seus tradicionais aliados internacionais, assim que alcançaram a direção do processo político, reorientaram o funcionamento da sociedade para outra direção, buscando sempre reforçar a vocação da Empresa Brasil, daquela empresa originária, de integração subordinada à economia mundial. No curso do último processo de democratização, a burguesia e seus sócios internacionais conseguiram até mesmo a façanha de se apropriar, a preço de banana como se diz, de parte considerável dos ativos construídos pelo Estado nas duas eras citadas, Vargas e Geisel.

Nessas retomadas do poder pela burguesia brasileira, quando seus quadros voltam a ocupar as posições de decisão no Estado econômico internacionalizado, como ocorreu nos dois últimos processos de democratização, a economia sempre vem reorientada para seu leito natural. Esse leito natural é a reprodução do passado.

Esse passado, surpreendentemente, se constitui também em uma outra ideia de desenvolvimento. Esse outro desenvolvimento é a busca de possibilidades históricas e a construção de condições objetivas para que fatores e atores internacionais se articulem e intervenham aqui novamente. Como ocorreu no passado, por ocasião da fundação do país.

Dessa forma seria alcançado o objetivo final da Empresa Brasil: ocupar todas as possibilidades econômicas que o território permite dentro do modelo originário, com invasões permanentes de capitais e tecnologia externas, para produzir para o mercado mundial, com a apropriação privada, por poucos, dos frutos de todo o processo. É o sonho do desenvolvimento capitalista subalterno, ideal histórico concreto dessa classe dominante-subalterna que é a burguesia brasileira.

Existe um aceso debate sobre a desindustrialização no Brasil e as possibilidades de o país se tornar novamente uma economia exportadora de produtos agrícolas e minerais, transformando seu futuro em uma reedição do seu passado.

A grande questão é que a reprodução *ad infinito* da estrutura da Empresa Brasil não gerou desenvolvimento para a sociedade, como demonstram os cinco séculos de sua história. Desenvolveu-se somente a empresa, com seus fantásticos resultados econômicos.

Na sua evolução pela história, a Empresa Brasil tem mesmo é ampliado as margens da exclusão e da incorporação excludente, tem concentrado riquezas e subordinado o funcionamento e a própria existência do país a projetos externos a ele. Tem também provocado ampla e irresponsável devastação ecológica. Sua repetição ampliada acentuou ainda mais os desequilíbrios da formação social empresarial.

Neste momento da história, no início do terceiro milênio da era cristã e do sexto século desde o começo da colonização, pode-se concluir qual é o resultado do desenvolvimento entendido como desenvolvimento da Empresa Brasil: é este Brasil de hoje, com os traços rigorosos de uma tragédia social.

Se, por um lado, é evidente as falências dessas duas importantes possibilidades históricas, por outro, é necessário reconhecer que o processo de globalização do capitalismo contemporâneo estabeleceu alguns marcos definitivos para a economia que impedem o vislumbre de qualquer outra possibilidade alternativa. Não é visível, neste novo cenário, a possibilidade de um desenvolvimento autônomo, com eixos nacionais, capitalista e integrado ao mercado mundial.

A globalização de nossos dias é a radicalização dos padrões da Empresa Brasil, é o abrasileiramento do mundo. Os países do planeta que ainda não são iguais ao Brasil o serão muito em breve, isto é, serão internacionalizados até os miolos e suas sociedades se transformarão em formações sociais empresariais. O jeito brasileiro de ser é o padrão de relações econômicas, sociais e políticas do mundo globalizado.

*

Hoje o desafio é outro. Não se trata mais de atingir o desenvolvimento econômico, seja como crescimento da Empresa Brasil ou como construção de uma impossível "economia nacional autônoma" no mundo globalizado. O desafio não é mais acelerar e ampliar a industrialização, cada dia mais inviável em consequência do veto ecológico.

Hoje o desafio é encontrar energias que alimentem e impulsionem novas utopias, que embalem novos projetos históricos, de conteúdos mais avançados e mais profundos. Já passou o momento dos projetos para a economia internacional aqui instalada há cinco séculos, ou projetos para acalentar sonhos capitalistas de uma burguesia, às vezes iluminada, mas sempre subalterna. Os tempos de hoje exigem projetos para a população do país, para os humanos que habitam este belo e imponente território, projetos cujo o objetivo seja garantir a vida e promover a felicidade, que ajudem a criar outros e novos caminhos para os brasileiros e para a humanidade.

*

Muitas coisas mudaram nestes quinhentos anos, mas a estrutura básica da Empresa Brasil e da formação social empresarial permanece firme e forte. Aqui se construiu uma estrutura social sólida e estável. A estabilidade é o seu segredo. É um dos aspectos mais surpreendentes desta grande construção social, deste importante e sólido histórico moderno. Pode-se mesmo dizer que, com a Empresa Brasil e sua insólita formação social, se criou o *desequilíbrio estável*.

Algumas relações sociais fundamentais para a existência da Empresa Brasil e da estrutura de sua formação social resistiram a todas as mudanças históricas e se combinaram com todas as transformações sociais ocorridas, tanto no plano interno quanto no âmbito internacional. Atravessaram soberbamente os vendavais dessas transformações sabendo se manter estáveis, mas não estagnadas. O Brasil foi sempre uma empresa dinâmica.

Graças a essa estabilidade dinâmica, a empresa continua, ainda hoje, a ser o eixo central de uma formação social de elevada complexidade, simultaneamente tribal, rural, urbana, industrial, pós-industrial e tecnológica.

A lógica da empresa sempre prevaleceu. Sua lógica, seu modo de ser, se aninhou profundamente na mente e nos corações dos brasileiros. Esta é a garantia de sua estabilidade. Por mais que a formação social tenha se diversificado, tenha se tornado mais complexa, a empresa tem conseguido mantê-la unida em torno de si. Performance rara, tendo em vista o conjunto humano tão diversificado que é o Brasil.

Algumas instituições básicas desta empresa duraram séculos. As capitanias hereditárias, por exemplo, atravessaram muitas mudanças político-institucionais na metrópole e na colônia, mas existiram por séculos.

"As capitanias foram sendo retomadas pela Coroa, ao longo dos anos, por meio de compra. Subsistiram como unidade administrativa mas mudaram de caráter, por passarem a pertencer ao Estado. Entre 1752 e 1754, o marquês de Pombal completou praticamente o processo de passagem das capitanias do domínio privado para o público."[33]

Ou seja, as tais capitanias hereditárias duraram 220 anos! Acabaram como capitanias, mas mantiveram o hereditário...

O instituto da escravidão também é exemplar. A escravidão no Brasil, como instituto legal, acabou formalmente – e só formalmente, como se sabe – quase quatro séculos depois de ter sido inventada. Só depois de 388 anos!

A herança da colonização ainda nos surpreende todos os dias. Mesmo em pequenas questões, como, por exemplo, a locomoção pelo Brasil em uma simples viagem de férias. A infraestrutura de comunicações e transportes do país é toda voltada para a exportação, tudo conduz aos portos. Todos os projetos dizem respeito ao escoamento da produção para o exterior. Não existe uma lógica de transporte para a população se interagir, para o país se integrar. Para isso não vale a pena gastar dinheiro. Somente para atender às necessidades dos grandes grupos produtores e exportadores.

Este é ainda considerado o papel principal do Estado. Não se pode fazer uma viagem de trem entre as capitais brasileiras nem existe uma navegação costeira permanente para uso da população. Somente em cruzeiros de luxo, em geral de grandes empresas internacionais, se pode navegar pela costa brasileira. A integração do país à economia internacional é sempre mais importante do que a própria integração do país para si mesmo.

A sociedade não se vê como diversa, mas como atrasada, sempre atrasada, e os modelos buscados para superar a situação de atraso são sempre aqueles externos, aos quais deve o Brasil se adaptar, copiar, reproduzir, em uma espécie de "macaqueamento" dos padrões de conduta. E assim por diante, em todos os campos do agir humano.

Os efeitos sociais da estabilidade desse sistema podem ser vistos ainda hoje na paisagem sociocultural do Brasil. A complexidade da estrutura social brasileira apresenta certa transparência, que permite identificar, mesmo depois de tantos séculos, alguns traços fundamentais, indisfarçáveis marcas, que traduzem e denunciam sua origem, que revelam sua lógica e que demonstram sua estabilidade. Entre esses traços é importante destacar a estabilidade funcional, aquela político-social e a econômica-estrutural.

A estabilidade funcional

O Brasil continua a exercer a mesma função para o qual foi criado: produtor de *commodities* – grãos, alimentos e minérios – para o mercado mundial. Suas principais atividades estão atreladas ao mercado internacional e frequentemente sob controle direto ou indireto de atores internacionais. Transfere permanentemente recursos para os centros do sistema internacional. Mesmo quando são atores nacionais a controlar as atividades, elas se realizam na mesma lógica originária, já que esta lógica criou, não somente essa especialização, mas uma classe dominante associada ao internacional, uma classe dominante subalterna. A industrialização, a grande esperança nacional para transformar essa lógica funcional originária, que se inicia como um esforço nacional, terminará sendo também controlada pelo capitalismo internacional e parcialmente orientada para a exportação.

A estabilidade político-social

É surpreendente que nestes séculos que assistiram a tantas convulsões, agitações e revoluções políticas e sociais, tanto na Europa quanto na América Latina, a estrutura da formação social empresarial brasileira tenha se mantido estável. A burguesia subalterna brasileira é, sem dúvida alguma, a classe dominante mais estável do planeta. Jamais assistiu a sua posição ser ameaçada por outros grupos sociais, em nenhuma crise política. As assim chamadas elites desenvolveram desde sempre uma capacidade de conciliação de seus interesses internos, que não só asseguraram uma unidade territorial incerta (veja o exemplo das colônias espanholas em nosso continente), mas garantiram sua permanência no exercício do poder durante toda a história do país. Alguns sobrenomes estão no poder desde as capitanias hereditárias até os dias de hoje.

O controle político sobre a estrutura social ocorreu sempre através da conciliação entre as elites e de autoritarismo sobre o resto da formação social. Em toda a história brasileira, a duração da vida democrática não alcança cinco décadas. E ainda assim democracia com ressalvas. Um simples exemplo dessas ressalvas se observa no plano das liberdades políticas. Nem sempre foi possível existir uma esquerda legal. Antes do final da década de 1980, ou seja, há apenas três décadas, outro dia mesmo, as esquerdas puderam ter vida legal no Brasil somente por dois anos, entre 1945 e 1947.

A estabilidade econômica-estrutural

Os traços mais visíveis dessa estabilidade encontram-se na distribuição da riqueza e da propriedade. São mundialmente famosos dois dados que o Brasil apresenta. Em primeiro lugar, os dados sobre a concentração da propriedade da terra, que mostram que 1% dos proprietários possui mais da metade das terras, naturalmente as melhores.

Em segundo lugar, os dados sobre a concentração da renda. A cada relatório do Banco Mundial, observa-se que a posição brasileira, de acordo com o índice GINI (que mede a concentração da renda de um país), está sempre entre as piores, sendo superada apenas por poucos países, sobretudo os muito pequenos.

Uma pesquisa do IPEA (Instituto de Pesquisa Econômica Aplicada), importante órgão de pesquisa do governo brasileiro, apresentada ao CDES (Conselho de Desenvolvimento Econômico e Social), mostra que os 10% mais ricos concentram 75,4% da riqueza do país A pesquisa também destaca essa concentração em três capitais brasileiras. Em São Paulo, a concentração nas mãos dos 10% mais ricos é de 73,4%, em Salvador é de 67% e no Rio de Janeiro, de 62%.

A propósito destes dados, Marcio Pochman, presidente do IPEA, declarou ao jornal *Folha de S.Paulo*:

"(...) o Brasil, a despeito das mudanças políticas, continua sem alterações nas desigualdades estruturais. (...) Mesmo com as mudanças no regime político e no padrão de desenvolvimento, a riqueza permanece pessimamente distribuída entre os brasileiros. É um absurdo uma concentração assim".[34]

Apenas para efeito de comparação, cita o jornal, ao final do século dezoito, os 10% mais ricos concentravam 68% da riqueza no Rio de Janeiro. A semelhança entre os dados do século dezoito e aqueles do século vinte demonstra a estabilidade da formação social empresarial construída aqui no Brasil.

A concentração da riqueza é ainda maior. Dados do mesmo IPEA, de junho de 2005, mostravam que a concentração é grande mesmo nesse pequeno universo dos 10% mais ricos. Em 2005, no Brasil, o 1% mais rico da população, correspondente na época a 1,8 milhão de pessoas, se apropriava de uma renda igual aos 50% mais pobres, ou seja, 90 milhões de brasileiros.[35]

O inverso da concentração da propriedade e da riqueza é a miséria e a exclusão, as antigas e as novas formas de exclusão, que marcam a paisagem de qualquer canto do Brasil para o qual se volva o olhar. As nebulosas sociais e os inclassificados cresceram e dominam a estética e toda a vida brasileira.

*

A Empresa Brasil, desde sua formação como empresa europeia no século dezesseis, significou, como se vê, a invenção de uma estrutura social de grande força e estabilidade. Só essa estabilidade explica a continuidade desses indicadores estruturais.

Essa formação social se mostrou, além de estável, muito eficaz para produzir lucros imensos, alcançados em um curto período de tempo, em níveis impensáveis naquela Europa que transitava do feudalismo para o capitalismo.

O papel da Empresa Brasil e de todas as sociedades da periferia é o de produzir lucros. Produzir e exportá-los. Na verdade, nem se pode dizer exportá-los porque muitas vezes eles nem chegam a passar por aqui. Não existe dúvida na economia política internacional de que as periferias são exportadoras de capitais. Temos *"las venas abiertas"*, para utilizar a expressão latino-americana de Eduardo Galeano.[36]

Essa organização social de grande estabilidade, que "incorpora excluindo" e que mantém à sua disposição imensas reservas territoriais e humanas, terminou se espalhando por todos os continentes. Mundializou-se também. A África subsaariana, colonizada a partir do final do século dezenove, quatro séculos depois, seguiu as linhas gerais da invenção da Empresa Brasil.[37]

É no contexto dessas sociedades empresas que se encontram incorporadas como "excluídas" parcelas imensas das populações da América Latina, da África e de parte da Ásia. As sociedades desse tipo ocupam os territórios do planeta onde hoje vivem os mais de um bilhão de famintos existentes no nosso mundo, como nos mostram as estatísticas das Nações Unidas.

*

Quem quer que pouse os pensamentos sobre a formação do Brasil verificará que aqui tudo foi novo e fruto da imaginação, dos instintos e da competência das vanguardas modernas, aliadas àqueles que se transformariam no primeiro grupo de empresários a agir em nível planetário, fundando a moderna economia mundial.

Mas aqui no Brasil o comércio foi menos importante. Mais importante foram as estruturas humanas novas, as estruturas da economia, com a grande plantação e o engenho, a agroindústria avançada, o gigantesco aparato de transportes, que transformou o antes desconhecido e indomável Atlântico em uma passarela de mercadorias e de gentes.

A Empresa Brasil foi sempre uma empresa especial. Ela não se instalou em uma sociedade, mas dissolveu as sociedades para se instalar. Dissolveu aquela que aqui existia assim como as africanas. Não se relacionou com elas, mas se impôs a elas. Quebrou, arrebentou todos os vínculos das sociedades preexistentes e estabeleceu como único vínculo a pertença à empresa colonial.

Além de dissolver sociedades, a empresa criou uma nova criatura social, Desvinculados de qualquer outro padrão de relações sociais que não fosse a empresa, populações de três continentes se misturaram e deram vida àquilo que o mestre Darcy Ribeiro chamou de "povo novo". Um novo povo passou a habitar o planeta, um povo proveniente da mistura entre humanos de três continentes. Um povo sem passado coletivo, sem uma história comum.

É daqui que se pode ver, com clareza cristalina, o nascimento de uma experiência social que, como diz Bauman,

"deixava toda a complexa rede de relações sociais no ar – nua, desprotegida, desarmada e exposta, impotente para resistir às regras de ação e aos critérios de racionalidade inspirados pelos negócios".[38]

Era a experiência social de construir pela primeira vez, em estado puro, uma formação social ligada exclusivamente pela economia e com total supremacia desta sobre todos os outros aspectos da vida.

Notas

1. VESPUCCI, Amerigo. Carta "Mundus Novus", enviada a Lorenzo di Pierfrancesco dei Médici. In: *Novo Mundo*. op. cit. p. 33.

2. Ver FURTADO, Celso. *Formação Econômica do Brasil.* op. cit.

3. Idem ibidem. p. 42 e segs.

4. RIBEIRO. Darcy. *O Povo Brasileiro.* op. cit. p. 137.

5. A coroa portuguesa arrendou o Brasil pelo prazo de cinco anos para um consórcio de comerciantes de Lisboa, liderado por Fernando de Noronha. Mas retomou o negócio para si ao final do contrato. Sobre o arrendamento de Fernando de Noronha, ver FAORO, Raymundo. op. cit.

6. FAORO, Raymundo. op. cit.

7. SODRÉ, Nelson Werneck. *Formação Histórica do Brasil.* Brasiliense, 1970. p. 71 e segs.

8. MELO, Evaldo Cabral de. *O negócio do Brasil: Portugal, os Países Baixos e o Nordeste.* Rio de Janeiro: Topbooks, 2003.

9. FAORO, Raymundo. op. cit. p. 31 e segs.p

10. FREYRE, Gilberto. *Casa Grande e Senzala.* op. cit.

11. ANTONIL, André João. *Cultura e Opulência do Brasil por Suas Drogas e Minas.* São Paulo: EDUSP, 2008.

12. Avaliações apresentadas por Darcy Ribeiro nas obras citadas.

13. MORSE, Richard M. *O Espelho de Próspero. Cultura e Idéias na América.* São Paulo: Companhia das Letras, 1988. p. 75-76.

14. HOLANDA, Chico Buarque de. *Não Existe Pecado ao Sul do Equador.*

15. NABUCO, Joaquim. *O Abolicionismo.* op. cit. p. 80.

16. A propósito ver LIMA, Luiz Gonzaga de Souza. *Evolução Política dos Católicos e da Igreja no Brasil.* Petrópolis: Vozes, 1979.

17. Trechos extraídos de vários capítulos do livro de RIBEIRO, Darcy. *O Povo Brasileiro.* op. cit.

18. PRADO JÚNIOR, Caio. *Formação do Brasil Contemporâneo.* 5. ed. Brasiliense, 1957.

19. Idem ibidem. p. 25-26.

20. Idem ibidem. p. 267-269.

21. Idem ibidem. p. 280.

22. Idem ibidem. p. 281.

23. Idem ibidem. p. 284.

24. Idem ibidem. p. 359.

25. Idem ibidem. p. 340.

26. Citação de PRADO JR., Caio (op. cit. p. 341. Nota 1), retirada de TORRES, Alberto. *O Problema Nacional: Introdução a um Programa de Organização Nacional*. Rio de Janeiro: Cia Ed. Nacional, 1938. p. 11.

27. Idem ibidem. p. 340.

28. Idem ibidem. p. 343.

29. SOUZA NETO, Bezamat. *Contribuição e Elementos para um Metamodelo Empreendedor Brasileiro: O Empreendedorismo de Necessidade do 'Virador'*. 2004. Tese (Doutorado) – Programa de Pós-Graduação de Engenharia de Produção, Universidade Federal do Rio de Janeiro, Rio de Janeiro.

30. FURTADO Celso. op. cit. p. 6.

31. NABUCO, Joaquim. op. cit. p. 89-90.

32. PRADO JÚNIOR, Caio. op. cit. p. 7.

33. FAUSTO, Boris. *História do Brasil*. São Paulo: FDE, 2002.

34. *Folha de S.Paulo*, p. 1-2, 17 jun. 2008.

35. Idem ibidem.

36. GALEANO, Eduardo. *Las Venas Abiertas de America Latina*. México: Siglo XXI, 1971.

37. LIMA, Luiz Gonzaga de Souza. *Ideologia Religiosa e Capitalismo nello Zaire*. op. cit.

38. BAUMAN, Zygmunt. op. cit. p. 10.

Da Administração Colonial ao Estado Econômico Internacionalizado

Para assegurar o funcionamento da empresa será criada aos poucos, com a aprendizagem da própria experiência, a administração colonial. Através dessa administração Portugal dirigiu, com êxito, uma empresa internacional que se espalhou por um território maior do que a Europa. E o fez por 322 anos, quase três séculos e meio! Uma empresa que, como já foi observado, em vários momentos da história se situou entre os principais negócios da economia mundial.

A construção da administração colonial foi uma experiência política nova porque tentou articular uma monarquia absoluta com a liberdade dos operadores econômicos privados que construíam e administravam uma empresa de dimensões mundiais, cujo objetivo central era o lucro e que terminou por gerar outros negócios internacionais, como o tráfico de escravos. Este último, por sua vez, deu origem a novas atividades internas, como a produção de fumo e de cachaça. E assim por diante. Demandas externas e mudanças internas para atendê-las, este é o círculo vicioso da colonização como aquela brasileira.

Certamente não foi tarefa fácil para os portugueses dirigir uma sociedade "nova", cujo dinamismo se encontrava em suas relações internacionais, em suas relações com a economia mundial, que também se fundava com ela.

Experiências de intermediação comercial e financeira entre várias sociedades eram já conhecidas. Alguns povos se dedicaram a essas atividades, desde os fenícios, os cartagineses e os gregos até, em tempos mais próximos à modernidade, os holandeses, os ingleses, os europeus dos mares do norte, as repúblicas marinaras italianas, de modo especial Gênova e Veneza. Mas sempre se tratou de intermediações, de simples comércio.

Os portugueses se viram envolvidos em uma experiência histórica diversa, a de construir, dirigir, fazer funcionar e obter bons resultados financeiros de uma agroindústria de dimensões mundiais, geradora de uma formação social nova, edificada há mais de dez mil quilômetros de distância, devendo, para ser alcançada, superar o obstáculo de um oceano até então indomável, o Atlântico.

Os cenários elaborados pelos empresários privados que construíram a Empresa Brasil, na intimidade de um racionalismo que começava a se afirmar e que servia para orientar sua estratégia empresarial, nunca foram locais. Também nunca se ativeram aos limites do pacto colonial com um pequeno país, um modesto mercado. Esses cenários envolviam variáveis de dimensões imensas, como o tráfico, o mercado europeu e o comércio com as Índias. Sempre foram cenários globais.

Devem ser levados em conta todos os grandes obstáculos que Portugal teve de superar para assegurar o êxito nesse empreendimento: a falta de população, de gente, de quadros, pois era um país de pouco mais de um milhão de habitantes, mas, sobretudo, os obstáculos decorrentes da política europeia.

Portugal perderia sua soberania por sessenta anos com a unificação ibérica e durante esse tempo perdeu também a soberania sobre as principais regiões brasileiras produtoras de açúcar. Nossas regiões produtoras, entretanto, não serão colônias de outro governo nacional, mas de uma empresa privada, a Companhia das Índias Ocidentais, constituída por investidores e comerciantes cujos interesses financeiros e comerciais nos negócios do Brasil eram imensos desde as origens do projeto da empresa Brasil.

A rigor, não existiu aqui uma "ocupação holandesa" como aprendemos nos textos escolares. A começar pelo fato de que a Holanda ainda não existia como país. Na realidade, um pedaço imenso do Brasil foi ocupado e dirigido por uma empresa internacional, uma *holding* que reunia capitais de investidores que viviam em várias cidades que futuramente, quase um século depois, viriam a se constituir-se a Holanda. Essa ocupação foi dirigida por um gerente remunerado pela Companhia das Índias Ocidentais, Maurício de Nassau.[1]

Portugal conseguirá recuperar sua soberania política e retomar os fios da meada que constituíam aquele nó da economia mundial que era o Brasil do final do século dezesseis. Mas o fará a partir de uma vitória militar obtida por portugueses aqui residentes, apoiados por batalhões de índios e escravos, em um dos primeiros momentos de construção do que se pode chamar de "nacionalidade brasileira". Essa vitória deve ser creditada à nossa administração colonial. Portugal saberá manter a soberania reconquistada, mas ajudado por mãos inglesas, das quais os fios dessa meada não mais se afastarão, embora, mais recentemente, outras mãos mais poderosas a eles também tenham se agarrado.

Todos os que se debruçarem sobre a construção e o funcionamento da administração colonial poderão verificar o quanto esta foi criada tentando sempre conciliar os interesses da monarquia portuguesa e os interesses da empresa privada aqui instituída. Contemplando seus resultados, pode-se dizer, com segurança, que esses interesses foram conciliados e que a administração aqui construída alcançou plenamente seus objetivos.

A capacidade da administração que aqui foi inventada e a estabilidade da estrutura social que essa administração garantiu é que permitiram que Portugal mantivesse o Brasil como colônia por 322 anos. Na verdade, desde 1808 o Brasil já se transformaria em sede do reino lusitano. Em 1815 – Tratado de Viena – foi reconhecido como reino, no qual governaria a família real portuguesa, que dirigiu o país mesmo depois da independência ainda por 67 anos.

A estabilidade da estrutura social garantiu a continuidade da presença dos grupos sociais dominantes da empresa Brasil. As orientações políticas fundamentais da gestão do Brasil sempre vieram desse grupo social. Foi assim durante a colônia, durante o reino que se prolongou independência a dentro, alcançando o período que os historiadores denominam de República Velha ou República Oligárquica. E, é importante sublinhar, durante todo esse tempo – 430 anos! – o Brasil esteve entre os negócios mais importante do mundo capitalista.

A estabilidade foi mantida através da fórmula da conciliação política dos interesses entre os setores dominantes e a imposição autoritária desses interesses conciliados aos demais integrantes da formação social empresarial.

A habilidade política dos grupos sociais dominantes, em Portugal e no Brasil, de construir e dirigir uma administração eficiente, capaz de conciliar os negócios do reino, a dinâmica do mercado mundial e os interesses dos empresários aqui instalados poderá ser observada na época das capitanias, nos governos gerais que vieram em sequência, nos vice-reinados e nos governos das províncias, que dirigiram essa administração até 1808, data da chegada da corte portuguesa ao Brasil.

A administração colonial tinha de encontrar, em seu *modus operandi*, soluções políticas e administrativas para manter o pacto obrigatório entre a empresa Brasil e seus parceiros europeus, que a financiavam e consumiam seus produtos e que abasteciam a empresa de alimentos, bens e escravos.

Enquanto corporação organizada, essa administração colonial sempre foi uma variável dependente desse pacto internacional que fizera surgir a empresa Brasil. Para sobreviver, tinha de ser capaz de refazê-lo a cada transformação da economia mundial e a cada mudança política no reino. Buscava, e sempre encontrou, as fórmulas políticas, administrativas, jurídicas e regimentais capazes de reinventar a estabilidade desse pacto a cada nova etapa que se impunha. Hoje se pode constatar que essa administração soube desempenhar muito bem seu papel.

*

A administração colonial era como um poder executivo, nomeado pelo rei de Portugal para administrar a economia, a vida social, a defesa do território e a ordem pública, garantindo o funcionamento do sistema. A principal instância político-administrativa do Brasil colônia, as Câmaras Municipais, sempre foi a instância dos empresários, senhores de engenho, usineiros, comerciantes e financiadores. Eram os "homens bons" que deviam constituí-las. As Câmaras eram o poder local. Os governadores e administradores locais delas saíam ou nelas se integravam e, sempre, com elas governavam. As Câmaras tinham por finalidade cuidar do abastecimento, da segurança das comunidades, da limpeza e conservação dos espaços públicos, e possuíam também atribuições militares e judiciárias locais, assim como função fiscal.

Embora não pudessem evitar todos os conflitos e divergências de interesses, próprios dos negócios, as Câmaras foram o instrumento e a instância dessa conciliação. Essa busca de entendimento e conjugação de interesses orientará também o preenchimento dos cargos públicos e a criação das várias outras instâncias administrativas. Vezes por outra se viviam períodos mais liberais, de maior autonomia local, mas também houve momentos de centralização político-administrativa na metrópole, como na era pombalina, mas em nenhum momento se romperam os pactos fundamentais dessa aliança que fundou o empreendimento Brasil e que administrou sua organização social.

Quando surgiram novas instâncias, como o governo-geral, o vice-reinado e as províncias, se manteve a tradição do duplo controle desses órgãos, em que se conjugavam os interesses da Coroa com aqueles dos empresários privados. Algumas funções sempre foram exercidas diretamente pelos empresários, senhores de engenho ou cafeicultores, ou outros produtores, dependendo das regiões. Outras funções públicas não serão de quadros estranhos a eles. Mesmo vinculados diretamente à Coroa, o preenchimento desses cargos sempre acomodou os interesses empresariais. Aqueles que os ocuparam souberam transformá-los em negócios, como os empresários souberam transformar seus negócios em poder, em cargos para dirigir o sistema. Na realidade, o exercício desses cargos eram negócios, comprados e vendidos, em uma relação promíscua entre a monarquia portuguesa e os comerciantes e senhores de engenho. Nessas relações iniciam-se a política e a administração pública entendidas exclusivamente como negócios.

Os interesses comuns entre Coroa e empresários serão explorados, buscados e construídos até os limites máximos das possibilidades políticas, evitando-se assim crise no sistema e preservação dos negócios.

A administração entendida como um pacto entre interno e externo não é nada de extraordinário em uma colônia. E essa era a condição do Brasil. Essa condição já significa por si só um pacto de fidelidade política, administrativa, cultural e econômica da administração colonial com um Estado e uma monarquia estrangeira.

A diferença entre a administração colonial e uma administração nacional, que dirige um Estado nacional, encontra-se em suas funções, muito mais do que em sua estrutura e na nomenclatura de seus cargos. Na Empresa Brasil, essas funções criaram uma relação especial entre administração e economia. Aqui, a administração era subordinada à economia, enquanto em Portugal ela administrava a economia.

As principais funções da administração colonial serão sempre:

- em primeiríssimo lugar, servir à economia;
- assegurar as condições logísticas necessárias à construção e ao desenvolvimento das empresas aqui instaladas de modo que fossem sempre lucrativas para os empresários e para a Coroa;
- garantir a estabilidade das relações da empresa – a economia brasileira – com seus parceiros internacionais;
- manter o domínio sobre o território ocupado por essa economia, expropriando, pela força, as terras indígenas, combatendo e aprisionando índios, mantendo assim a população local, majoritária, afastada dos negócios da colônia;

♦ assegurar a ordem social interna, mantendo o *apartheid* social, reprimindo revoltas de escravos e de brancos, impedindo que brancos aventureiros se subtraíssem ao domínio da Coroa;

♦ impedir a invasão de estrangeiros não envolvidos nos pactos comerciais originários, como aconteceu com a invasão francesa ocorrida no Rio de Janeiro.

Garantir os pactos internacionais e a estrutura social excludente eram os objetivos principais dessa administração, e sempre foram alcançados com pleno êxito.

Em 2008, o Brasil comemorou os duzentos anos da chegada da família real ao país. Celebrou o êxito extraordinário contido no fato de uma colônia tropical, construída como uma empresa em uma crise política continental na Europa como aquela das guerras napoleônicas, ter tido a capacidade política de se transformar em sede de um reino europeu. Foi um notável êxito político da nossa administração colonial.

Durante as celebrações, livros foram escritos, materiais foram produzidos e reportagens e programas de TV foram realizados sobre o 1808. Um dos livros foi o escrito por Rubens Ricupero,[2] que em entrevista se referiu, a seu modo, a essa capacidade política da administração colonial de harmonizar os interesses dos grandes atores do pacto de negócios que criou o Brasil. Comentando a propósito da abertura dos portos decretada por D. João VI, assim se expressou:

> "Até 1808, o Brasil tinha superávit no comércio externo; a partir daí, passa a ter déficit sempre. A abertura foi um passo da globalização brasileira. É a estreia dela, já que o espírito da globalização é a abertura dos mercados. (...) A maioria dos brasileiros acredita que 1808 foi uma imposição da Inglaterra, o que não é verdade.
>
> (...) Indignada, a Inglaterra protestou energicamente. As negociações foram concluídas pela assinatura, em 19 de fevereiro de 1810, dos diversos pactos passados à história com o nome de 'Tratados Desiguais' (...).
>
> O Lisboa (José da Silva Lisboa, que seria nomeado visconde de Cairu, um dos protagonistas da abertura) era uma combinação curiosa, muito liberal em economia, leitor e tradutor de Adam Smith, mas muito conservador em política. (...) Um documento importante, de 27 de janeiro, é a representação do comércio e da agricultura de Salvador a Dom João que pede a abertura dos portos. Pelo menos ofi-

cialmente, é o gatilho que vai desencadear a decisão. É como se fosse um documento da Fiesp na época: homens de negócio da Bahia, por intermédio do governador, pedem que se permita a saída de navios. Eles estavam preocupados com a exportação (...).

É possível reconstituir que a medida já vinha amadurecida pelo grupo político que dominava. Mas eles não sabiam bem como fazer. Ao chegar à Bahia, vão encontrar o clamor dos comerciantes, do governador e um tecnocrata extraordinariamente qualificado para dar forma à decisão. Esse é o papel do Cairu: é o homem que dá aos poderosos a técnica para fazer aquilo que, no fundo, eles queriam fazer. Os ministros pró-britânicos nem os ingleses estavam lá naquele momento."[3]

É um exemplo eloquente da ação política da administração colonial brasileira, que manteve sempre a capacidade de "dar aos poderosos a técnica para fazer aquilo que, no fundo, eles queriam fazer" e possuiu uma notável habilidade de desvendar esses interesses e adivinhar suas tendências futuras. Eram interesses de dimensões mundiais, que envolviam as finanças e o comércio internacional e os equilíbrios políticos internacionais, de reinos e impérios.

A administração da vida cotidiana da formação social empresarial que dirigia sempre recebeu dela as atenções menores. Seu desempenho é marcado por sua ineficiência e até precariedade no que diz respeito à administração da vida coletiva, à vida social dos humanos, transportes, comunicações, serviços de educação, saúde, etc.

Confrontada nesses quesitos com as administrações públicas europeias do mesmo período, nossa administração colonial se apresenta frágil, capaz apenas de garantir a sobrevivência do negócio, da empresa, mantendo a unidade territorial, a unidade cultural, etc. Chega-se a pensar que só por milagre o Brasil sobreviveu, tamanha era a ineficiência e a improvisação. Vista desse ângulo, nossa administração parece coisa de diletantes, irresponsáveis, com atividades beirando o ridículo, como ironicamente nosso grande Machado de Assis nos mostra no conto *O Alienista*.[4]

Mas a realidade era diferente. As finalidades e atribuições da nossa administração eram outras. O que lhe tocava fazer foi realizado com eficiência e heroísmo raro na história. Eram tão poucos, um negócio tão grande, um território imenso, oceanos desconhecidos e difíceis, mas tudo deu certo!

Sabe-se também que, passando pelas capitanias, pelos governos gerais e pelos vice-reinados, essas funções sociais da administração colonial tiveram notável sequência, não se registrando nenhuma crise interna que transformasse seus significados. Houve, sim, pequenas escaramuças, mas sempre foram resolvidas através da conciliação de interesses, da compra e da venda. Os rebeldes às vezes perdiam a vida, mas sempre perdiam os bens.

Assim, será uma administração colonial exitosa e eficiente aquela que chegará ao encontro com o período histórico das guerras napoleônicas na Europa e que ajudará a realizar a transformação do Brasil em sede da monarquia e de um império colonial europeu. A boa administração colonial assegurou essa alternativa para a Coroa portuguesa. Naquele momento, a nossa administração, sem sofrer mudanças profundas, se somará e se fundirá com a administração de um reino de verdade.

Criou-se então um reino diferente, estranho, no qual o soberano não reinava sobre uma população composta por cidadãos. A maioria era objeto, era mercadoria, eram escravos e servos. Não reinava sobre os índios, humanos destinados à destruição, que aguardavam um genocídio anunciado já que ocupavam terras que gradualmente seriam invadidas e incorporadas à Empresa Brasil. Nesse reino, o soberano reinava sobre uma economia, uma economia internacionalizada há muitos séculos.

Com a chegada da corte, a administração da moderna formação social brasileira ganhará dimensões e fisionomia de administração de um reino – a monarquia portuguesa sabia fazê-lo bem –, mas não alterará sua função fundamental, seus eixos vetores ordenadores. Era a única coisa que essa administração sabia fazer bem. Ela tinha sido capaz de criar uma cultura própria, havia já introjetado suas obrigações, suas orientações funcionais.

O encontro da administração da colônia com a corte, motivos de interessantes abordagens no plano cultural, sobretudo em tempos recentes, terminou por dotar a primeira de plenas condições de administrar solitariamente a Empresa Brasil.

Um pacto entre as elites que viviam aqui nos territórios da Empresa Brasil, incluindo o príncipe e sua corte, o próprio governo de Portugal e aquele da Inglaterra, hoje do conhecimento de todos que se interessam pelo assunto, conduziu à nossa independência e a seu reconhecimento formal por parte de todos, interna e internacionalmente. A rigor, somente na Bahia e em outros centros do Nordeste do país ocorreu o que pode ser chamado de guerras da independência.[5]

Como fruto do pacto entre as elites e das guerras de independência, o Brasil é reconhecido como um Estado soberano e essa administração é reconhecida e aceita como a organização do Estado brasileiro. Com poucas mudanças de relevo, constituiu-se o Estado imperial, escravocrata, que administrava uma economia internacionalizada. Esse era o Estado brasileiro. Essa é sua origem.

As elites brasileiras conseguiram sempre conciliar a empresa aqui instalada com a economia internacional, sempre muito dinâmica, onde se sucediam diferentes atores dominantes e onde também se criavam padrões produtivos novos, como a revolução industrial.

Quando foi conveniente, desembarcaram os lusitanos incorporando os ingleses e, mais tarde, empurrariam os ingleses para um papel secundário, estabelecendo relações privilegiadas com os Estados Unidos da América.

As elites, através da administração, souberam sempre inventar modos que permitissem uma forma de convivência política, social, cultural, com os novos segmentos sociais provenientes da expansão e diversificação da empresa, misturando arranjos políticos e repressão, sobretudo esta última, mas mantendo sempre estáveis os eixos principais da estrutura econômico-social aqui construída.

A conciliação dos interesses dominantes foi tão eficaz que as antigas capitanias foram transformadas, com modificações secundárias, em províncias e mais tarde em estados federados, mantendo inclusive a continuidade dos grupos regionais dominantes. Alguns desses grupos atravessaram toda a história republicana e chegam até nossos dias. Trata-se da dinâmica da estabilidade.

A conciliação política entre os dominantes e o modo como ela tem ocorrido em cada época histórica continua a desafiar seus interpretadores. Temos, hoje, uma grande bibliografia sobre a conciliação política no Brasil, e as prateleiras das universidades estão cheias de dissertações e teses sobre como essa conciliação tem permitido que a economia, a política e a estrutura social mantenham seus fundamentos estáveis. São os fundamentos macroeconômicos da Empresa Brasil. Mesmo depois da Revolução de 1930, e mesmo depois do Golpe de 1964, essa estrutura social e a organização política da sociedade manterão a estabilidade de suas relações fundamentais.

Na realidade, em todos esses séculos, inclusive no agitado século vinte aqui nestas paragens, mesmo com a referida revolução, com lutas reformistas, um golpe de Estado, uma ditadura de direita e um vigoroso e amplo processo de democratização que ainda está se concluindo, a conciliação no seio das classes dominantes foi o eixo vetor da política brasileira. Uma conciliação autoritária, pois, salvo o período de 1946-1964 e 1985-2011, nem mesmo a democracia representativa conseguiu aqui se estabelecer. Ao todo se pode contar quarenta anos de democracia representativa em cinco séculos de história.

Mas só a partir da independência de 1822 o Brasil se transforma em um Estado independente. A independência e o império tiveram um significado especial. Significaram, para as elites brasileiras e para o capitalismo internacional, a estabilidade de um modelo de administração da vida social que emergiu para atender às necessidades daquela formação social moderna, empresarial, privada, construída no curso dos caminhos que a economia mundial seguiu desde o século dezesseis.

Sempre se temeu o contrário, ou seja, que a independência pudesse significar a crise do sistema político da Empresa Brasil e o início da construção de uma economia independente, assim como de outra formação social, mais parecida com as sociedades europeias e norte-americanas, como ensina o ideário da insurreição mineira de 1789.

O Império significou a travessia para a condição de Estado independente do *apartheid* social, político e econômico construído para garantir a Empresa Brasil desde a alvorada do mundo moderno no século XVI. Significou a transformação em um Estado independente, de uma empresa, complexa e diversificada, de muitos proprietários e de várias atividades econômicas, ligadas até os miolos ao mercado mundial. Com a independência brasileira, surgirá na história um novo tipo de Estado, o Estado Econômico Internacionalizado, cujo sentido e cujas funções são completamente diferentes dos Estados nacionais na Europa.

Na Europa, nos Estados nacionais, a economia era apenas uma das questões de Estado, questão que exigia ação e estratégias próprias, que necessitava e obtinha apoio dos Estados. Mas esses Estados eram muito mais amplos, possuíam funções e mecanismos de legitimação política, cultural e religiosa que geravam uma organização complexa, cujas atribuições estavam além dos limites do econômico propriamente dito, e que muitas vezes a ele impunha condicionamentos de natureza social, cultural e religiosa. Porém, o novo Estado Econômico Internacionalizado é diferente. Serve à economia, é subordinado a ela.

Com a independência, na verdade, nasceu aqui nos trópicos um Estado diferente que se instituiu acima, sobre a cabeça, dos seus habitantes. Não foi resultante de um pacto entre eles. Os brasileiros não se transformaram em cidadãos, não constituíram o "seu" Estado.

O novo tipo de Estado nascido aqui possuirá também a função de impedir à maioria o acesso à propriedade do seu próprio território, reservado para os empresários, uma minoria que sempre o controlará. O Estado Econômico Internacionalizado regulará a exclusão.

Também por essa sua função "excluidora", o novo Estado se diferenciará dos Estados nacionais que nasceram na Europa. Por seus fundamentos sociais e por sua função, o Estado independente que nasce aqui é uma organização política diversa do Estado nacional nascido na Europa.

Um emprego rigoroso de conceitos nos conduz a uma surpreendente conclusão: se os Estados que nasceram na Europa são chamados de Estados nacionais, o que nasceu aqui nos trópicos brasileiros não pode ser conceituado de modo igual.

Esse novo Estado será designado por Estado Econômico Internacionalizado. Como a administração colonial, ele serve à economia, não a dirige. Como a administração colonial, sua soberania é limitada por pactos internacionais. Esses pactos internacionais não são a sua política externa, mas, sim, interna, está nas raízes mais profundas do seu modo de ser. Por esse motivo, manter a subordinação do país e a estabilidade desse pacto social que o criou serão sempre sua principal função.

O Estado Econômico Internacionalizado não representa um pacto de cidadania entre a população que o constitui, como se supõe no Estado moderno. A principal questão política desse tipo de Estado é como construir, a cada momento, o que pode ser chamado de autonomia subalterna, ou seja, combinar independência política com subordinação econômica ao sistema internacional, mantendo a estabilidade das funções que o país desempenha para o conjunto do sistema e mantendo, simultaneamente, a estabilidade da estrutura social interna.

Como se sabe, nem sempre foi possível construir democraticamente, com o consenso da população, a estabilidade funcional ao sistema e a estabilidade da estrutura social interna. Nem sempre foi possível manter a estabilidade do desequilíbrio. Sempre que crises políticas ameaçam essas estabilidades, sacrifica-se a democracia e impõem-se autoritariamente os pactos fundadores desse Estado.

Esse tipo novo de Estado também se mundializou, atravessou as eras e se estabilizou. Transformou-se em modo de organização política da maioria das sociedades empresariais das periferias do sistema internacional.

Ainda está por nascer um Estado nacional no Brasil, pacto de reconhecimento e de cidadania entre todos, gerador de direitos que se estendem a toda a sua população, que permita e assegure a apropriação do território nacional pelos habitantes da terra e que dê início a um processo político verdadeiramente nacional, no sentido europeu do termo, que tenha por suposto básico garantir a vida e o progresso da população e não os fundamentos macroeconômicos de uma empresa internacionalizada desde cinco séculos atrás.

Aqui ainda não foi criado um Estado que se coloque acima da economia, acima dos interesses das empresas aqui constituídas e que tenha por finalidade garantir a vida da população por ele representada. Um Estado que represente uma sociedade é uma instituição muito mais ampla, que não pode ser subordinada à economia. Uma sociedade humana é algo muito mais complexo e muito mais belo. Uma sociedade inteira não é redutível aos limites restritos de um dos seus subsistemas.

Um Estado nacional não nasce de fora para dentro nem de cima para baixo. Sua formação supõe uma sociedade, supõe uma nação. Supõe um reconhecimento recíproco de cada grupo social que a constitui – mesmo desiguais –, supõe a aceitação de todos por todos, supõe o reconhecimento de que integram uma organização de humanos ligados por muitas coisas (território, cultura, religião, etc.), que historicamente se encontram juntos de forma inevitável. Compartilham um destino comum. O Estado é o estabelecimento de normas jurídicas e estruturas organizacionais que permitam e assegurem a convivência civil e política em condição de igualdade entre atores diferentes. O Estado é a legitimação dessas normas estabelecidas no âmbito de uma sociedade.

Mas aqui ainda não nasceu uma sociedade. Nasceu uma empresa. Os humanos que vivem sobre o território brasileiro ainda se estruturam, como incluídos ou excluídos, em torno e nos limites da organização da Empresa Brasil. Um Estado nacional no Brasil somente surgirá após a transformação dos brasileiros em uma sociedade de verdade.

A aurora moderna viu nascer uma formação social empresarial, a Empresa Brasil. O ocaso moderno, o seu pôr do sol, deverá ver essa formação social se refundar, iluminando uma nova aurora histórica, desta vez como construção de uma sociedade.

*

As características essenciais do Estado Econômico Internacionalizado nem sempre são visíveis quando consideradas "desde adentro" desses mesmos Estados. As diferenças fundamentais não são formais, mas encontradas em suas funções, em seu *modus operandi* e em sua base social.

Observado em si mesmo, o Estado internacionalizado possui grande semelhança com os Estados nacionais. Considerados do ponto de vista político-jurídico, são iguais. "No papel", como se diz no Brasil, são iguais. Possuem poderes separados – Executivo, Legislativo e Judiciário – com atribuições definidas em leis, às vezes democráticas, às vezes autoritárias. Possuem uma constituição e formas de renovação dos poderes codificadas e sancionadas em uma Constituinte. A estrutura de seus ministérios se assemelha. Possuem regimentos legais que estruturam as atribuições e as carreiras, etc. e tal.

As diferenças político-jurídica entre um Estado como o Brasil e um Estado como aquele francês, por exemplo, são diferenças normais, iguais àquelas existentes entre o Estado francês e aquele inglês ou o alemão. São atribuídas a características e história dos costumes e das leis dos povos que os constituem. As diferenças entre os dois tipos de Estado não se encontram nesse âmbito, mas no modo de funcionar de cada um, em suas funções.

Não existe uma constituição própria do Estado Econômico Internacionalizado. Se o direito constitucional fosse exprimir os pactos sociais impostos à formação social brasileira, ele seria a essência teórica do autoritarismo, da discriminação, da exclusão. Assim também não existiu uma constituição verdadeira do império independente. Joaquim Nabuco mostra como a escravidão, base da economia brasileira por três séculos e meio, não era constitucionalizada nem legalizada.[6] Simplesmente não existia do ponto de vista da estrutura legal do país. A escravidão era considerada na legislação sobre a propriedade.

No Brasil, as formulações jurídicas avançadas, democráticas, sobretudo aquelas de 1988, da "constituição cidadã", como a chamou Ulysses Guimarães, explicam-se pela energia democrática colossal mobilizada pelos brasileiros por ocasião da transição democrática em meados dos anos oitenta. Foi uma energia tão poderosa que não podia ser ignorada pelos legisladores.

Essas formulações exprimem também um exercício de evolução da teoria do direito, campo no qual nosso país sempre se destacou. A constituição atual se inspira mais nessa energia e nessa evolução e menos nos pactos sociais que terminaram por se impor sobre toda a sociedade, há tantos séculos. São planos diferentes que se estruturam, se relacionam e se misturam nos espaços político-institucionais abstratos de um único Estado.

Todos aqueles que se derem ao trabalho de ler nossos textos constitucionais terão dificuldades de entendê-los como legislação do Brasil, *vis-à-vis* a realidade dramática que o cotidiano brasileiro apresenta.

Como simples exemplo, e em homenagem ao povo originário desta nossa terra, destaco algumas disposições constitucionais sobre os índios, a afirmação constitucional dos seus direitos. Para reflexão, apresento alguns artigos do Cap. VIII do Título VIII, da Ordem Social.

"Art. 231. São reconhecidos aos índios sua organização social, costumes, línguas, crenças e tradições, e os direitos originários sobre as terras que tradicionalmente ocupam, competindo à União demarcá-las, proteger e fazer respeitar todos os seus bens.

§ 1º – São terras tradicionalmente ocupadas pelos índios as por eles habitadas em caráter permanente, as utilizadas para suas atividades produtivas, as imprescindíveis à preservação dos recursos ambientais necessários a seu bem-estar e as necessárias a sua reprodução física e cultural, segundo seus usos, costumes e tradições.

§ 2º – As terras tradicionalmente ocupadas pelos índios destinam-se a sua posse permanente, cabendo-lhes o usufruto exclusivo das riquezas do solo, dos rios e dos lagos nelas existentes. (...)

§ 4º – As terras de que trata este artigo são inalienáveis e indisponíveis, e os direitos sobre elas, imprescritíveis.

§ 5º – É vedada a remoção dos grupos indígenas de suas terras, salvo, 'ad referendum' do Congresso Nacional, em caso de catástrofe ou epidemia que ponha em risco sua população, ou no interesse da soberania do País, após deliberação do Congresso Nacional, garantido, em qualquer hipótese, o retorno imediato logo que cesse o risco.

§ 6º – São nulos e extintos, não produzindo efeitos jurídicos, os atos que tenham por objeto a ocupação, o domínio e a posse das terras a que se refere este artigo, ou a exploração das riquezas naturais do solo, dos rios e dos lagos nelas existentes, ressalvado relevante interesse público da União, segundo o que dispuser lei complementar, não gerando a nulidade e a extinção do direito a indenização ou as ações contra a União, salvo, na forma da lei, quanto às benfeitorias derivadas da ocupação de boa fé.[7]

*

No Brasil, o Estado não garante nem assegura direitos. Sua função é negar direitos. Para afirmar seus direitos estabelecidos em lei ou na Constituição, o cidadão médio e pobre tem de recorrer à Justiça. O Estado é réu em um número imenso de processos que correm nas instâncias do Poder Judiciário e é autor em milhões de ações que na prática impedem os cidadãos de exercer direitos assegurados pela Constituição. É o Estado que entope e paralisa a Justiça no Brasil. Pode-se dizer que, no Brasil de nossos dias, a política, o exercício da cidadania, está se dando cada vez mais por via judicial e não política, como era de se esperar.

A questão do uso dos recursos fiscais é outro exemplo claro de diferença entre o Estado nacional e o Estado econômico internacionalizado. O Brasil é uma das maiores economias industrializadas e possui uma das maiores cargas fiscais que o mundo capitalista industrializado e pós-industrializado conhece.

Mas não possui recursos para educação, cultura, saúde, saneamento, fiscalização do meio ambiente, controle e defesa de seus territórios. Tudo porque os recursos arrecadados são apropriados por uma minoria da sociedade, composta por brasileiros e estrangeiros, através de mecanismos cada vez mais complicados e difíceis de serem monitorados. Atualmente, o modo preferido de transferência desses recursos é pela taxa de juros que remunera os títulos do tesouro, em que o capital financeiro e os investidores aplicam seus capitais, naturalmente com isenção de impostos. São as taxas mais elevadas do planeta. E desde há muitos anos. Muitos PIBs brasileiros foram transferidos para o grande capital nestes últimos decênios por essa estrada financeira. Naturalmente se mantêm os modos tradicionais, como concessões públicas superremuneradas, obras públicas superfaturadas, empréstimos que não são pagos e corrupção. Muita corrupção.

E, assim, por meio de tantos mecanismos, a renda do Estado é distribuída aos grupos sociais dominantes e aos investidores internacionais. Do ponto de vista econômico, nosso Estado é uma organização de financiamento a fundo perdido para as classes dominantes – nacionais e estrangeiras.

O Estado brasileiro, paradigma do Estado Econômico Internacionalizado, mantém e garante, com suas políticas, a concentração da renda nacional em mãos de uma minoria. O Brasil sempre esteve e está entre os países do mundo onde a renda é mais concentrada, sempre exibiu os maiores índices de desigualdade.

Do ponto de vista da teoria do Estado, o Estado Econômico Internacionalizado se aproxima muito mais do conceito marxista de Estado do que das outras abordagens teóricas. Foi na história e é na teoria uma organização política imposta de fora para dentro primeiramente, e de cima para baixo depois, com a finalidade de garantir negócios e assegurar a estabilidade de uma estrutura social perversa, mas produtora de lucros. O Estado Econômico Internacionalizado brasileiro, mais do que qualquer outro, em qualquer época histórica, tem sido um comitê de negócios da burguesia internacional e de seus sócios nacionais.

O Estado Econômico Internacionalizado é o único que permite que seus presidentes declarem, ao país e ao mundo, que a economia vai bem, que os fundamentos macroeconômicos estão sólidos, mas que o povo vai mal. Embora tenha tocado ao ditador Médici pronunciar a frase fatal, todos os presidentes brasileiros em algum momento a repetiram, com outras palavras, referindo-se a essa estranha situação. A economia vai bem... mas o povo vai mal. Como antigamente, na época da colonização. Esse desencontro não é normal em nenhum Estado nacional de verdade, em que a economia serve à sociedade.

No tipo de Estado como o brasileiro, a construção do equilíbrio social significa instabilidade para os negócios. A estabilidade dos negócios é mais importante do que a estabilidade social, mais importante até do que a vida da população que constitui esse Estado.

O Estado Econômico Internacionalizado tem conseguido manter suas características essenciais, mas tem sofrido transformações. A história do Brasil deve ser interpretada como um processo de construção de uma sociedade e de um Estado nacional. Não parece existir dúvidas de que ocorreram notáveis avanços nesse sentido, tanto do ponto de vista econômico quanto do social e político. Entretanto, esses avanços ainda não foram suficientes para a criação de uma institucionalidade diferente, que superasse os constrangimentos impostos à população pelas características desse tipo especial de Estado moderno.

*

Observado à distância de tantos séculos, o processo de construção do novo mundo, do mundo mundial, tão inovador e revolucionário, apresenta uma face perversa. Foi como se uma barbárie nova, civilizada, sofisticada, tivesse se abatido sobre uma humanidade desprevenida, que foi por ele definitivamente arrastada. A humanidade foi arrastada, desorganizada, destruída e recomposta artificialmente em função de projetos estranhos à vida e à felicidade dela mesma. Não era fatal que ocorresse assim. Havia outras possibilidades de relações entre todos os humanos da Terra. Os caminhos trilhados foram simples opções. Escolhas humanas.

O saldo dessas escolhas, no início deste terceiro milênio, é uma tragédia social. Tragédia ecológica, tragédia humana. O antagonismo entre o *software social moderno* e a vida é mais visível do que em qualquer outro momento histórico. Olhando a realidade com um foco exclusivamente nos humanos se pode enxergar em todos os quadrantes da Terra uma situação desesperadora, na qual a morte parece vencer a vida, a desgraça parece se impor decididamente sobre a felicidade, sobre a alegria de viver.

A África vive uma situação dramática, um sofrimento indescritível. O conflito entre o ocidente capitalista e o Islã alcançou níveis desconhecidos de barbárie e fúria destrutiva. A destruição se expande. Sociedades inteiras começam a se decompor, no Oriente médio, na Ásia central, na África e, inclusive, nas Américas, como é o caso do Haiti.

Os Estados Econômicos Internacionalizados faliram como forma de organização política dos humanos, já que sua função não é representar e defender suas populações, mas garantir a estabilidade do desequilíbrio, a exclusão, as desigualdades, as funções especializadas dos países. Por outro lado, uma formação social que não é capaz de integrar a maioria dos humanos que a compõe é uma formação social também destinada ao fracasso. E elas começam a se decompor. O Brasil está também envolvido nesse processo de desagregação social.

Parte da população busca alternativa existencial nos centros do sistema, engrossando as fileiras dos novos emigrantes. Um dado importante do cenário internacional destes tempos é o êxodo das populações que vivem em formações sociais como a brasileira, em busca de melhores condições no âmbito dos Estados nacionais das economias desenvolvidas, no centro do sistema mundial de acumulação de riquezas.

A vida alcançada por esses novos retirantes, mesmo em situação de discriminação sociocultural e de subalternidade política, é ainda considerada mais vantajosa do que a permanência em suas regiões de origem. Até mesmo a existência na condição de imigrante ilegal é considerada mais vantajosa. Esse êxodo tem colocado dramáticas questões culturais e políticas para os países europeus e norte-americanos. Nessas regiões, começa-se já a construção de novas grandes muralhas, de cercas eletrônicas, e se buscam outros modos de impedir a chegada dos novos retirantes. Caminha-se para o estabelecimento de legislações restritivas, com a criminalização da imigração.

O Estado Econômico Internacionalizado vinha se mostrando hábil em manter a disciplina sobre uma estrutura social absurda e excludente. Mas começou a perder progressivamente essa habilidade, seja porque absorvido pelas suas funções de servir à economia, que lhe subtrai quase toda a capacidade de ação, seja porque o nível de exclusão e miséria acumuladas nesses cinco séculos alcançou um grau muito elevado, uma extensão quase inadministrável. Junto com essas proporções, também se elevou o nível de desesperança dos cidadãos e de descrédito das instituições a proporções até então desconhecidas.

Os territórios urbanos de vários desses Estados já são controlados e disputados por bandos armados, além das fronteiras do tal Estado de Direito. São bandos ligados ao tráfico de drogas ou ligados a outros tráficos, como as tais milícias armadas autônomas. Os crimes e ações desses grupos inauguram a cada dia novas etapas de crueldade e barbárie.

O Estado brasileiro de hoje é uma organização eficiente, informatizada, completa e poderosíssima, que governa uma população de quase duzentos milhões de habitantes e dirige a sexta maior economia do mundo. Mas conserva ainda as funções tradicionais do Estado Econômico Internacionalizado, ou seja, garante a estrutura social da formação social empresarial e mantém um imenso contingente de sua população na condição de excluída.

Os resultados das políticas sociais praticadas pelos últimos governos em nosso país, que possuem finalidades distributivas e de inclusão social, aliados ao crescimento do mercado de trabalho com incentivos ao desenvolvimento para o mercado interno, começam a ser visíveis na paisagem social. Antes o eram somente nas estatísticas. É o início de um novo caminho, mas ainda não é suficiente para equacionar as questões oriundas de cinco séculos de história. Ainda não se superaram as barreiras político-sociais próprias do Estado Econômico Internacionalizado.

Na verdade, esse Estado poderoso parece padecer de uma estranha incapacidade de observar a decomposição dos padrões de convivência social que está em suas bases.

A manutenção, por tantos séculos, de uma estrutura social perversa, combinada com o aumento da densidade demográfica e com a construção de grandes cidades, enfaveladas e pobres, produziu um Brasil muito diferente daquele que sua própria população sempre imaginou. Deterioraram-se os padrões de convivência. Às vezes parece que o país está à beira de iniciar um processo de decomposição social.

Nas últimas duas décadas apresentou-se abertamente nos horizontes do cotidiano de todos os brasileiros uma crise de proporções e magnitudes imensas. A crônica da violência se parece com boletins de guerra, uma guerra civil de um novo tipo, no qual não se luta pela direção da sociedade, mas para decompô-la, para esquartejá-la.

Em dezembro de 2010, o Rio de Janeiro foi palco de um acontecimento insólito. Bandidos de diversas facções do crime organizado, que controlam grande parte do território dos morros e favelas, em uma ação simultânea, atearam fogo em automóveis e ônibus e organizaram arrastões em vários bairros. Paralisaram a cidade, espalharam pânico e medo. Uma onda de indignação cívica se espalhou e o governo – o estadual e aquele nacional – resolveu, finalmente, responder à provocação com uma ação repressiva organizada de modo novo.

Tropas e meios blindados das Forças Armadas, da Marinha e do Exército, a Polícia Militar, através do Bope, o batalhão que foi a estrela de uma sequência de filmes de grande sucesso no país, *Tropa de Elite*, juntamente com a Polícia Civil, a Guarda Municipal e o Corpo de Bombeiros, se posicionaram e iniciaram a invasão da Vila Cruzeiro, favela situada na zona norte da cidade. A cidade se impressionou com o espetáculo da operação militar. Foram cenas de guerra, com tanques que avançavam por vielas, helicópteros que davam cobertura e a infantaria que buscava ocupar os pontos estratégicos da favela.

Os bandos armados do crime organizado pareciam não acreditar em uma resposta daquela envergadura e não estavam preparados para resistir a tal concentração de forças militares. Ocorreram somente pequenos combates. Os bandidos preferiram fugir para uma favela próxima, a do Complexo do Alemão. A fuga, através da favela pelo alto do morro, foi registrada pelas televisões e marcou o país e o mundo. Era um verdadeiro batalhão armado, filmado de helicópteros enquanto alcançava o cume do morro e também quando já entrava na outra favela. Mais ou menos uniformizados, todos armados e encapuzados. A cidade e o país puderam comprovar ao vivo que frações do território de uma das maiores cidades do país estavam submetidas ao domínio de grupos militares do crime organizado, que nesses territórios impunham sua lei e seu poder. Não era um pesadelo, era real. Constatar a existência de batalhões armados do crime organizado em ação na cidade foi uma afronta e uma humilhação ao Estado de Direito.

A indignação aumentou, e a ação repressiva continuou com a invasão do Complexo do Alemão em uma operação de guerra ainda mais poderosa e mais espetacular. Todo o Brasil acompanhou ao vivo pelas televisões os preparativos e o início das operações. Não houve combates, salvo pequenas escaramuças. Quase todos os bandidos daquela favela, assim como os que vieram da Vila Cruzeiro, conseguiram escapar misteriosamente ainda durante os preparativos para a invasão.

Entretanto, permaneceu na memória da cidade a imagem dos militares que hasteavam orgulhosamente a bandeira do Brasil no alto do morro do Alemão. A cena foi recebida com imenso vigor cívico tantos por seus atores reais como pelos milhões que a presenciaram ao vivo via mídia eletrônica. O Brasil recuperava o território da Vila Cruzeiro e do Morro do Alemão! O Brasil venceu! Aqueles morros, situados na Penha, um bairro tradicional da zona norte da cidade, finalmente voltavam a integrar o território brasileiro, voltavam a ser submetidos às leis brasileiras, e sua população voltou a gozar dos direitos da população do país. Espalhou-se uma justa euforia cidadã, como se tivesse vindo do fundo da alma de todos a certeza de que o Estado Democrático de Direito pode vencer o crime organizado. Certeza que já estava desbotando e que em muitos já tinha até desaparecido.

A cena da bandeira desfraldada foi reproduzida pela mídia muitas vezes ao dia, e foi a imagem de fundo de todas as notícias sobre os fatos durante vários dias. Os militares foram aplaudidos pela população, fato que não ocorria há decênios. Uma relação nova pode estar nascendo entre forças policiais e cidadania.

O espetáculo de alegria da população nos territórios liberados foi comovente. Lembrava a alegria das cidades liberadas do domínio nazifascista no sul da Itália, durante a Segunda Guerra Mundial, em que as tropas aliadas eram festejadas como libertadores. Foi uma festa cívica, em que se apresentou por inteira a grandeza e a densidade de uma alegria cidadã. A igreja da

> Penha pôde finalmente se iluminar outra vez, e as atividades cotidianas da vida da população de uma cidade, como ir ao cinema, fazer compras, ir a cultos, festejar, etc., puderam ser exercidas com normalidade.
>
> Entretanto, as emoções cívicas não possuem o condão de dissolver a realidade. As autoridades do governo e das forças militares empregadas nas ações se referiram sempre a elas como uma operação para "recuperação de territórios". Em suas declarações, convidaram o país a colocar os pés no chão. Esse processo está no início, e o objetivo é subtrair progressivamente territórios ao crime organizado.
>
> Isto é, as autoridades informaram formalmente à cidade, ao Brasil e ao mundo, pela TV e pelos jornais, por todas as mídias, que pedaços imensos de uma grande cidade e parcela considerável de sua população deixaram de ser Brasil e encontram-se subordinados a uma outra soberania, aquela de bandos armados do crime organizado.
>
> A admissão pública de uma situação como essa não pertence ao cotidiano de Estados nacionais e indica uma realidade extremamente grave. Indica principalmente que já se iniciou um processo de decomposição.
>
> O Brasil já está sendo esquartejado. Não para construir outros Estados soberanos, o que às vezes acontece na história dos países, como recentemente ocorreu na ex-Iugoslávia e na ex-União Soviética, mas para ser dividido, e seus pedaços serem dirigidos por grupos militares de narcotraficantes.
>
> Os fatos do Rio de Janeiro sugerem que esse processo pode ser revertido. É suficiente uma sólida vontade política das esferas de poder da nossa República. A cidadania demonstrou com clareza sua opção pelo Estado de Direito e a felicidade de pertença ao Brasil, mas se interroga: surgirão narcoestados na periferia do sistema? O Brasil pode ser um deles?

Esse purgatório social não é uma situação exclusivamente brasileira. Infelizmente, outros países latino-americanos vivem situações semelhantes em relação a sua unidade político-territorial e passam pelo mesmo processo de decomposição. É o que se pode observar no México, na Colômbia e no Paraguai, para citar aqueles onde a situação é mais grave sob esse ponto de vista.

Essa é a situação em que vive a maioria dos humanos na maior parte da periferia do sistema internacional. São as condições de vida no âmbito dos Estados Econômicos Internacionalizados.

Notas

1. MELO, Evaldo Cabral. *O Negócio do Brasil.* op. cit.

2. RICUPERO, Rubens. *A Abertura dos Portos.* São Paulo: Senac, 2008.

3. Entrevista de Rubens Ricupero à *Folha de S.Paulo* em 28/01/2008, dia em que o decreto de abertura dos portos pelo Príncipe Regente completava 200 anos.

4. ASSIS. Machado de. *O Alienista.* São Paulo: Cultrix, 1961.

5. GOMES, Laurentino. *1822.* Rio de Janeiro: Nova Fronteira, 2010.

6. NABUCO, Joaquim. *O Abolicionismo.* op. cit.

7. CONSTITUIÇÃO DA REPÚBLICA FEDERATIVA DO BRASIL. São Paulo: Saraiva, 2003.

O Povo Brasileiro

Das grandes mudanças que ocorreram nas periferias mundiais na segunda parte do século dezesseis como fruto da ação das vanguardas modernas e da burguesia internacional nascente, duas chamam a atenção pela sua grandeza, densidade, importância e originalidade. Trata-se da criação do povo brasileiro e da cultura que este povo inventou.

O povo brasileiro estará sempre entre os frutos mais fantásticos da modernidade. Aqui a humanidade inteira se encontrou e se fundiu em uma coisa só, em um povo novo, um povo "chocolate e mel" para usar essa linda expressão de Gilberto Gil.

"No Brasil de índios e negros, a obra colonial de Portugal foi também radical. Seu produto verdadeiro não foram os ouros afanosamente buscados e achados, nem as mercadorias produzidas e exportadas. Nem mesmo o que tantas riquezas permitiram erguer no velho mundo. Seu produto real foi um povo-nação, aqui plasmado principalmente pela mestiçagem, que se multiplica prodigiosamente como uma morena humanidade em flor, à espera do seu destino. Claro destino, singelo, de simplesmente ser, entre os povos, e de existir para si mesmos."[1]

Muito já se pensou e se pensa sobre essa construção moderna, muito já se escreveu e se escreve sobre este povo. Na literatura, nas canções, nas poesias e nos ensaios e teses. De todos que se dedicaram a esse prazer, duas figuras emergem e alcançam dimensões especiais nos âmbitos do estudo e da descrição deste povo. Obtiveram mesmo reconhecimento mundial. Trata-se de Gilberto Freyre e Darcy Ribeiro. Dois grandes mestres da antropologia e das ciências sociais, dois grandes escritores, dois grandes brasileiros.

> Conheci os textos fundamentais desses autores no exílio, em 1971. Conheci-os em língua estrangeira, em italiano. Ainda assim me emocionaram muitas vezes. Muitas vezes abandonei a sala de leitura da biblioteca da universidade para, na atmosfera fria e escura, mas bela, de Milão, sentir até dissipar a emoção densa que em mim produzia a nossa formação como povo e me sentir um membro de nós. Sentir as emoções de contemplar, na história, a formação do meu povo.
>
> Além da competência, do rigor e da seriedade, encontrei sempre nesses autores, escritos em maiúsculas invisíveis, a aceitação, o reconhecimento e o orgulho que ambos expressam de pertencer a este povo, de ser parte da construção da cultura dele. Emocionou-me sempre, e muito, as palavras, mas sobretudo as entrelinhas, a atmosfera da construção intelectual desses autores. Trópico puro.
>
> Esses dois autores buscam, no rigor da formação teórica que ambos percorreram, espaços para que a realidade deste povo novo entre teoria adentro e apresente sua exuberante originalidade. E o fazem amando o objeto estudado, sem neutralidade afetiva.

O encontro que a humanidade realizou no território brasileiro foi diferente dos encontros dos outros povos que a história humana registra. As populações que aqui se encontraram estariam definitivamente marcadas pelas circunstâncias especiais de como isso se deu. Três são os traços mais salientes.

O primeiro é que aqui se encontraram populações cuja herança cultural tinha sido dissolvida, para usar expressão de Bauman. O encontro se deu entre indivíduos isolados do seu contexto tribal (sejam africanos ou brasilíndios) e entre indivíduos esvaziados de todas as suas referências sociais e culturais, indivíduos desmantelados, desmanchados, indivíduos em uma situação de não ser. Gente que tinha perdido o "si mesmo". Gente em busca.

> "Era a humanidade mesma que entrava noutra instância de sua existência, na qual se extinguiriam milhares de povos, com suas línguas e culturas próprias e singulares, para dar nascimento às macroetnias maiores e mais abrangentes que jamais se viu."[2]

O segundo é que foram espremidos nas dimensões sociais de uma empresa moderna, uma imensa plantação e uma agroindústria que produzia para o mundo. Foram espremidos na condição de escravos e servos. Não formaram uma sociedade diferente, como já havia ocorrido em grandes encontros de populações no curso da história – basta pensar na invasão do império romano pelos bárbaros. Aqui foram enquartelados nos limites de um empreendimento agrário-industrial e comercial. Naquelas circunstâncias, a existência concreta das pessoas era proveniente da posição que possuíam na estrutura da empresa.

O português também sofreu o impacto dessas duas variáveis, mas de modo diverso. Sua condição social também era determinada pela sua posição na empresa, mas não foi derretido como objeto, como ocorreu com os outros povos. Porém, não saiu incólume. Sua vida aqui nos trópicos era completamente diversa da vida na Europa. Suas funções, suas atitudes e, sobretudo, seu poder eram diferentes. Aos poucos foram nascendo até valores diferentes. Ocorreu uma transformação sociocultural inédita para eles também. A diferença é que eles se achavam na condição de sujeitos, e sujeitos dominantes, portanto, completamente diferente dos povos objetos originários da própria terra brasileira e dos que vieram da África.

E, finalmente, o terceiro é que se criou um povo cujo passado não servia para nada, não tinha função na orientação e compreensão da existência concreta, não tinha lugar nas novas vidas. Nas gerações pioneiras, as primeiras, o passado foi deletado. Permaneceu só o presente perverso, com suas dores, e as possibilidades do futuro com seus sonhos.

E foi dessa condição de "não ser social", gente de passado inútil, que esses novos "seres empresariais" começaram a se misturar cada vez mais até produzir o povo brasileiro, uma etnia nacional, como nos mostram os estudos pertinentes.

Na história dos outros povos, principalmente dos europeus e orientais, foram estes que criaram as empresas, o Estado, o poder. Aqui foi diferente. No Brasil, a empresa é que criou o povo, a empresa é que criou o Estado – a administração colonial, o núcleo originário do Estado Econômico Internacionalizado – e foi a empresa a criar o poder. Não só criou o poder, mas o exerce há cinco séculos.

A população que participou desse encontro humano de tipo novo, inventado pelas vanguardas modernas, constitui uma multidão. É até surpreendente que tão poucos lusitanos tenham tido a capacidade de administrar um encontro tão amplo.

O território do Brasil era, em 1500, habitado por vários povos, organizados em tribos. Nunca se saberá ao certo quantos eram, mas parto do cálculo de Darcy Ribeiro, que estimou que, no momento da descoberta, aqui viviam 5 milhões de índios, com predominância Tupi. Sua grande maioria foi exterminada. Um genocídio de dimensões colossais, como narram todos que estudaram a questão. Derretidos e "sem si mesmo" foram somente os que ficaram vivos, poucos em relação ao antigo todo. As existências dos sobreviventes flutuavam sobre a morte em dimensões assombrosas. Morte nas guerras justas, morte pelas epidemias e morte como normal gasto de energia nas plantações e nos engenhos, como nos dirá perplexo José de Anchieta:

> "A gente que de vinte anos a esta parte é gastada nesta Bahia, parece cousa que não se pode crer, porque nunca ninguém cuidou que tanta gente se gastasse nunca. Vão ver agora os engenhos e fazendas da Bahia acha-los-ão cheios de negros da Guiné e muito poucos da terra e se perguntarem por tanta gente, dirão que morreu."[3]

Os africanos que para cá foram trazidos também formaram uma multidão. E uma multidão especial. Vieram africanos da costa da Nigéria e de toda a região norte ocidental, vieram africanos da Angola e de toda a região sul ocidental, vieram de Moçambique e de toda a África sul oriental, da Somália e Etiópia e de toda a África norte oriental. E muitos africanos da África central, que eram capturados e levados para os litorais para serem vendidos. Toda a África para cá veio, para se encontrar com os tupis e os portugueses.

Somente para o Brasil vieram milhões. Também neste caso ninguém nunca conhecerá os números exatos. As estimativas são variadas. Rocha Pombo (1905) estimará em 15 milhões, Calógeras (1927) em 13,5 milhões. Taunay (1941) e Simonsen (1937), tentando basear-se exclusivamente nos dados existentes, estimam em 4,6 milhões e 3,3 milhões, respectivamente.[4] Em um trabalho publicado em 2011, Francisco Vidal Luna e Herbert S. Klein estimam em 4,9 milhões.[5]

Se forem considerados alguns dados como aqueles que nos apresenta Basil Davidson,[6] de que a África perdeu aproximadamente 50 milhões de indivíduos em quatro séculos e que o Brasil foi sempre um dos principais destinos, e também se for considerado que, para manter um estoque de escravos como o do Brasil durante quase três séculos, levando-se em conta a pequena vida útil desses seres humanos envolvidos pela tragédia, era necessária uma reposição permanente, é provável que Calógeras e Rocha Pombo estivessem mais perto da realidade do que todos os outros, embora seja difícil demonstrar. As fontes seguras da historiografia contemporânea parecem conduzir a avaliações como a de Luna e Klein.

Na realidade, no quadro da construção da empresa colonial, gente não tinha importância alguma. Era para ser gasto mesmo. Sabemos em grandes detalhes sobre a produção de açúcar, de café, de ouro, sobre a renda fantástica produzida pela empresa que aqui se instalou, mas não temos dados seguros, nem mesmo parciais, sobre os humanos que dela participaram.

Todos os olhos e todos os pensamentos eram para a empresa, para a sua segurança, para sua performance, para seus lucros.

A primeira estimativa da nossa população foi feita pelo jesuíta José de Anchieta, que em 1584 avaliou a população do Brasil em 57 mil habitantes, sendo que 25 mil eram constituídos por brancos da terra (mestiços, português/índias), 18 mil índios e 14 mil negros.[7]

Capistrano de Abreu estima que, em 1600, a população neobrasileira alcançava o patamar de 200 mil habitantes, sendo que 120 mil eram indígenas destribados, já incorporados, 50 mil os brancos por definição e 30 mil escravos negros. A população urbana, nas poucas vilas, era estimada entre 6 e 8 mil habitantes.[8]

O primeiro Censo Demográfico, realizado no Brasi em 1872, mostrou os seguintes dados:[9]

População total:	9.930.479
Escravos:	1.510.806
Brancos:	3.787.289
Mulatos/Mestiços	3.801.782

"Os mestiços são de vários graus, dos quais cerca de dois milhões (precisamente 1.954.452) de raça africana e 386.955 de raça ameríndia, constituindo estes, portanto, a quinta parte dos mestiços recenseados."[10]

Se bem observados, esses dados nos mostram que as avaliações sobre nossa população em geral não levam em conta a população indígena. A população do Brasil não é avaliada em relação aos humanos que vivem no seu território, mas exclusivamente àqueles integrados na Empresa Brasil.

Como a empresa é que constituiu a formação social brasileira, os dados são restritos àquela população que vivia dentro dos seus limites, isto é, no território que a empresa conseguia ocupar, não se referiam aos humanos que habitavam todo o território brasileiro. É uma questão conceitual. Assim também imigrantes são considerados somente os europeus (e serão muitos a partir do século dezenove), pois os africanos são considerados como importação.

É no próprio Azevedo que encontramos a seguinte formulação:

"Dessas três raças, porém, que desde as origens confluíram na formação das populações no Brasil, em proporções desiguais e variáveis com as diversas regiões do país, a dos conquistadores brancos tornou-se o elemento fundamental, embora tivesse constituído a parcela menor, como se pode depreender dos cálculos que davam para o Brasil em 1789, quase três séculos depois do descobrimento, 1.500.000 negros escravos, para um total de 2.300.000 habitantes, sem incluir as sociedades primitivas. Os povos selvagens, agricultores e caçadores, que deviam ser numerosos em 1500, mas cujo número ainda hoje seria difícil se não impossível calcular com segurança, por falta de dados (...)."[11]

As sociedades primitivas... os povos selvagens...

Darcy Ribeiro é o único que procura e propõe um olhar global sobre a nossa população. Em 1800, nos informa o autor, a população do Brasil alcança o número inicial, isto é, 5 milhões de habitantes. A metade, 2,5 milhões, é formada agora por "brancos" do Brasil, isto é, mestiços e mulatos. Os escravos africanos atingiam a soma de 1,5 milhão, sendo um terço constituído por crioulos. Os índios incorporados à empresa totalizavam 500 mil. E um milhão de índios ainda vivia fora dos limites da empresa e seriam incorporados e exterminados posteriormente.

Segundo Darcy Ribeiro, está é a evolução da formação do povo brasileiro:[12]

	1500	1600	1700	1800
"Brancos" do Brasil	–	50.000	150.000	2.000.000
Escravos	–	30.000	150.000	1.500.000
Índios "integrados"	–	120.000	200.000	500.000
Índios isolados	5.000.000	4.000.000	2.000.000	1.000.000
Totais	5.000.000	4.200.000	2.500.000	5.000.000

Neste quadro se pode observar o incremento da mão de obra escrava e o extermínio indígena, mas, sobretudo, uma transfiguração. A população brasileira em 1800 corresponde àquela existente 300 anos antes, mas trata-se de outra população. Completou-se o ciclo no qual um povo antigo desapareceu e surgiu um novo.

Esse novo é muito diferente do original. Tinha se completado a transformação do Brasil na sede de um encontro humano planetário, em que tudo se misturou em um caldo inédito, desconhecido para cada um dos componentes básicos que o criou.

As raças se perderam, se desmancharam e desapareceram no encontro planetário que aqui ocorreu. Desse desaparecimento surgiu um povo novo. Por amor, por paixão ou pelo poder, todos se diluíram em uma nova etnia, que brotou da desigualdade mais radical que se tem notícia no âmbito da modernidade.

Pelas moitas, pelos campos, pelos canaviais, pelas beiras de rios, pelas redes, esteiras, muros e camas, em senzalas e em casas grandes, em sacristias e engenhos, foi nascendo algo diferente de tudo o que se conhecia sobre a espécie humana. Esse novo somos nós, o povo brasileiro.

É surpreendente que, do meio de tanta opressão, de tanto genocídio, de tanto desfazimento, tenha nascido e brotado o encontro.

"O espantoso é que os índios como os pretos, postos nesse engenho deculturativo, consigam permanecer humanos. Só o conseguem porém mediante um esforço inaudito de auto-reconstrução no fluxo do seu processo de desfazimento. Não tem outra saída, entretanto, uma vez que da condição de escravo só se sai pela porta da morte ou da fuga."[13]

A humanidade não se reuniu aqui no Brasil, como o fez em tantos outros lugares. Aqui a humanidade dominou e se subordinou, se desmanchou e se reconstruiu, se encontrou, se odiou e se amou, se admirou e se atraiu, se misturou e se fez uma só.

A etnia nacional que nasceu aqui é uma etnia planetária, é global dentro de si mesma, nos ninhos mais secretos dos seus cromossomos. O Brasil é uma antecipação. Quanto mais as humanidades do mundo se encontrarem, mais o mundo se parecerá brasileiro. Mais se abrasileirará.

> A síntese.
> O equilíbrio.
> (...)
> A invenção.
> A surpresa.
> Uma nova perspectiva.
> Uma nova escala.
>
> *Manifesto Pau-Brasil*, Oswald de Andrade

A exuberância da originalidade da etnia brasileira provoca um impacto imenso em todos os que possuem a sensibilidade de senti-la, de observá-la e de se relacionar com ela. O jeitão brasileiro de ser é alvo de comentários cotidianos por parte de visitantes e da mídia mundial.

Certamente houve um momento inicial. Difícil de determinar o quanto. Neste momento a mestiçagem se afirmou como um povo novo. Afirmou-se para si mesma e para os grupos étnicos de onde se originou sua formação e, aos poucos, foi se afirmando para outros humanos, de outras culturas, de outros povos. Esse processo encontra-se em conclusão nesta nossa era.

*

O impacto produzido pelos brasileiros se parece com aquele produzido pelos nossos índios no alvorecer do século dezesseis e que, a partir da surpresa de um Caminha, de um Vespúcio, de um Lery, de um Thevet, acabou por seduzir figuras exponenciais da cultura europeia, como Montaigne, Thomas More, Rousseau e tantos outros.

Um exemplo importante desse impacto pode ser encontrado aqui mesmo, na nossa América Latina. Em 1922, por ocasião do centenário da nossa Independência, o México, saindo das tempestades políticas de sua Revolução, enviou ao Brasil uma grande delegação para festejar conosco. A comitiva era composta por militares, intelectuais e artistas. Vieram participar da nossa festa e também presentear o povo brasileiro com a estátua de Cuauthémoc, o último imperador azteca, que hoje ornamenta e enobrece, com a sua presença, o Aterro do Flamengo, no Rio de Janeiro. Designa um lugar. É a Praça Cuauthémoc.

A delegação era chefiada por um grande intelectual mexicano, na ocasião ministro da Educação daquele país e que mais tarde seria também candidato à presidência da República. Trata-se de José Vasconcelos. Mais de trinta anos depois, em 1957, um importante escritor brasileiro, Érico Veríssimo, visitou o México e escreveu um livro de memórias da viagem: *México: História duma Viagem*.[14] Um capítulo do livro é dedicado aos seus encontros e diálogos com José Vasconcelos.

Vasconcelos manteve estreitas relações com a intelectualidade brasileira, visitou vários estados e pronunciou várias conferências pelo Brasil, inclusive na Academia Brasileira de Letras. Um ano depois de sua visita, em 1923, já começou a publicar, pelo próprio Ministério que dirigia, suas impressões de viagem, que também tinha se estendido a outros países da América do Sul. Mas será três anos mais tarde, em 1925, que publicará em Barcelona e em Paris um trabalho notável, intitulado *La Raza Cósmica*.[15]

No cenário cultural da época, dominado por debates sobre a questão das raças, com o nazismo e o fascismo em trajetória ascendente, Vasconcelos faz um emocionado e brilhante elogio à mestiçagem. A mestiçagem aqui produziu essa etnia nova que ele denominará de "la raza cósmica". Essa nova etapa na evolução da humanidade seria a síntese dos humanos, e para Vasconcelos:

> "Sintetizar es todavia mas que sumar, porque la suma va agregando uno a outro los homogêneos y la síntesis es suma de homogéneos y de heterogêneos; visión de conjunto que no destruye la riqueza de la heterogeneidad sino que la exalta y le da meta."[16]

Para Vasconcelos, a humanidade em sua evolução criou quatro troncos, quatro raças: o negro, o índio, o mogol e o branco. Através da mestiçagem criou-se aqui na América do Sul a quinta raça, a raça cósmica.

> "Constituimos um agregado racial homogéneo, tan homogeneo como cualquer raza homogenea de la tierra, y esta raza una, la raza iberoamericana, habita una zona extensa y continua del Nuevo Mundo."[17]

Para o intelectual mexicano, cada raça teve sua missão na história humana. Cumpre essa missão e prepara a missão das outras raças. A história não volta atrás. Vivemos hoje a supremacia da raça branca que invadiu e ocupou o mundo, mas seu papel é muito importante pois: "El blanco ha puesto el mundo en situación de que todos los tipos y todas las culturas puedan fundir-se".[18] E adverte que: "Los dias de los blancos puros, los vencedores de hoy, estan tan contados como lo estuvieran los de sus antecesores".[19]

Segundo esse intelectual mexicano, a América do Sul permaneceu por milhares de anos recolhida:

"Su predestinación obedece al designio de constituir la cuna de uma raza quinta en la que fundirán todos los pueblos, para reemplazar a las cuatro que aisladamente ha venido forjando la Historia. En el suelo de América hallará término la dispersión, allí se consumará la unidad por el triunfo del amor fecundo, y la superación de todas las estirpes."[20]

Mais adiante afirma que "lo que de allí va a salir es la raza definitiva, la raza síntesis o raza integral, hecha con el genio y con la sangre de todos los pueblos y, por lo mismo, mas capaz de verdadera fraternidad y de visión realmente universal"[21] e chama a atenção para que "en un instante de crisis histórica, formularon la misión trascendental asignada a aquella zona del globo: misión de fundir étnica y espiritualmente a las gentes".[22]

Tecendo considerações sobre a supremacía atual da raça branca, afirma:

"Pues se vera en seguida que somos nosotros de mañana, en tanto que ellos van siendo de ayer. Acabarán de formar los yanquis el último gran imperio de una sola raza: el imperio final del poderío blanco".[23]

Vasconcelos entende que a humanidade passou por três etapas em sua evolução: "El material o guerrero, el intelectual o político y el espiritual o estético". A supremacia da raça branca corresponde ao segundo estágio, "intelectual o politico", que é a etapa atual da humanidade, enquanto o estágio "espiritual o estético" será alcançado pela quinta raça, pela raça cósmica, quando "la vida fundada em el amor llegará a expresarse em formas de belleza".[24]

Sobre as características do estágio "intelectual o estético", missão histórica da raça cósmica, afirma Vasconcelos:

"La verdadera potencia creadora de júbilo esta contenida en la ley del tercer período, que es emoción de belleza y un amor tan acendrado que se confunde con la revelación divina[25] (...) se buscará en el sentimiento creador y en la belleza que convence. (...) Las normas las dará la facultad suprema, la fantasía; es decir se vivirá sin norma, en un estado en que todo cuanto nasce del sentimiento es un acierto. En vez de reglas, inspiración constante. Y no se buscará el merito de una acción en su resultado inmediato y palpable, como ocurre en el primer período; ni tampoco se atenderá a que se adapte a determinadas reglas de razón pura; el mismo imperativo etico será sobrepujado y mas allá del bien y del mal, en el mundo de pathos estético, sólo importará que el acto, por ser bello, produzca dicha. Hacer nuestro antojo, no nuestro deber; seguir en sendero del gusto, no el del apetito ni el del silogismo; vivir el júbilo fundado en amor, ésa es la tercera etapa.[26]

As relações sociais serão afetivas e se orientarão pela lei singular do terceiro período, "la ley de simpatia, refinada por el sentido de la belleza".

Em um texto belo e empolgante, aqui e ali escapa, irresistível, efeitos que podem ser atribuídos à sua viagem ao Brasil.

"Lãs grandes civilizaciones se iniciaron entre trópicos y la civilización final volverá al trópico. (...) Entonces la Humanidad entera se derramará sobre el trópico, y en la inmensidad solemne de sus paisajes, las almas conquistarán la plenitud. (...) La tierra de promisión estará entonces en la zona que hoy comprende el Brasil entero, más Colombia, Venezuela, Ecuador, parte del Peru, parte de Bolivia y la región superior de la Argentina."[27]

Vasconcelos arremata dizendo: "El panorama de Rio de Janeiro actual o de Santos con la ciudad y su bahía nos pueden dar una idea de lo que será ese emporio futuro de la raza cabal, que está por venir".[28]

Palavras estas que tão bem se combinam com as de Darcy Ribeiro,

"Somos povos novos ainda na luta para nos fazermos a nós mesmos como um gênero humano novo que nunca existiu antes. Tarefa muito mais difícil e penosa, mas também muito mais bela e desafiante. (...) Estamos nos construindo na luta para florescer amanhã como uma nova civilização, mestiça e tropical, orgulhosa de si mesma. Mais alegre, porque mais sofrida. Melhor, porque incorpora em si mais humanidades. Mais generosa, porque aberta à convivência com todas as raças e todas as culturas e porque assentada na mais bela e luminosa província da Terra."[29]

Isto é o povo brasileiro. Um povo planetário, produto especial da unificação do mundo na era moderna, que se incorporou para sempre na constituição da humanidade e em sua história.

Notas

1. RIBEIRO, Darcy. *O Povo Brasileiro.* op. cit. p. 62.

2. Ibidem. p. 37.

3. Citado por RIBEIRO, Darcy. op. cit. p. 47.

4. RIBEIRO, Darcy. op. cit. p. 146.

5. LUNA, Francisco Vidal; KLEIN, Herbert S. *O Escravismo no Brasil.* São Paulo: Ed. USP, 2011.

6. DAVIDSON, Basil. *La Madre Nera. L'África Nera e Il Commercio degli Schiavi.* Totino: Giulio Einaudi Editore, 1966.

7. RIBEIRO, Darcy. op. cit. p. 135.

8. Idem.

9. AZEVEDO, Fernando. *A Cultura Brasileira: Introdução ao Estudo da Cultura no Brasil.* Brasília: Ed. UNB/UFRJ, 1996.

10. Ibidem. p. 68.

11. Ibidem. p. 63.

12. RIBEIRO, Darcy. op. cit. p. 137.

13. Ibidem. p. 106.

14. VERÍSSIMO, Erico. *México: História duma Viagem.* Porto Alegre: Globo, 1964.

15. VASCONCELLOS, José. *La Raza Cósmica.* México: Libreros Mexicanos, 1958. (Obras Completas, tomo II).

16. "Entretanto, sintetizar é mais do que somar, porque a soma vai agregando os homogêneos um ao outro, e a síntese é a soma de homogêneos e hete-rogêneos; visão de conjunto que não destrói a riqueza da heterogeneidade mas a exalta e lhe dá sentido." Ibidem. p. 119.

17. "Constituímos um conjunto racial homogêneo, tão homogêneo quanto qualquer outra raça homogênea da Terra, e essa raça única, a raça ibero-americana, ocupa uma região extensa e contínua do Novo Mundo." Ibidem. p. 126.

18. "O branco conduziu o mundo para uma situação na qual todos os tipos e todas as culturas pudessem fundir-se." Ibidem. p. 88.

19. "Os dias dos brancos puros, dos vencedores de hoje, estão tão contados quanto estavam aqueles de seus antecessores." Ibidem. p. 95.

20. "Sua predestinação obedece ao designio de constituir-se no berço de uma quinta raça, na qual se fundirão todos os povos, para substituir aquelas quatro que isoladamente têm construído a história. Nos território da América terá fim a dispersão, lá se consumará a unidade pelo triunfo do amor fecundo e a superação de todas as estirpes." Ibidem. p. 96.

21. "O que sairá de lá é a raça definitiva, a raça síntese ou raça integral, resul-tante do gênio e do sangue de todos os povos, e, por isso mesmo, mais pre-

parada para a verdadeira fraternidade e para a visão realmente universal."
Ibidem. p. 99

22. "(...) em um momento de crise histórica formularam a missão trans-
cendental designada para aquela região do globo: missão de fundir étnica
e espiritualmente todos os povos." Ibidem. p. 97.

23. "Se observará que nós somos a manhã enquanto eles começam a ser ontem. Os yankees terminarão por formar o último grande império de uma
raça só: o império final do poder branco." Ibidem. p. 98.

24. "O material ou guerreiro, o intelectual ou político e o espiritual ou estético." "(...) a vida fundada sobre o amor se expressará em forma de beleza."
Ibidem. p. 102.

25. "A verdadeira potência criadora da alegria está contida na lei do terceiro
período, que é a emoção da beleza e um amor tão puro que se confunde
com a revelação divina." Ibidem. p. 114.

26. "Se buscará no sentimento criador e na beleza que convence. (...) As normas serão dadas pela faculdade suprema, a fantasia; quer dizer, se viverá
sem normas, em um estado no qual tudo aquilo que nascer do sentimento
é um acerto. Em vez de regras, inspiração constante. E não se buscará o
mérito de uma ação em seu resultado imediato e concreto, como ocorreu
no primeiro período; nem mesmo se esperará que se adapte a determinadas regras da razão pura; até o imperativo ético será superado, além do bem
e do mal, no mundo do pathos estético, somente importará que a ação, por
ser bela, o produzirá. Realizar nossos caprichos, não nosso dever; seguir o
caminho da justiça, não aquele do apetite nem do silogismo; viver a alegria
fundada no amor, essa é a terceira etapa." Ibidem. p. 102.

27. "As grandes civilizações iniciaram nos trópicos e a civilização final retornará
aos trópicos. (...) Então, a humanidade inteira se derramará sobre os trópicos e na imensidão solene de suas paisagens, as almas conquistarão a plenitude. (...) A terra prometida estará na zona que hoje compreende o Brasil
inteiro, mais a Colômbia, Venezuela, Equador, parte do Peru, parte da Bo-
lívia e a região norte da Argentina." Ibidem. p. 101-102.

28. "O panorama do Rio de Janeiro atual ou de Santos, com a cidade e sua baía,
podem dar-nos uma ideia do que será esse empório futuro da raça completa que está por vir." Ibidem. p. 102.

29. RIBEIRO, Darcy. op. cit. p. 411.

A Cultura Brasileira

"Lo que brilla con luz propria nadia lo puede apagar."

Chico Buarque/Pablo Milanés

Mais exuberante e original do que a etnia nacional brasileira, do que o povo planetário que aqui brotou, é a cultura que esse mesmo povo criou e continua a criar. A cultura brasileira.

É natural que estas reflexões, tendo partido da construção do mundo mundial e alcançado o surgimento do povo brasileiro, pausem-se sobre ela, nem que seja somente para reconhecê-la e tecer sobre ela considerações breves, na simplicidade da andadura desta obra.

O surgimento da cultura brasileira era inevitável. Era natural que a gigantesca intervenção sobre a história das relações entre os humanos que habitavam o planeta no século dezesseis, gerando um encontro compulsório entre tantos povos e empurrando-os à miscigenação que gerará uma nova etnia, construísse uma cultura própria. É próprio do humano construir-se culturalmente. Era inevitável também que ela fosse original, distinta da cultura dos diferentes povos que aqui vieram se encontrar. Aos poucos foi se construindo, se afirmando, alcançando legitimidade.

Reconhecida e admirada hoje no mundo todo, a cultura brasileira ocupa um lugar especial no cenário cultural da Terra. Ela se legitimou no plano mundial pela sua própria força. Recebe hoje um reconhecimento como cultura nacional igual àquele dado às culturas dos polos dominantes – que dominam as comunicações mundiais – ou às culturas milenares. Esse reconhecimento mundial da cultura brasileira é independente da nossa economia e da nossa política. É infinitamente maior do que ambas.

O mundo reconhece, respeita e admira a cultura brasileira – o jeito de ser do Brasil –, os conteúdos expressos por seus valores, valores que se apresentam e se transmitem em uma busca incansável pela vida. Reconhece e admira a sua alegria, a força e a beleza de sua música, de sua percussão, de sua literatura, de suas danças, de seu teatro, de seu cinema, do seu jeito de comer, da plástica dos seus trejeitos, de suas artes plásticas, da criatividade fantástica visível na arquitetura emocionante de um Niemeyer e na arte simples que seu povo cria todo dia. Inclusive a arte de viver.

A cultura brasileira também surpreende o mundo pela beleza, alegria e emoção de suas festas, que foram criadas e continuam a se reproduzir, apesar da miséria, da pobreza, da exclusão, no meio de uma violência que aqui chegou há 500 anos e não quer ir embora.

A admiração e o respeito pela nossa cultura são capazes de conduzir italianos, suíços, japoneses e alemães a formarem escolas de samba e desfilarem desassombrados pelas ruas de seus países tocando cuíca e tamborim e cantando, em português, sambas-enredos das escolas do Rio de Janeiro. É capaz de levar estadunidenses e canadenses, espanhóis e holandeses a tomarem o santo-daime e cantarem, em português, o hinário dos seus "padrinhos".

A cultura brasileira é capaz de envolver o planeta com seus sons. Nossos ritmos e nossas melodias são mundiais. É capaz de embelezar o mundo e os humanos com sua moda e a todos encantar com a plástica diferente da mestiçagem, que tão bem se expressa no seu jeito próprio de jogar futebol, na realidade reinventá-lo, como ocorreu com a invenção da "bicicleta", da "pedalada", do drible do elástico, da "folha seca"...

A originalidade da cultura brasileira já é surpreendente. É espantoso que mesmo nas entranhas da grande tragédia humana vivida por povos dominados e liquefeitos pelas engrenagens da empresa agrário-exportadora tenha nascido uma cultura tão forte e alegre, caracterizada "(...) pela inverossímil alegria e espantosa vontade de felicidade, num povo tão sacrificado, que alenta e comove a todos os brasileiros", conforme escreveu Darcy,[1] e marcada pelas leis do amor, da estética e da alegria, como percebeu Vasconcelos, uma cultura na qual, como escreveu Oswald em seu *Manifesto Antropófago*, "a alegria é a prova dos nove".[2]

> "No meu coração brasileiro, plantei um terreiro, colhi um caminho
> Armei arapuca, fui pra tocaia, fui guerrear

> Meu coração brasileiro, anda de lado, manca, inclinado
> De norte a sul a vida é o rumo que é mais procurado
> (...)
> No vão do espaço de procurar, o coração que for brasileiro
> Faço capina, chumbo a cravina, quero alegria, quero alegrar."
> *Coração Brasileiro*, Milton Nascimento/Celso Adolfo

Densos mistérios envolvem as origens da cultura brasileira. Surgirá como instrumento de domesticação de seres humanos desintegrados pelo desaparecimento do seu universo sociocultural, como os escravos e os índios. Era essencial para os objetivos da Empresa Brasil e para a própria sobrevivência dos sujeitos humanos envolvidos na aventura que se alcançasse um certo grau de coesão, de integração, de possibilidades de comunicação e de convivência.

Para a criação desses padrões de convivência, a matriz cultural do colonizador português foi o agente mais importante. Seja pelo exercício do poder em forma absoluta pelos europeus, seja porque era a matriz cultural que não tinha sido dissolvida.

A instituição da escravidão moderna e a sistemática destruição de tribos deram a esse domínio tal intensidade que não seria estranho se a mistura ganhasse uma fisionomia cultural lusitana, europeia. Mas esse resultado não será alcançado, embora a discriminação e a repressão a todas as formas não europeias de manifestações culturais tenham avançado pela história brasileira adentro até beirar nossos dias.

Observada à distância de quinhentos anos, é inevitável também reconhecer – com alegria e felicidade! – que, simultaneamente ao domínio e penetrando por suas entranhas, intervieram outros processos. Entre estes merecem destaque a capacidade daqueles seres humanos oprimidos ao extremo de manterem, cultivarem e transmitirem, ainda que fragmentados, elementos culturais fundamentais de suas origens; a capacidade daqueles grupos humanos de abrirem-se em uma fusão étnica intensa e generalizada, evento não muito freqüente na história dos povos até aquele momento; e, finalmente, a capacidade de, nas gretas e frestas do projeto de domínio, impor a legitimação e o reconhecimento de muitos dos seus traços culturais na cultura múltipla que surgirá daquele encontro de povos.

"O Brasil fascina por sua miscigenação de raízes indígenas, europeias, asiáticas e africanas, e suas várias facetas refletidas na cultura nacional. Culinária, música, artesanato, arquitetura, produções artísticas e festas populares ultrapassam as fronteiras do território nacional." (Site oficial do governo brasileiro: http://www.brasil.gov.br/sobre/cultura)

> "Constituem patrimônio cultural brasileiro os bens de natureza material e imaterial, tomados individualmente ou em conjunto, portadores de referência à identidade, à ação, à memória dos diferentes grupos formadores da sociedade brasileira (...)."
>
> Art. 216 da *Constituição do Brasil*, 1988

Certamente foi uma história de muitas lutas e confrontos, de tenazes resistências, que se escondem nas entrelinhas da historiografia oficial. Mas o saldo dessas lutas e confrontos é a inegável natureza múltipla da cultura brasileira, e a incorporação na essência dos seus fundamentos, em forma definitiva, de marcas culturais de suas três principais componentes fundadoras.

Os dominados das origens conseguiram sobreviver no âmbito da cultura. Nesse sentido se pode dizer que a cultura foi a única instância do que se pode chamar de Brasil, que incluiu, ainda que de modo desigual, todos os sujeitos que intervieram em sua formação, ao contrário da economia e da política.

Duas tendências emergem com nitidez da trajetória histórica da nossa cultura. De um lado, o enfraquecer do projeto de lusitanização, de europeização e, de outro, o reforçar da contribuição cultural dos povos que constituíam o polo dominado do sistema social empresarial da Empresa Brasil, os índios brasileiros, os escravos africanos e seus descendentes e os mestiços. Os de baixo. É fascinante a forma como esses conteúdos foram se construindo e se afirmando, resistindo a todas as imposições. Essa resistência e essa afirmação não são um processo do passado, que já se concluiu. Continuam até hoje e integram o cotidiano da vida cultural do nosso país.

É por esse resistir e esse afirmar-se que a história da cultura brasileira se incorpora como uma importante página da história das resistências culturais que os seres humanos são capazes de sustentar.

Construída como instrumento de um processo de manipulação e controle sobre grupos sociais subalternos desmanchados, que marcou o domínio dos portugueses sobre etnias dominadas, não obscureceu completamente o outro lado da mesma equação político-cultural, ou seja, foi também a instância de integração daquele precário e nascente sistema social e, enquanto tal, evitou que a história brasileira fosse marcada por um *apartheid* cultural e racial, com contraposições e conflitos radicais que teriam inviabilizado a experiência de construção nacional em tão vasto e variado território, sobre tantas raízes culturais diversas. A cultura funcionou como uma eficiente instância de integração da estrutura social do jovem e grande Brasil.

Observada sob esse ângulo, verifica-se que a cultura brasileira contribuiu para evitar uma tragédia maior no passado e veio crescendo em densidade, beleza e força, até os dias de hoje, quando se apresenta como importante recurso do país para a construção do seu futuro.

A cultura brasileira mostra, cada dia mais, que é uma contribuição importante e decisiva para uma emancipação libertadora, criadora de alegria e felicidade e também de uma nova harmonia entre os homens e com a natureza.

Aquele povo mestiço do "não ser", pois não eram índios, não eram brancos e não eram negros, acabou inventando um modo de ser simultaneamente aceito por todos, através da criação cultural que os unificou. Nestas reflexões serão sublinhadas algumas das tantas características da cultura brasileira. Sem hierarquizá-las. É só um meditar.

*

A primeira característica, talvez aquela mais saliente, é que a cultura brasileira foi a única produção local que não foi feita para vender, que não era mercadoria.

A Empresa Brasil construiu o latifúndio, a agroindústria, o comércio, a administração, o Estado e tantas outras coisas, mas a cultura brasileira foi uma criação espontânea e livre do povo que aqui se fez. Embora não tenha brotado como um produto, não tendo sido criada como tal, hoje é uma das principais criações nacionais.

Mas neste primeiro meio milênio de vida, pode-se dizer, a cultura brasileira se caracterizou por ser a única produção nacional criada por todos e que pertence a todos. Foi criada para superar o doloroso sofrimento humano provocado pela sociedade empresarial. Nasceu só para nossa alegria e felicidade. É coisa da intimidade da nossa vida social

Na escravidão e na servidão, no desespero de tentar sobreviver em mundos que tinham desabado, os momentos de encontro, compulsórios ou furtivos, parecem ter sido os únicos de vida alegre e feliz, e foram nesses momentos que cada um compareceu trazendo para o convívio os frutos de quintal de suas almas, seus pedaços desintegrados, seus sons, suas palavras, seus sotaques, seus batuques, seus cantos, seus quitutes.

No convívio, nas relações sociais, é que foram surgindo as formas próprias com que cada um conseguia se elaborar para o reconhecimento e equilíbrio de si mesmo, como uma tentativa de compreender e sobreviver no mundo da escravidão, da senzala, da vida solitária nas matas e daquela surpreendente e incompreensível estrutura social. A vida podia sempre acabar amanhã. A destruição e a morte os rodeavam, tanto quanto a chibata, as correntes e os grilhões. Quem sabe se deva a essas circunstâncias o fato de que esse pouco conviver entre almas desmanchadas que experimentavam a originalidade do "não ser" étnico tenha sido sempre marcado pela alegria e pela invenção, fosse nas rodas de capoeira e nas batucadas dos escravos urbanos ao final do dia, fosse em torno de um fogueira na zona rural. A essa alegria se deve somar o delírio extravagante dos descendentes dos conquistadores europeus, todos transformados em senhores por causa da aventura colonial.

Foi assim nascendo uma identidade completamente nova, pois cada um jamais poderia repetir a cultura de seus pais, suas mães, a cultura do seu povo. Não podiam até mesmo porque não sabiam como fazê-lo.

A mestiçada era diferente de todos e experimentou viver a diferença, aceitou sua originalidade. Nessa atitude, nessa postura existencial nascerá a cultura brasileira. Esse processo convidou todos a descobrir e construir novos símbolos, novos sons e ritmos, novos cheiros e paladares, novas imagens e palavras, novas atitudes, encontros e paixões, melodias e sintaxes. Esse processo os levou a descobrir e inventar sorrisos e olhares, passadas e requebrados. Foi surgindo então nosso modo de ser, nosso jeito.

Essa cultura foi sendo criada e se desenvolveu como momento de prazer e deleite de todos. Como uma espécie de momento íntimo dos brasileiros. O segmento mais europeu dos brasileiros, no entanto, se acanhava em reconhecê-la como algo seu, como manifestação legítima de um povo novo do qual faziam parte.

> "Madame diz que a raça não melhora
> Que a vida piora por causa do samba,
> Madame diz o que samba tem pecado
> Que o samba é coitado e devia acabar,

> Madame diz que o samba tem cachaça, mistura de raça, mistura de cor,
> Madame diz que o samba democrata, é música barata sem nenhum valor,
> (...)
> Madame tem um parafuso a menos
> Só fala veneno, meu Deus, que horror
> O samba brasileiro democrata
> Brasileiro na batata é que tem valor."
> *Pra Que Discutir com Madame*, Haroldo Barbosa

Mesmo acanhados, participavam das manifestações culturais. Seus descendentes ajudaram a criar e inventar novas festas, novos mitos, novos ritmos, novas poesias, fantasias e melodias.

Havia sempre uma espécie de coreografia oficial, organizada como arremedo da cultura europeia dominante, exibida para a satisfação das elites e para o público externo. Mas a intimidade cultural brasileira era diferente e certamente se revelava de outra maneira.

*

A cultura brasileira é democrática em si mesma, na densidade de sua essência, porque é inclusiva, incorpora todos. Ela integra suas componentes essenciais, as culturas originárias que se diluíram na sua formação. Recebe, aceita e admira esses componentes. É a única instância democrática da sociedade brasileira. Como uma cultura includente e democrática, é aberta e saberá, desde o seu surgimento, receber e aceitar outras culturas.

Como corolário de sua característica democrática e inclusiva, é uma cultura mundial. Planetária em sua essência, dentro de cada conteúdo seu. Como nasceu do encontro das muitas culturas brasileiras originárias, das culturas africanas de todas as Áfricas e das culturas europeias, ela já nasceu mundial. Não possui uma identidade local, particular. Não é a cultura de uma etnia. É global e plural.

É por esse motivo que na África, na Europa ou nas Américas, os povos compreendem e se identificam com os códigos da cultura brasileira. Fazem-no como consequência do caráter mundial que esta possui. Reconhecem nela algo de seu. Do mesmo modo, quando nos reconhecemos e nos apaixonamos por períodos, momentos ou criações da cultura europeia, da africana ou indígena, o fazemos porque sentimos que é algo nosso.

É uma identificação que vem das nossas raízes, não exige que as abandonemos. Identificar-se com essas culturas não nos cria nenhuma crise de identidade nem estados de anomia. Não precisamos degluti-las, como também se pensou, porque elas são partes de nós. Simplesmente sentimos, compreendemos e incorporamos suas evoluções.

As culturas locais, singulares, apresentam em suas raízes uma visão particular e restrita do mundo, da vida. Influências de uma cultura sobre as outras sempre existiram, mas o isolamento e a falta de comunicações terminaram criando no planeta uma rica teia de culturas particulares, restritas a uma experiência étnica, religiosa, de um povo singular através da história. Esse processo construiu um mundo como um mosaico cultural, que deve ser entendido como uma imensa variedade no que diz respeito aos caminhos para a felicidade, a alegria e a criatividade humana. Cada fragmento desse mosaico exprime, em seus valores, sentimentos e símbolos, a visão e experiência exclusivas de um povo entre todos os da Terra. Nessas condições, identificar-se e assumir existencialmente uma outra cultura, de outro povo, significa sempre uma ruptura, individual e às vezes dramática, com suas próprias raízes culturais. Para os brasileiros essa questão não existe. A cultura brasileira é diferente. Quanto mais busca suas raízes, mais fica mundial e sempre menos singular.

Hoje se pode observar a imensa dificuldade dos países europeus e dos americanos do norte de conviverem com outros povos, outras raças, outras culturas, e se pode conhecer os conflitos que essa convivência difícil produz. Podemos assistir ao vivo, em todos os telejornais, a dificuldade de tantas sociedades de criar referenciais comuns, capazes de permitir uma convivência alegre – ainda que desigual – entre povos diferentes, obrigados a viver dentro dos limites de determinados países. Podemos entender também a falta que fazem os referenciais culturais comuns que os brasileiros conseguiram construir.

Se um dia esses referenciais comuns forem criados em todos os países e se um dia se caminhar para uma espécie de cultura planetária, uma cultura mundial dos povos da Terra, ela certamente será parecida com a cultura brasileira. É por isso que a cultura brasileira não teme o futuro, pois não desaparecerá com ele. Jamais será dissolvida por ele.

Há uma diferença básica entre a cultura brasileira e as outras. Trata-se da diferença entre uma cultura mundial e culturas locais, entre uma cultura nova, moderna, e culturas milenares, pré-modernas. Essa diferença requer, solicita, novas abordagens teóricas. Não se pode tratar a cultura brasileira com o mesmo instrumental teórico proveniente do estudo de culturas locais, pré-modernas, singulares.

As culturas são sempre consideradas como um conjunto íntegro, coerente internamente, composto por valores, normas, instituições, atitude, comportamentos, símbolos, mitos, etc. Sempre possuem fundamentos étnicos. Permitem em geral o estabelecimento de uma relação estreita entre etnia-cultura-religião-instituições-comportamento. Em geral foram formadas por uma sedimentação de conhecimentos e experiências sociais, pacientemente construídas em milênios.

A cultura brasileira é diferente. É múltipla, não é unitária como as outras. Não possui base étnica-religiosa. Ela é plural, tem muitos centros, tem origens múltiplas, tem algo que escapa a uma normal conceituação de culturas. A coerência interna da cultura brasileira é diferente.

Plural e múltipla – vamos chamá-la assim para diferenciá-la daquelas singulares e unitárias –, a cultura brasileira possui processos de legitimação diversos das outras.

Possui *unanimidades*, quando constrói seus símbolos, mitos, ideias, sentimentos, emoções, ritmos, que são abraçados por todas as suas componentes. Possui momentos de *legitimação majoritária*, em que somente algumas minorias se excluem de uma espécie de sentimento geral. Possui também *ambiguidades*, isto é, valores e atitudes que são reconhecidos por todos, mas assumidos por sujeitos, grupos sociais, de maneira distinta uns dos outros. E, finalmente, possui *contradições*. Um novo tipo de contradições. As contradições de cultura. A cultura brasileira, ao contrário das outras, e porque é plural, pode ser contraditória. Essa complexidade cultural, com suas unanimidades, ambivalências e contradições, está presente dentro da alma de cada um de nós.

Darcy Ribeiro, em seu *As Américas e a Civilização*, encontra e descreve o nascer da cultura brasileira, que vem definida como a protocélula originária. Essa protocélula é o produto da mestiçagem do português com a índia brasileira. O filho, o mameluco, sem ser nenhum dos dois, mora e é educado pela mãe, mas trabalha com o pai. Ele não será nem índio, nem português, mas construirá um "si mesmo" capaz de conviver com os dois. Desenvolverá uma cultura binária, na qual a herança lusitana se combinará com a alegria de existir do índio, para quem o viver sempre foi uma festa. A festa da vida. Resultou um conjunto de valores e atitudes completamente novos e surpreendentes para seus contemporâneos.

Hoje, no ocidente, são mais comuns e até muito estudados – sobretudo na Europa dos nossos dias – os efeitos dos casamentos culturalmente mistos na cultura dos filhos, que normalmente se inserem no contexto sociocultural de um dos parceiros, de regra na cultura do país onde se mora. Essa situação é já repleta de dificuldades. Pode-se imaginar, então, a grandeza dos obstáculos enfrentados aqui nesta terra meio milênio atrás. Era uma situação simultaneamente inédita para todos.

Mas eles não se desestruturaram. Ao contrário, estruturaram sua diversidade. Não "piraram" pelo fato de serem um tipo de gente que nunca tinha existido. Inventaram um si mesmo e saíram carregando essa invenção vida afora, arrastando e resolvendo as neuroses produzidas por aquele período insólito vivido pela humanidade na fase de construção do mundo novo, do mundo mundial, de povos novos.

Esse mestiço se encontrará na história, em poucos anos, com outros mestiços, provenientes da outra miscigenação tão bem descrita por Gilberto Freire em *Casa Grande e Senzala*, provenientes das relações que aconteciam nas senzalas e no entorno social do universo cultural da Casa Grande, entre portugueses e africanos. Esse foi o ambiente originário dos mulatos.

Os mulatos já viverão uma situação menos insólita, pois já nascerão em um território social de mestiçagem e serão incorporados pela protocélula originária, que os ajudará a elaborar um *modus vivendi* de quem não era português nem africano, mas que era os dois ao mesmo tempo e capaz de seduzir ambos. Uma normal estratégia de sobrevivência, de equilíbrio psicológico. Nada diferente do que o humano é capaz. A esta segunda situação singular deve ser adicionada uma terceira e uma quarta, correspondentes às mestiçagens entre índios e negros e entres todos os mestiços entre si e com cada grupo particular.

A protocélula binária se abriu e acolheu novos elementos, os mestiços africano/europeu e africano/indígena. Essas misturas não ocorreram somente com um grupo étnico africano, mas com todas as Áfricas que para aqui vieram. Surgiu então uma nova síntese, mais complexa ainda, único modo de seus membros, o povo mestiço que se formava, se reconhecerem com naturalidade.

É no fogo desse encontro que se funde a base da cultura brasileira. Fundiu-se de um modo tão forte que nada pôde separá-la. Nem as injustiças mais cruéis, nem as estruturas sociais mais absurdas, nem as perseguições e as repressões que sofreu, nem as ditaduras que viveu.

Singulares e unitárias. Assim eram todas aquelas várias culturas que aqui se encontraram e se fundiram. Elas serão surpreendidas por esta cultura de base plural, e que, pelo destino da história dos homens, não podia copiar ninguém, devia sempre se reinventar por seu próprio dinamismo e para absorver e expressar o dinamismo de cada uma de suas componentes.

Portanto, a cultura brasileira não é uma derivação de normas e valores compreendidos e hierarquizados, em uma integridade unitária e previsível construída em milênios de vida social. Ela surpreende seja porque é um múltiplo, seja porque está sempre em construção, ao contrário das outras, já construídas em seus traços fundamentais.

Os principais instrumentos teóricos para a compreensão da cultura – a sociologia da cultura e a antropologia cultural – foram construídos, elaborados, e são provenientes de universos sociais dos países desenvolvidos do centro do sistema internacional. São países que viveram e vivem ainda um universo cultural muito diferente daquele brasileiro. São países hoje multiétnicos, mas onde as diversas etnias vivem apartadas.

Deste modo, como é natural, enxergam e estudam a cultura brasileira de acordo com a própria visão e tentam fazer dela uma leitura segmentada. Procuram dividir etnicamente as origens da cultura brasileira, desmanchar a fusão originária. Buscam uma música, uma linguagem, uma expressão cultural étnica. Observam nosso universo cultural na busca de conseguir definir uma música negra, uma música indígena, diferenciada da música brasileira, uma literatura negra, diferenciada de uma literatura brasileira, uma percussão indígena, diferenciada da percussão brasileira. Buscam uma música branca no nosso universo cultural.

Não encontrarão esses segmentos isolados e, se os encontrarem, reconhecerão porque integram a pluralidade da nossa base cultural. Não é possível analisar o universo cultural brasileiro do mesmo modo que se analisa a cultura daqueles que convivem sem se misturar.

*

A cultura brasileira está sempre buscando a si mesma, sempre se construindo, sempre se revelando para seus próprios criadores. Ainda não se revelou por inteira. Talvez nunca se revelará.

Seu processo de construção está aberto. Embora a cultura brasileira tenha já se apresentado como algo novo, de fisionomia identificável, ela mostra a todos, todos os dias, que possui dinamismos criadores em plena atividade. E são muitos.

Isto faz do criador cultural no Brasil um ser diferente, que muitas vezes ultrapassa e surpreende a si mesmo, superando os limites de uma produção reinterpretativa da cultura, ou um aprofundamento em algum aspecto pouco explorado desta. No Brasil, o criador cultural frequentemente lança-se nos amplos descampados do inédito.

Assim é que aqui nascem ritmos e linguagens inéditos que imediatamente são abraçados por todos, que neles se reconhecem, imediatamente, quase como se os esperassem. Às vezes nem precisam de palavras. Só de ritmo.

Os tambores têm sido os portais de novas descobertas, por onde fluem livres novas sensações e novas emoções. O que éramos sem ainda saber. A percussão é um dos campos onde se encontra a alma brasileira.

> "Era um, era dois, era cem
> Mil tambores e as vozes do além
> Morro velho, senzala, casa cheia
> Repinica, rebate, revolteia
> E trovão no céu é candeia
> Era bumbo, era surdo e era caixa
> Meia-volta e mais volta e meia."
>
> *Os Tambores de Minas*, Milton Nascimento/Marcio Borges

Não foi assim com o samba, com as batidas do surdo, do tamborim e com o som da cuíca? Não foi assim com os tambores do Olodum? E, do mesmo modo, o som da zabumba e o ronco do fole, os tambores dos catopês, os tambores do boi-bumbá, o som do ganzá, o pique do axé, a batida de violão da bossa nova... o som da viola, as levadas de nossos violões e guitarras, sem esquecer da sedução do som mágico e envolvente quando se tange as cordas de um berimbau.

A cultura brasileira sempre impulsiona seu povo para novas descobertas e incorporações. Assim é que fizemos do jazz, do rock e do reggae coisas tão nossas, já que, mesmo sem querer, somos eles também, somos capazes de nos exprimir com autenticidade no código deles, pois também são códigos nossos. O mesmo se pode dizer no campo dos estilos literários, das artes plásticas e das produções abstratas, conceituais. Criamos também música clássica, a assim chamada música erudita. Desde os primeiros tempos coloniais.

Aqui, no âmbito da nossa cultura, é ainda possível inventar criações culturais novas que não surgem de uma experimentação de laboratório de som, de uma pesquisa, saindo-se com um gravador mundo afora para copiar, como fazem hoje os assim chamados produtores culturais. Nós as inventamos buscando-as, descobrindo-as e encontrando-as nas raízes mais profundas de nossa alma, onde vive a cultura plural. Lá no fundo do nosso jeito de ser.

*

Uma questão semântica na realidade esconde uma questão teórica e política, mais antiga, mas sobre a qual vale a pena refletir. Parece que ainda é a persistência da desigualdade social influenciando nossas concepções sobre nós mesmos. Trata-se do fato de que esta cultura, a única que possuímos, pois foi a que soubemos e pudemos inventar, ser chamada de Cultura Popular.

Essa designação pode até ser entendida como um elogio à cultura do povo brasileiro, mas não é somente isso que significa. Esse modo de tratar a cultura brasileira significa também a ideia de que exista outra cultura brasileira que não é a popular e que é designada apenas como cultura brasileira. Certo que essas considerações são também fruto do emprego do conceito de cultura restrito apenas à erudição.

Essa circunstância talvez revele também que existia a expectativa de que a criação cultural da mestiçada fosse provisória e fosse se dissolver naturalmente em uma lusitanização, ou em uma ocidentalização. Vista desse modo, a cultura brasileira seria exclusivamente os frutos da lusitanização, a conformidade e a repetição da cultura europeia, enquanto a cultura mestiça, que, como erva daninha, rastejava e envolvia tudo, a cultura da gentalha, a cultura do povo inculto, seria a cultura popular. Com essa designação a cultura brasileira foi limitada, diminuída, pelo adjetivo "popular". Ou, visto de outro lado, com essa definição nossa cultura foi, por sorte, confinada conceitualmente no seu próprio reino, a alma do povo brasileiro.

No início do processo de nossa construção cultural, tudo isso que é a cultura brasileira era ainda chamado pelas elites de cultura popular, e este nome ficou, virou até sigla da nossa música, MPB.

Não se compreendia o dado fundamental. Havia surgido na história humana uma cultura mestiça, plural, capaz de gerar uma "inverossímil alegria e espantosa vontade de felicidade" (Darcy Ribeiro). Uma cultura com capacidade de buscar a vida em uma estrutura que criava a morte, capaz de criar a alegria em meio a tanta tristeza que provinha da deculturação, capaz de criar, isto sim, uma irresistível vontade de viver, de ser alma, mesmo que diferente, empurrada em uma busca ansiosa pela felicidade.

> "Viver, e não ter a vergonha de ser feliz,
> Cantar e cantar e cantar,
> A beleza de ser um eterno aprendiz.
> Ah, meu Deus! Eu sei
> Que a vida devia ser bem melhor e será,
> Mas isso não impede que eu repita:
> É bonita, é bonita e é bonita!"
> *O Que É, O Que É?*, Gonzaguinha

A questão não é somente semântica. Cultura popular pode também ser um diminutivo, significar uma parte. Mas, observando-se o Brasil, não se enxerga outra cultura, além da brasileira, não se enxerga essa outra parte. O que se percebe mesmo é esta entidade, a tal de brasilidade, que constitui um ser quase impronunciável porque ainda não existem as palavras para defini-lo e porque ainda está sendo criado. Mas, seguramente, não pode ser dividido entre cultura e "cultura popular".

O que existe é a cultura brasileira, que é tudo o que aqui já se fez e se faz, desde os barracos até as coberturas, desde as choupanas até as casas grandes, desde a sofisticação do rococó barroco do mestre Aleijadinho, capaz de incandescer corações eruditos, até o fascinante futurismo de Brasília. Desde Heitor Villa-Lobos até Cartola, passando pelas modinhas de viola sertanejas e os sons dos atabaques das canções indígenas e dos terreiros de candomblés. Desde a literatura da Academia até a literatura de cordel.

> "(...) Cultura aqui não é só arte. São valores, costumes, praticas sociais, aspirações e inspirações profundas que compõem a vida e a alma de uma sociedade. Algo que vem bem de dentro e vai e leva para muito longe. Cultura é gente e tudo que gente faz para ser gente."
> Betinho (1993)

*

Até a metade do século vinte, ainda havia um certo acanhamento em tornar explícitas muitas das nossas características culturais. Sobretudo no âmbito das elites urbanas. Parecia haver uma certa dificuldade em aceitar publicamente que um reco-reco, uma cuíca, uma moda de viola, um xote, um baião, e tantas outras coisas nossas, do nosso povo, integrassem o seu universo cultural.

Na grande explosão cultural do final dos anos cinquenta e dos anos sessenta é que se criou, definitivamente, a unanimidade do nosso povo em torno de nossa arte, de nossa estética e de todas as nossas expressões culturais mais importantes. Ou, visto por outro lado, também verdadeiro, naquele momento nossa arte, nossa expressão estética, nosso jeito de ser, abraçou, acolheu e incorporou definitivamente os intensos fluidos culturais provenientes de toda a nação brasileira.

Foi lá que o Cinema Novo nos apresentou um Brasil diferente, cheio de roceiros sertanejos, cangaceiros e antônios das mortes, um Brasil religioso. Desde lá nossa história ganhou um fundo musical novo, com a bossa-nova e com uma explosão musical em ritmos e temas sem paralelo no ocidente. À supremacia do nosso futebol acrescentou-se a maturidade soberba e irreverente da nossa arquitetura com a construção de Brasília. Surgem outro teatro, outra poética e uma nova e rica literatura. Surge um jeito próprio de fazer televisão, inventa-se a novela brasileira, inventa-se também novos estilos gráficos. Esse conjunto postulou e obteve – sem reivindicar, só com seu próprio existir – o reconhecimento mundial do nosso ser cultural.

> "A voz do morro rasgou a tela do cinema
> E começaram a se configurar
> Visões das coisas grandes e pequenas
> Que nos formaram e estão a nos formar
> Todas e muitas: Deus e o diabo, vidas secas, os fuzis
> Os cafajestes, o padre e a moça, a grande feira, o desafio
> Outras conversas, outras conversas sobre os jeitos do Brasil.(...)
> Pedia soluções e explicações
> E foi por isso que as imagens do país desse cinema
> Entraram nas palavras das canções. (...)
> Primeiro foram aquelas que explicavam
> E a música parava pra pensar
> Mas era tão bonito que parece
> Que a gente nem queria reclamar

> Depois foram as imagens que assombravam
> E outras palavras já queriam se cantar. (...)
> Necessitaram transformar-se tanto
> Que o samba quis dizer
> O samba quis dizer: eu sou cinema. (...)
> E o filme disse: Eu quero ser poema."
>
> *Cinema Novo*, Caetano Veloso

Foi tão poderosa e bela essa explosão cultural que o mundo inteiro se seduziu pelos conteúdos e formas que esta jovem cultura de um povo novo exprimia. Os longos aplausos que irromperam em Cannes, quando o cinema brasileiro recebeu a Palma de Ouro, no Canergie Hall, na apresentação da bossa-nova, e no estádio Rasunda, de Estocolmo, com a conquista da Copa do Mundo, que tanto nos envaideceram, conquistaram definitivamente as nossas elites. Este era o abraço que faltava para uma relação plena entre cultura e sociedade em nosso país.

Na realidade dos fatos, esses aplausos foram somente ecos daqui. Ecos do entusiasmo dos auditórios dos festivais cantando nossas músicas, da arte e euforia das tardes de futebol do Maracanã e das palmas do cine Paissandu. Os aplausos de fora tiveram o condão de derreter os últimos preconceitos coloniais e subordinados das elites, mas foram somente uma homenagem ao que já se fazia aqui, um reconhecimento a uma cultura diferente, rica e sofisticada. Exprimiram a admiração pela cultura brasileira, admiração que se expandiu e terminou por se estender, como uma *hola* infinita, por todos os cantos do mundo.

*

O reconhecimento mundial e a afirmação internacional da cultura brasileira levam consigo, na intimidade do seu ser, sua essência múltipla, mundial. O Brasil é um país jovem que até meados do século vinte era pouco conhecido. Foi colônia por mais de trezentos anos e sempre esteve na periferia do sistema internacional. É natural portanto que, para o país e seu povo, o reconhecimento internacional seja um objetivo a ser alcançado. Deixar de ser uma colônia, um negócio de outros povos, para ser um sujeito social no cenário mundial é uma necessidade para todas as ex-colônias. É uma afirmação nacional.

Ainda assim a afirmação da cultura brasileira não foi xenófaba. Alcançou o reconhecimento, recebeu uma cidadania cultural mundial, mantendo-se aberta e intensificando sua intimidade com todas as culturas do mundo. As europeias, as norte-americanas, as africanas, as orientais. A bem da verdade, à medida que recebia reconhecimento mundial, a cultura brasileira intensificou notavelmente suas relações, suas fusões e descobertas com outras culturas. A cultura brasileira sabe ser assim em função da sua própria origem plural, por ser múltipla, por incluir em si mesma várias culturas de povos diversos. Múltipla e democrática, a cultura brasileira não sabe e não consegue ser xenófoba. É universal na sua origem e manteve essa característica por ocasião de sua afirmação e seu reconhecimento internacional.

*

Mas também é uma cultura que possui contradições. Os momentos de contradição cultural no Brasil, em geral, são aqueles nos quais os grupos sociais dominantes procuram impor padrões de conduta, valores e crenças sobre toda a sociedade. Ocorreram sempre quando uma das componentes, sempre aquela branca e europeia, procurou, a partir de seus referenciais externos e pelo poder, se impor sobre as demais componentes da cultura brasileira. É assim que devem ser consideradas as diversas tentativas de lusitanização da cultura do povo novo que nasceu aqui.

Suportar e resolver essas contradições internas dará à cultura brasileira uma sua importante característica. É uma cultura resistente. A postura de resistência da cultura brasileira a modelos que negassem sua originalidade plural e mundial marcou o que pode ser denominado de período heroico de sua construção.

A resistência está na essência da cultura brasileira. Esta resistiu à poderosa e duradoura tentativa de lusitanização. Mais tarde não se afrancesou nem se inglesou e não se americanizará.

Enfrentar e vencer a lusitanização foi ainda mais difícil porque a cultura lusitana era a cultura legítima das elites da formação social empresarial brasileira, a cultura de uma elite que era – de fato – proprietária da maior parte dos criadores da cultura brasileira. A escravidão e a servidão, que no Brasil duraram quase quatrocentos anos, outorgaram à elite a propriedade dos povos que ela submeteu.

Essa contradição se torna ainda mais complexa porque a cultura lusitana era uma das componentes básicos da cultura brasileira e se encontra dentro da alma de todos.

São numerosos os exemplos de imposições e proibições geradoras de feridas profundas e densas angústias culturais. Por séculos se proibiu a livre expressão do conjunto religioso-musical-culinário e estético ligado ao candomblé. O conflito e a repressão não extinguiram esse conjunto cultural porque ele vivia na alma dos brasileiros, era indestrutível. Sobreviveu e se reforçou. É visível hoje, seja como culto religioso ou ainda marcando superstições, enfeitando enredos das escolas de samba, inspirando blocos, ritmos e canções, poesias e prosas, desenhos e pinturas. São referências culturais conceitualmente caracterizadas por uma fusão entre humanos-divindades-forças da natureza.

Laurentino Gomes[3] mostra as perseguições aos grupos de batuques e à prática da capoeira pelos escravos no Rio de Janeiro no início do século dezenove e no Primeiro Reinado. As rodas de capoeira, as rodas de batucada – rodas de samba? – os terreiros do candomblé ainda assim venceram a repressão, conquistaram a liberdade e a adesão de grande parte da população do país.

A capoeira ganhou uma espécie de autonomia como criação cultural brasileira. Sua prática se espalhou por todo o país, em todos os estratos sociais, desde a infância até a terceira idade. Está se espalhando do Brasil para o mundo. As principais cidades europeias, norte-americanas e asiáticas possuem suas rodas de capoeira. Os grandes mestres de capoeira do Brasil, desde o mestre Pastinha, como nos lembrou Caetano Veloso,[4] viajam por todo o mundo oferecendo cursos, orientações, ensinando os toques do berimbau e as batidas da nossa percussão. E se canta em português do Brasil.

Ocorreram também conflitos especiais, mais radicais, conhecidos e datados. O primeiro momento dramático do confronto entre a cultura brasileira e o projeto de lusitanização, isto é, entre cultura brasileira e poder, que gerou uma da mais crueis violências sobre a cultura brasileira, considerando toda a história do país, foi a repressão à Conjuração Mineira de 1789. Não se esquecerá o enforcamento de Tiradentes, no Rio de Janeiro, e seu esquartejamento, com os pedaços de seu corpo sendo espalhados pelos caminhos de Minas. Mas é necessário observar que esse episódio encerra também um importante conflito cultural.

Oswald de Andrade, em sua tese para obter a livre-docência na USP, *A Arcádia e a Inconfidência*,[5] mostra como aquela repressão foi também uma tentativa de impedir o nascimento de uma cultura própria no Brasil, de uma literatura nacional, de uma cultura nova, local, que, embora se exprimisse em português, não era lusitana. Oswald nos mostra que reprimir essa nascente, impedi-la de jorrar, foi um dos principais objetivos da Devassa.

Além de Tiradentes, executado, mais uma dezena de condenações à morte foi proferida, depois comutada em degredo, banimento e exílio na África. E para sempre. Os condenados nunca retornariam ao Brasil vivos. Somente como restos mortais, cuja descoberta, em Ouro Preto, ocorreu recentemente. Os punidos serão principalmente os intelectuais, os bacharéis, padres, escritores e poetas, como Padre Toledo, Cláudio Manoel da Costa, Alvarenga Peixoto e Tomás Antônio Gonzaga. Eram os criadores da Arcádia Ultramarina, um movimento literário brasileiro que nasceu em Vila Rica duas décadas antes da insurreição de 1789.

Para a metrópole colonial, e para sua elite cultural, tinha de ser impedido o nascimento de uma literatura escrita em português, mas com temas novos, sintaxe nova, poética nova, palavras novas, sonhos novos, que eram o único jeito de exprimir os sentimentos daqui, os olhares novos sobre um mundo novo.

A literatura brasileira irrompeu mesmo assim. E encantou não somente todos nós, pois nos mostrou a nós mesmos, mas encantou inclusive os lusitanos e continua a encantar, cada vez mais, multidões pelo mundo afora.

A repressão à nossa cultura na insurreição mineira e na prática das religiões africanas, das batidas dos tambores e do canto e da dança da capoeira são exemplos de conflitos culturais ligados diretamente à desigualdade. São exemplos que mostram como a componente católico-lusitana, através do poder, tentou uniformizar em seus padrões aquela cultura nova que estava nascendo.

A cultura brasileira resistiu a esses confrontos de um modo especial, criando-se diferente mas sem deixar de reconhecer em si sua componente lusitana, integrando-a em si, mas dando vida a uma sua linguagem nova e a uma interpretação própria da nossa lusitanidade.

"Mas não sê tão ingrata
Não esquece quem te amou
E em tua densa mata
Se perdeu e se encontrou
Ai, esta terra ainda vai cumprir seu ideal
Ainda vai tornar-se um imenso Portugal

(...)

> Com avencas na caatinga
> Alecrins no canavial
> Licores na moringa
> Um vinho tropical
> E a linda mulata
> Com rendas do Alentejo
> De quem numa bravata
> Arrebata um beijo
> Ai, esta terra ainda vai cumprir seu ideal
> (...)
> Guitarras e sanfonas
> Jasmins, coqueiros, fontes
> Sardinhas, mandioca
> Num suave azulejo
> E o rio Amazonas
> Que corre trás-os-montes
> E numa pororoca
> Deságua no Tejo (...)."
>
> *Fado Tropical*, Chico Buarque/Ruy Guerra

A resistência que garantiu a sua originalidade atravessou mais quatro séculos e se decidiu a favor da cultura brasileira naquele famoso final de anos cinquenta e década de sessenta do século vinte. Começou, na realidade, nas ideias próprias sobre o Brasil que vieram se construindo desde a expulsão dos holandeses, a Insurreição Mineira, a Insurreição Pernambucana, a Guerra da Independência da Bahia – ocasião em que as pessoas trocavam seus sobrenomes lusitanos por vocábulos brasileiros[6] – nas lutas abolicionistas, desde José Bonifácio até Joaquim Nabuco, passando pela Revolução Farroupilha, pela Semana de 22, até desaguar em uma legitimação consagradora meio século atrás, conforme já referido.

Quem vem de tão longe, de tanta resistência, não tem por que temer a terraplanagem americana que vem sendo realizada pela nova mídia, agora planetária e muito mais poderosa. Nada terá mais poder sobre o povo brasileiro do que a dominação colonial e a escravidão. Mesmo contra estas a nossa cultura se confrontou, resistiu e venceu.

> "Isto aqui, ô ô
> É um pouquinho de Brasil, iá iá
> Deste Brasil que canta e é feliz
> Feliz, feliz
> É também um pouco de uma raça

> Que não tem medo de fumaça ai, ai
> E não se entrega não."
> *Isto Aqui, o Que É*, Ary Barroso

As contradições da cultura no Brasil não se limitam àquelas provenientes de suas relações imediatas com a desigualdade social, econômica e política, não se restringem ao confronto da cultura com o poder. Há outros âmbitos em que suas ambiguidades e suas contradições internas também se encontram. São âmbitos mais profundos, da intimidade do nosso ser cultural. Âmbitos que necessitam ser iluminados por uma reflexão crítica que ainda falta. Caminhos a percorrer.

O mais saliente de todos talvez seja encontrado na constelação de valores, atitudes e sentimentos construídos durante os quase quatro séculos de escravidão, perseguição e submissão dos habitantes da terra, os nossos índios. A vivência dessa contradição é dramática porque é interna ao sistema cultural, tem visíveis reflexos objetivos na estrutura social e está presente na alma da população mestiça e das elites. Está na base da própria cultura plural.

Há uma aceitação ampla, quase unânime, da imensa e bela influência sobre a cultura brasileira proveniente da contribuição dos índios e dos africanos abrasileirados pela escravidão. Entretanto, não existe o mesmo grau de aceitação civil e política dos índios e seus descendentes e dos brasileiros afrodescendentes. Esses dois grupos sociais ainda não exercem uma cidadania plena, reconhecida por todos. Seus membros inundam as estatísticas sobre os pobres, miseráveis e excluídos.

Depois de muitas batalhas políticas e culturais, o Brasil inteiro reconhece que a existência de nações indígenas que resistiram à fúria destruidora dignifica o país. Mas, apesar desse reconhecimento, não se consegue impedir a ação dos adversários de sua existência, que promovem perseguições, invadem suas terras, destroem e degradam seus territórios, causando a tragédia da devastação ecológica.

São adversários conhecidos e públicos, como os proprietários e especuladores da terra, o agronegócio e os grandes projetos, que permitem negócios, grandes negócios também, entre empreiteiras, Estado e a classe política. A demarcação de pequenos pedaços de Brasil para os índios, o mínimo básico desse reconhecimento, embora seja tecnicamente uma tarefa fácil, parece impossível de se realizar. Seus adversários conseguem impedir.

Os que sobraram do povo formador do Brasil ainda são considerados como ingênuos e menores de idade, e possuem uma condição jurídica especial outorgada pelo Estado. Ainda não recebem a dignidade de um reconhecimento civil e político como povo. As instituições públicas e as organizações da sociedade, assim como considerável parcela da população, ainda não estabeleceram uma relação cidadã com as comunidades indígenas. As dificuldades não são somente de natureza política e econômica. São culturais também, fruto de concepções, posturas e comportamentos que também existem na cultura brasileira.

O mesmo se pode dizer da população negra e mestiça. Entre eles estão nossos ídolos mais amados, seja na música, na literatura, nas religiões ou nos esportes. Neles reconhecemos tantos dos nossos mitos. Neles reconhecemos parte importante da nossa culinária e também do nosso próprio modo de ser, de sentir. De viver. Também aqui a aceitação cultural não vem correspondida por uma aceitação civil, cidadã. Parece existir um sentimento de que a desigualdade é natural, pois sempre foi assim. Esse sentimento é difuso. Os brasileiros crescem convivendo com ele.

O Censo do IBGE de 2010 apresenta um dado importante. Pela primeira vez na história, a maioria da população brasileira se declarou negra ou parda. Mas também indica que estes constituem a maioria dos pobres, miseráveis e excluídos. Ações afirmativas, objetivo alcançado somente nos anos recentes, podem quebrar a inércia da desigualdade. E surgem aqui e ali. Mas também estas são criticadas e/ou rejeitadas por segmentos amplos da população.

Ao tentar esquecer a escravidão, o Brasil também se esqueceu da abolição. É bom, e oportuno, relembrar sempre as sábias palavras de Joaquim Nabuco:

> "O abolicionismo, porém (...) não se contenta com ser o advogado ex officio da porção da raça negra ainda escravizada.
>
> Além dessa, há outra (tarefa) maior, a do futuro: a de apagar todos os efeitos de um regime que, há três séculos, é uma escola de desmoralização e inércia, de servilismo e irresponsabilidade para a casta dos senhores. (...)
>
> O nosso caráter, o nosso temperamento, a nossa organização toda, física, intelectual e moral, acha-se terrivelmente afetada pelas influências com que a escravidão passou trezentos anos a permear a so-

ciedade brasileira. A empresa de anular essas tendências é superior, por certo, aos esforços de uma só geração mas, enquanto essa obra não estiver concluída, o abolicionismo terá sempre razão de ser.[7]

(...) Depois que os últimos escravos houverem sido arrancados ao poder sinistro que representa para a raça negra a maldição da cor, será ainda preciso desbastar, por meio de uma educação viril e séria, a lenta estratificação de trezentos anos de cativeiro, isto é, de despotismo, superstição e ignorância. O processo natural pelo qual a escravidão fossilizou nos seus moldes a exuberante vitalidade do nosso povo durante todo o período de crescimento, e enquanto a nação não tiver consciência de que lhe é indispensável adaptar à liberdade cada um dos aparelhos do seu organismo de que a escravidão se apropriou, a obra desta irá por diante, mesmo quando não haja mais escravos.

Somente depois de libertados os escravos e os senhores do jugo que os inutiliza, igualmente, para a vida livre, poderemos empreender esse programa sério de reformas – das quais as que podem ser votadas por lei, apesar da sua imensa importância, são, todavia, insignificantes ao lado das que devem ser realizada por nós mesmos, por meio de educação, da associação, da imprensa, da imigração espontânea, da religião purificada, de um novo ideal de Estado: reformas que não poderão ser realizadas de um jato, aos aplausos da multidão, na praça pública, mas que terão de ser executadas, para que delas resulte um povo forte, inteligente, patriota e livre, dia por dia e noite por noite, obscuramente, anonimamente, no segredo das nossas vidas, na penumbra da família, sem outro aplauso, nem outra recompensa, senão os da consciência avigorada, moralizada e disciplinada, ao mesmo tempo viril e humana.

Essa reforma individual, de nós mesmo, do nosso caráter, do nosso patriotismo, do nosso sentimento de responsabilidade cívica, é o único meio de suprimir efetivamente a escravidão da constituição social. A emancipação dos escravos é portanto apenas o começo de um *Rinnovamento* (...).[8]

(...) a pátria, como a mãe, quando não existe para os filhos mais infelizes, não existe para os mais dignos."[9]

*

Há de se observar uma contradição permanente entre a cultura brasileira, democrática e includente, e a estrutura perversa da formação social empresarial, elitista e excludente, assim como a institucionalidade medíocre e restrita do Estado econômico internacionalizado.

É a contradição entre a cultura de todos e a estrutura da formação social empresarial de poucos. É a contradição entre a cultura que a todos inclui e a economia e o Estado que mantem a ordem excludente.

Aqui a economia foi sempre menor do que o país, menor do que a amplitude deste povo novo tropical. A economia e as instituições sempre foram organizadas para nelas se espremer uma parte da população, impiedosamente explorada, através da incorporação excludente. Outra parte ainda maior da população era simplesmente excluída. Entre essa estrutura econômica medíocre e a cultura brasileira sempre existiu um conflito de conteúdos. Conflito entre a cultura de todos e a economia de poucos.

Quanto mais a cultura brasileira foi se afirmando e sendo reconhecida pelas novas classes médias urbanas, alargadas pela industrialização e urbanização, e sobre segmentos cada vez maiores das elites, esse conflito se tornou mais nítido.

Desde o final dos anos cinquenta do século vinte foi ficando mais evidente o acanhamento da economia, da política e do Estado diante da grandeza das possibilidades históricas do destino, explicitadas pela cultura deste primeiro povo planetário, que nasceu no Brasil e que tem na cultura sua maior expressão.

Se bem observado, o confronto que em 1964 contrapôs a elite internacional e parte da elite brasileira a todo o resto do país e sua população teve no território cultural seu principal campo de batalha.

Nesse momento houve um conflito cultural. Um confronto entre a cultura e o Estado. A repressão promovida pela ditadura de 64, como aquela de 1789, foi mais pesada sobre a cultura, sobre intelectuais e produtores culturais. Ocorreu um conflito de natureza ética entre a cultura e o Estado, no qual a cultura exprimiu o incontido desejo de liberdade e alegria da população do país, e o Estado exprimiu e saiu em defesa dos limites acanhados das estruturas socioeconômicas da formação social empresarial subordinada e da institucionalidade medíocre que essas estruturas criaram.

Esse conflito arrastou consigo a imprensa, as igrejas, universidades e outras instituições nacionais. Todas as instituições ligadas à população de modo mais amplo foram envolvidas e se dividiram.[10] Os ecos dessas divisões são sentidos até hoje. O tal conflito entre sociedade e Estado na época da ditadura foi, também, um conflito entre Estado e cultura brasileira.

Notas

1. RIBEIRO, Darcy. *O Povo Brasileiro.* op. cit. p. 17.
2. ANDRADE, Oswald. Manifesto Antropófago. *Revista de Antropofagia,* ano 1, n. 1, maio 1928.
3. GOMES, Laurentino. *1808.* São Paulo: Planeta, 2007.
4. VELOSO. Caetano. *Triste Bahia.* Musicando o poema de Gregório Matos.
5. ANDRADE, Oswald. A Arcádia e a Inconfidência. *Obras Completas.* São Paulo: Globo, 1990. (Tese para Concurso da Cadeira de Literatura Brasileira da Faculdade de Filosofia, Ciências e Letras da Universidade de São Paulo, 1945.)
6. GOMES, Laurentino. *1822.* op. cit.
7. NABUCO. Joaquim. *O Abolicionismo.* op. cit. p. 69-70.
8. Idem ibidem. p. 70 e segs.
9. Idem ibidem. p. 66.
10. A propósito, ver LIMA, Luiz Gonzaga de Souza. *Evolução Política da Igreja e dos Católicos no Brasil.* op. cit.

Cultura e Política no Brasil

A mais preciosa de todas as criações da cultura brasileira é a construção da ideia mesma de Brasil. Ainda que nunca tenha existido na realidade, há um Brasil no imaginário e no sonho do seu povo. O Brasil vivido dentro de cada um é uma produção cultural. A sociedade construiu um Brasil diferente do real histórico, o tal país do futuro, soberano, livre, justo, forte, mas, sobretudo, alegre e feliz.

Esse Brasil imaginário se manifesta em momentos históricos privilegiados, em seus embates consigo mesmo e com a história. Desde o final dos anos cinquenta do século passado, o perfil desse país imaginário foi apresentado por seu povo com contornos e conteúdos mais definidos que em qualquer época do passado.

As grandes mobilizações que sacudiram o Brasil em épocas mais recentes, principalmente as grandes lutas pela democratização, em especial no início dos anos oitenta, com a mobilização pelas "Diretas Já", e nos anos noventa, com as generosas manifestações "pela ética na política", que conduziram ao afastamento do presidente Collor, são referências importantes. Nesses momentos, esta incrível criação cultural – uma ideia exuberante de Brasil – também se exprimiu .

Houve, entretanto, uma experiência política especial, mais antiga, portadora de riqueza inesgotável. Talvez tenha sido a mais bela e empolgante etapa da história cultural e política brasileira. Essa experiência é constituída pelos conteúdos das mobilizações sociais dos anos cinquenta e sessenta em nosso país e pela criatividade política e cultural que elas encerravam. Trata-se da experiência histórica do que se denominou de Revolução Brasileira. O entendimento desse conceito é aquele apresentado por Caio Prado Junior:

"O ritmo da História não é uniforme. Nele se alternam períodos ou fases de relativa estabilidade, e aparente imobilidade, com momentos de ativação da vida político-social e bruscas mudanças em que se alteram profunda e aceleradamente as relações sociais. Ou mais precisamente, em que as instituições políticas, econômicas e sociais se remodelam a fim de melhor se ajustarem e melhor atenderem a necessidades generalizadas que antes não encontravam a devida satisfação. São esses momentos históricos de brusca transição de uma situação econômica, social e política para outra, e as transformações que então se verificam, é isto que constitui o que propriamente há de entender por 'revolução'.

(...) o Brasil se encontra na atualidade em face ou na iminência de um daqueles momentos acima assinalados em que se impõem de pronto reformas e transformações capazes de reestruturarem a vida do país de maneira consentânea com suas necessidades mais gerais e profundas, e as aspirações da grande massa de sua população que, no estado atual, não são devidamente atendidas.

O Brasil se encontra num destes instantes decisivos da evolução das sociedades humanas em que se faz patente, e sobretudo sensível e suficientemente consciente a todos, o desajustamento de suas instituições básicas."[1]

Essa experiência política e cultural se deu em um Brasil que se transformava velozmente com a industrialização e a urbanização e que alterava seus eixos com a construção de Brasília, iniciando a assim chamada marcha para o oeste. Foi nesse contexto que as ideias de um novo Brasil irromperam como água morro abaixo. Irresistíveis. Foi o momento da grande explosão cultural, conforme descrito acima.

A essas ideias se deve, sobretudo, uma re-estruturação do campo perceptivo da população brasileira, que passou a ver a si mesma de outra maneira, a confiar nas suas formas de expressões particulares, artísticas, esportivas, a confiar na sua estética, na sua plástica, no jeito de jogar futebol, a contemplar e se apaixonar por sua arquitetura, por sua música, por sua literatura e por todas as suas expressões.

Os sonhos de Villa-Lobos, de Oswald de Andrade, viraram realidade e os brasileiros passaram a reconhecer a si mesmos como portadores e criadores de uma cultura diversa, mas não inferior às outras.

Até esses tempos prevalecia a velha compreensão de que as outras culturas, por possuírem passado, por terem sido criadas por povos com passado heróico e milenar, eram superiores, e que a cultura brasileira era somente uma derivação degradada da cultura ocidental. A diversidade e as características próprias da cultura brasileira, além de não serem reconhecidas até pelos próprios brasileiros que a viviam, se inferiorizavam diante da falta do passado.

Ora, a construção da cultura brasileira vem desde o berço do Brasil e foi se explicitando em formas literárias, musicais, comportamentais ao longo de toda a sua história, em um notável esforço de resistência. Vem, portanto, de muito longe. Já existe há meio milênio e aos poucos foi impondo sua existência.

Entretanto, será nos anos cinquenta e sessenta que a diversidade e a originalidade próprias da cultura brasileira serão aceitas e assumidas pelo povo brasileiro. Será também postulada sua condição de cultura de igual valor a todas as outras existentes na Terra.

Esse período, certamente marcado por tantos aspectos relevantes para a história brasileira, será o tempo em que, no âmbito da nossa cultura, surgirão os contornos do que o Brasil pensa sobre si mesmo, sobre como o país sonhava ser. O imaginário brasileiro se esparramará por amplidões conceituais inéditas sobre formas, estéticas, linguagens, atitudes e sentimentos. No plano da cultura política, brotará um vigoroso processo de mobilização para reformar as velhas estruturas socioeconômicas da Empresa Brasil. Assim, o próprio Brasil será culturalmente construído pelo seu povo e terá a fisionomia dos seus sonhos. Certo que não é um processo concluído, mas nesses anos – hoje chamados de "anos dourados" – as ideias sobre nós mesmos ganharão uma fisionomia cultural e política mais definida, mais definitiva. Uma fisionomia mais próxima do nosso jeito de ser.

É através da nossa cultura que o povo brasileiro passará a ver suas infinitas possibilidades históricas. É como se a cultura, impulsionada por um poderoso fluxo criativo, tivesse se constituído o suficiente para escapar dos constrangimentos estruturais da dependência, da subordinação e dos limites acanhados da estrutura socioeconômica e política da empresa Brasil e do Estado que esta criou só para si. A cultura brasileira então escapa da mediocridade da condição periférica e se propõe a si mesma com *pari* dignidade em relação a todas as culturas, apresentando ao mundo seus conteúdos e suas valências universais.

*

 A cultura impregnou profundamente a política. As novas ideias de Brasil se exprimiram em vigorosas mobilizações em favor do que então se denominava de Reformas de Base, principalmente a agrária, a urbana, a bancária e a universitária, junto com aquela da saúde, da educação, de seus métodos e de seus conteúdos.

O projeto de reformas que constituía a bandeira dos movimentos sociais no Brasil era a concepção de um outro país, de outra conformação estrutural, de outro sentido para o que se chamava de desenvolvimento. Era o projeto de um novo Brasil.

Nesse projeto ganhava um lugar central a cultura brasileira, sua valorização, o reconhecimento dos muitos polos de nossa criação cultural, a descoberta das muitas e imensas usinas geradoras de criação cultural que o país possui em cada estado, em cada pequena região, em cada cidade. Foi o encontro da política do Brasil com a cultura do seu povo, com os temas e a linguagem dele.

Foi o momento da descoberta dos mitos, dos ritmos, dos sons, das cores e das festas do Brasil do interior, mas também a descoberta do sofrimento de seu povo, de suas lutas e de seus sonhos e pesadelos históricos e políticos.

Esse período da vida brasileira é um manancial imenso de conteúdos, de utopias, de sonhos de um Brasil diferente daquele acanhamento institucional decorrente de sua condição periférica e de sua estrutura social empresarial, desequilibrada, subordinada e perversa.

Foi o sonho mais avançado já sonhado pelo povo brasileiro. Esses conteúdos políticos e culturais foram capazes de conter e carregar consigo os sonhos de um povo inteiro.

Foi contra esse irresistível fogo morro acima que as elites e seus aliados externos, principalmente os Estados Unidos, tramaram e realizaram com êxito o golpe de 1964, que extinguiu a democracia, reprimiu e destruiu os movimentos sociais e iniciou uma imensa operação de repressão da cultura do país. A intervenção das Forças Armadas em 1964 foi para cortar, através da força, as possibilidades da hegemonia das novas ideias de Brasil e para destruir os movimentos políticos que tentaram realizá-las.

A vitória política dos militares não conseguiu impor-se no plano da cultura. Não existiu no Brasil uma cultura da ditadura, do militarismo e do autoritarismo. Não existiu uma cultura fascista.

Nem poderia existir. A cultura brasileira, por ser múltipla de nascença e democrática em sua essência, não sabe discriminar, não sabe excluir. Por não possuir uma cultura brasileira autoritária para debater e enfrentar a cultura brasileira real, plural, democrática, que deseja ser nação, o regime militar teve de se confrontar diretamente, em primeira pessoa, com a cultura. Esse confronto se deu através da repressão.

O confronto político entre cultura e Estado no Brasil dos militares produziu a repressão, mas também produziu uma irresistível e vitoriosa luta pela restauração da democracia. A resistência à repressão do governo militar sobre as instituições da cultura – desde a universidade (principalmente), imprensa, editoras, jornaleiros, passando pela música, pelo teatro, pelas artes plásticas, etc. e alcançando as teorias sobre nós mesmos, aquelas políticas, econômicas e antropológicas – terminou por impregnar, com seus conteúdos (da resistência), as praças, as ruas e as consciências da cidadania. Os conteúdos da resistência se apresentaram nas suas criações culturais, na altivez política que caracterizou as redações dos grandes jornais e posteriormente na "imprensa alternativa", como são chamados os pequenos jornais que surgiram em muitos lugares do país, sendo o *Pasquim*, do Rio de Janeiro, o exemplo maior.

O encontro entre as lutas pela democracia, que jamais deixou de existir, e o confronto da cultura "das ideias novas" com a ditadura militar explicam nosso movimento de 1968.

*

No início dos anos sessenta, a vida social foi marcada pela densidade da questão política. Para onde seguir, que destino dar ao Brasil, como deveria ser o campo, a cidade, o desenvolvimento, a educação e a cultura, as relações com os outros povos e tantos outros conteúdos fundamentais. Estas eram as questões debatidas pelo movimento social, que mobilizava e incorporava nesse debate parcelas cada vez mais amplas da nossa formação social.

Essas questões mobilizaram o movimento operário e também outros trabalhadores urbanos, aqueles dos escritórios – não se pode esquecer que naquela fase histórica o sindicato dos bancários era uma das mais fortes organizações sindicais do país –, mobilizou os jovens, a começar pelos secundaristas, alcançou o campo, com as Ligas Camponesas, e o MEB (Movimento de Educação de Base), de onde surgirá o mestre Paulo Freire.

Essa mobilização chegava a sua plenitude nos grandes debates teóricos e políticos que encharcaram de conteúdos nacionais a universidade brasileira naquele período, em que se debatia o Brasil, seu presente e seu futuro. Essa grande mobilização também se exprimia com consistência e beleza através da sua arte, da sua música, teatro, cinema, literatura e tantos outros campos da comunicação, que se politizava em grande velocidade.

A mobilização política no Brasil envolvia e carregava consigo em seu crescimento desde a mais tenra juventude até os mais importantes intelectuais, artistas e quadros políticos do país. A política envolveu todos. E o tema era sempre o Brasil que seu povo queria. Era o Brasil construindo seu projeto de si mesmo. Seus sonhos de futuro. Todas as entidades e organizações eram centros de mobilização, de discussão, de cultura.

A mídia refletia esse clima. Todos os dias, a política ou a cultura politizada ocupava os horários nobres das televisões e grandes audiências nas rádios. A política dominava a imprensa escrita. Era um processo político em quarto crescente que, se ainda não mobilizava todo o Brasil, o fazia em seus centros mais vitais, alcançava todos os importantes atores sociais em todos os estados e envolvia, cada vez mais, aqueles que nele ainda não tinham se integrado.

Ao contrário das lutas dos anos oitenta e início dos anos noventa, mais conhecidas e mais recentes, não se pugnava por restaurar a democracia ou a ética. O povo brasileiro se mobilizou por um novo Brasil. Eram lutas para construir outro futuro, não para restaurar ou garantir direitos obtidos no passado.

*

A história política desse período no Brasil foi marcada pelo encontro e pelo abraço – cada vez mais estreito – entre cultura e política. Parece que a sociedade brasileira, pela primeira vez em sua história, fundava sua própria política, aquela que contém seu próprio modo de ser, orientada por suas aspirações, por seus valores. Do seu jeito. O momento especial desse encontro entre cultura e política ocorrerá durante as lutas revolucionárias do final dos anos sessenta.

Até aquele momento, a política brasileira se desenvolvia segundo modelos e regras extremamente formais. Adotava uma linguagem própria – aquela parlamentar – diferente da fala do seu povo. Sua prática ocorria em estruturas partidárias elitistas, com siglas e programas inspirados na política europeia. A oposição de esquerda, ao mesmo tempo em que era o manancial mais generoso das novas ideias, possuía fortes referenciais externos, sobretudo aqueles teóricos. Era ainda ilegal. Existia camuflada nos partidos legais, assumindo e incorporando seus padrões culturais.

"Entrar para a política" era uma atividade para adultos e em geral cultos, precedida de um caminho de ritos, quase sempre via elites. Na crise desse padrão de organização política, por ocasião do golpe de 1964, emerge um ator novo: a juventude brasileira.

Trazendo consigo a herança de um mergulho no Brasil, realizado durante toda a década de sessenta e chegando à história por muitos caminhos, a juventude entrou, com seus próprios pés e sem pedir licença, no cenário político brasileiro.

A juventude saiu do confinamento da política estudantil do passado – setorizada, estágio juvenil de preparação para a outra política – para entrar diretamente na política adulta, na política nacional. Trazia consigo as ideias de um novo Brasil e um projeto democrático, revolucionário.

Os caminhos próprios da juventude brasileira começam na crise da nossa experiência democrática e no desfecho do Golpe Militar de 64. Naquele momento, jovens de vinte anos fundaram partidos inteiros, não mais seções juvenis de organizações de adultos. Irreverentes e confiantes em si, conceberam e praticaram outra política, conceberam e dirigiram um movimento revolucionário, criaram interpretações do país e teorias sobre ele, decidiram e empreenderam ações com o objetivo de depor o regime ditatorial imposto pela força das armas. Realizaram essas ações trazendo consigo um novo estilo de militância, próprio deles, e trazendo sobretudo a cultura brasileira, seus valores e seus símbolos.

Construíram o discurso político da sociedade. Através deles, a sociedade falou então em sua língua, por fora e acima da estrutura política formal e velha, que não tinha sido capaz de resistir aos eventos que liquidaram aquela experiência democrática.

Esse movimento saberá, como é característico da nossa cultura mundial, se sintonizar e se articular com os movimentos nascidos no hemisfério norte, provenientes de outras vertentes, com outros conteúdos e com outras finalidades políticas. Nós os conhecíamos e os acompanhávamos desde o seu nascer.

Entretanto, o nosso 68 possui referências internas, próprias. Seus marcos imediatamente anteriores são encontrados na reconstrução da UNE, em 1966, no Congresso de Belo Horizonte, nas greves metalúrgicas de Contagem, também em Belo Horizonte, em setembro de 1967, que se repetirão no início de maio de 1968, juntamente com aquelas do ABC paulista, e que demonstraram ser possível a luta popular contra o regime militar. O marco mais importante e decisivo, entretanto, foi a repressão aos estudantes no Rio de Janeiro, no início de 1968, quando um deles foi assassinado.

Convocado pelos estudantes, o povo de todas as capitais e das principais cidades do país saiu às ruas durante todo o primeiro semestre, com o objetivo de protestar contra a repressão da ditadura. A repressão aumentou e as mobilizações se ampliaram. Alcançaram todos os espaços sociais, cinemas, jornais, fábricas, escolas, bares e esquinas. Surgiram mais mortes, mais mártires da luta contra o regime.

A partir do apoio que a população deu às mobilizações, o objetivo do movimento de derrubar o regime cresceu. A manifestação dos "cem mil" no Rio de Janeiro, foi o ponto culminante dessas mobilizações.

Somente em maio daquele ano, após quatro meses de mobilizações no Brasil, é que explodirá o movimento na França, o grande maio francês, com outros conteúdos políticos e outras formas de luta, já que se vivia lá sob um regime democrático.

E somente no segundo semestre do mesmo ano o movimento explodiria na Itália. O movimento americano, também denso de conteúdos culturais novos, juntando a política com os conteúdos e a estética *hippie*, nasce um pouco antes e é proveniente da resistência da juventude universitária em participar da guerra consequente da invasão e da ocupação do Vietnã pelos Estados Unidos.

Era natural que essas grandes mobilizações políticas, que ocorreram quarenta anos atrás, em sociedades agora industrializadas, tanto nos centros do sistema como na periferia, terminassem por recolher tantas outras bandeiras e proposições políticas libertárias.

"Abaixo a ditadura" foi a palavra de ordem do '68 brasileiro. Dentro dela cabiam o "paz e amor", o "é proibido proibir", o "la fantasia distruggerà il potere", mas também cabia "o poder está no cano do fuzil", como diziam aqueles que acreditavam que a decisão da questão política brasileira, a derrubada da ditadura e a construção de um novo Brasil se dariam somente ao som do matraquear das armas.

Entretanto, foi a ditadura militar, o fechamento do regime político no Brasil e a escuridão criada pelo obscurantismo do AI-5, pela repressão brutal que se abateu sobre a população, que conduziram as organizações políticas, nascidas no bojo do antagonismo com a ditadura, a empreenderem uma reação armada contra o regime.

Mesmo divergindo da opção pela luta armada, não se pode deixar de reverenciar o heroísmo dos jovens brasileiros que nela se envolveram nem de reconhecer que esta foi uma decisão amadurecida em um debate sério e longo, que supôs o conhecimento e o estudo do processo político brasileiro e daquele de outros povos e que integrou as esquerdas brasileiras no intenso debate teórico que ocorria em todo o mundo no âmbito do marxismo.

Foi uma decisão de natureza política, mas foi também uma das mais radicais defesas que uma criação cultural brasileira – as ideias de um Brasil diverso – já recebeu. Foi também uma das mais sérias decisões políticas já tomadas por parcelas organizadas da sociedade brasileira na história do país. Não foi uma bravata juvenil. Muitos jovens brasileiros ofereceram seu próprio sangue, deram generosamente a própria vida por essas ideias.

As ações armadas, porém, foram apenas episódios de um processo maior, que mobilizou grande parte da população do país. O processo político do que se pode chamar de Revolução Brasileira foi muito mais amplo e diversificado. E também, nesse processo mais amplo, muitos militantes tombaram, vítimas da repressão da ditadura.

No contexto desse movimento amplo, a ação revolucionária da juventude brasileira e de parte da população foi um gesto moral radical, que marcou a sociedade brasileira para sempre. Seus ecos permanecem até o nosso presente. Na verdade, nenhuma sociedade atravessa incólume a ação revolucionária de seus jovens, sua parte mais pura, mais repleta de esperanças, sobretudo quando esta constitui uma reação a uma tirania.

Todos os povos que possuem em sua memória social momentos políticos nos quais seus filhos ofereceram a vida na balança da história em defesa das liberdades e da justiça, guardam essa herança com orgulho, cultivando-a com uma solene alegria. O gesto em si mesmo é sempre celebrado como uma vitória. Como nós, até hoje, celebramos e nos orgulhamos daqueles que fizeram a insurreição mineira de 1789.

Apesar de todas as críticas políticas, que já foram abundantemente feitas e repetidas à exaustão, o episódio da ação revolucionária, armada ou não, de uma parcela da juventude brasileira contra a ditadura se insere no patrimônio das indomáveis energias democráticas do povo do Brasil, se insere na história das nossas resistências.

Como se sabe, seguiu-se uma repressão terrível, que conduziu a ditadura a uma vitória militar sobre essas vanguardas e sobre o resto da sociedade organizada. Foi o período da escuridão total, do arbítrio. A política se transformou então em algo sem lugar na vida social, em componente da vida privada do cidadão, em ideias secretas. O recolhimento da política abriu espaço para a política enquanto negócio. São os anos de chumbo aqui no Brasil, que antecederam em uma década os anos de chumbo na Europa.

*

Os conteúdos extraordinários desse amplo movimento – que não pode ser reduzido aos episódios de ações armadas de setores de suas vanguardas –, seus temas, entre eles a possibilidade de um Brasil diferente, foram sendo esquecidos no curso da vida política brasileira. Suas cores aos poucos foram se desbotando. Foi o espetáculo do esquecimento.

Nesses caminhos de esquecimento do Brasil, daquele sonhado e desejado por seu povo, a ditadura foi o ator mais importante. Hoje, vinte e cinco anos após a derrubada do regime, é possível ver também como esses conteúdos foram progressivamente reduzidos, compactados em poucas ideias gerais.

Os eventos históricos que conduziram ao golpe de 1964, por exemplo, em geral são explicados pela incompetência do governo Goulart, pelo descontrole da economia, pela possibilidade de uma república sindical, pelo populismo e tantos outros discursos que exprimem – lá no fundo – a visão da ditadura sobre essa fase histórica do Brasil.

Outra tendência reducionista, e de maior êxito, é a que tende a considerar a grandiosidade e a densidade cultural e política do grande movimento pelas transformações estruturais no Brasil sob a rubrica de "lutas de 1968".

De um lado, colocam-se todos os conteúdos daquela imponente mobilização social debaixo do rótulo de "movimentos de '68". Em seguida, o significado das próprias lutas de "1968" no Brasil vem diminuído, reduzidas a algumas ações de guerrilha e a um "desbunde" ou atitudes inconformistas da juventude. É também muito difusa a tendência de considerar o nosso '68 como a versão nacional dos movimentos que ocorreram nos Estados Unidos, na França e na Itália, uma percepção típica da subjetividade subalterna, manifestação social característica de países que foram colônias.

Existiram, é lógico, relações entre o movimento brasileiro daqueles anos e os movimentos surgidos na mesma época na Europa e nos EUA. Existiram relações entre o nosso '68 e o deles, visíveis sobretudo no plano simbólico e estético. Mas foram lutas políticas marcadas por profundas diferenças nos planos político e teórico. Foram movimentos provenientes de vertentes diversas.

Tive o privilégio pessoal de viver o '68 aqui no Brasil, como dirigente do movimento estudantil brasileiro e de um partido revolucionário, e o 69 na Itália, como estudante de Ciências Políticas na Universidade de Milão, um dos epicentros do movimento italiano. Em Milão vivi dez dos meus onze anos de exílio. Pude compreender, ainda naquela ocasião, debatendo com as lideranças de lá, as profundas diferenças em relação ao movimento no Brasil.

Não é possível reduzir a amplitude e os conteúdos das lutas sociais brasileiras de '67/'68, aos limites, ainda que belos e amplos, dos movimentos contra a pobreza existencial contida na proposta da sociedade de consumo nos países desenvolvidos, contra o formalismo autoritário das instituições do capitalismo industrial e contra a exploração do trabalho pelo capital. As lutas sociais brasileiras daquele período apresentavam outras características políticas, construídas em épocas muito anteriores ao final dos anos sessenta e impregnadas de questões que vêm desde o Brasil colônia.

Daí também não ser possível estabelecer uma correlação entre a luta armada do final dos sessenta no Brasil e a mesma prática na Europa dos anos setenta. São episódios políticos distintos, em história e conteúdos.

Ações armadas, praticadas sob o amparo de democracias representativas, com plena liberdade de expressão, com partidos e sindicatos funcionando normalmente e com tribunais abertos e independentes, não são comparáveis a ações armadas praticadas contra a opressão de uma ditadura militar. São coisas distintas.

Essa redução tem sido nociva à compreensão da história e é um dos fatores que contribuem para a inibição teórica e política que bloqueia o imaginário da vertente crítica no interior da formação social brasileira.

Desse modo, e de tantos outros, desaparecem paulatinamente da política brasileira, vão sendo retirados da memória política do país, os conteúdos fundamentais criados por nós mesmos, em um momento extraordinariamente rico de densidade política e cultural, vivido no curso da história política naqueles anos cinquenta e sessenta.

Desaparecem assim, aos poucos, os conteúdos do único momento da história brasileira em que seu povo tentou desenhar seus sonhos, debater e construir o Brasil que ele desejava. Naqueles momentos, a população tentou transformar esses sonhos em projetos políticos de verdade. Tentou criar seu novo jeito político de ser.

As raizes das lutas de '68 no Brasil são antigas. Elas vêm de longe, de muito longe, mas são daqui mesmo. Suas raízes mais importantes se encontram nas lutas operárias e camponesas que ocorreram desde o início do século vinte e entraram ditadura Vargas adentro e nas lutas pela conquista da democracia naquele período histórico.

Essas raízes se encontram também nas lutas sociais – do pós-guerra até o início dos sessenta – que reuniam operários, camponeses, estudantes e outros setores médios. Nesse período, os movimentos sociais no Brasil deram imponentes demonstrações de força e cresceram em extensão, em maturidade e em importância política. Essas lutas terminaram por construir no país a hegemonia de novas ideias, de ideias para um novo Brasil, nossa mais importante criação cultural.

Portanto, nosso '68 não se reduz nem se confunde com ações de guerrilha, é muito mais significativo, e possui suas raízes aqui mesmo, na nossa história. É fruto caseiro, colhido no nosso pomar.

*

Os conteúdos culturais das lutas sociais dos anos cinquenta e sessenta se constituem em importante patrimônio histórico da nação. Foi como um ponto de mutação no processo de estruturação da própria cultura brasileira, que se completa irresistível e definitivamente como uma cultura madura, ainda que esteja sempre formulando a si mesma, nesta tarefa infinita e inconclusa de fundir em si a alma do ocidente europeu, das várias Áfricas e dos habitantes da nossa terra. Desse processo é que desabrochará o mais avançado projeto político e social que o povo brasileiro já construiu.

Reencontrar e recuperar a herança política e cultural desse período, superar o trauma histórico da repressão e da luta armada, tudo isso é necessário para poder buscar, encontrar e se aproximar das imensas e ricas contribuições que os conteúdos da Revolução Brasileira podem oferecer para a reflexão sobre o momento atual e o futuro do Brasil, sobretudo no que diz respeito às ideias para um novo Brasil.

Mas, muito além de necessário, vale a pena recordar, estudar, compreender aqueles anos porque faz bem à vida, faz bem à alma. Foi o tempo em que a alegria cresceu e predominou. A lembrança dos festivais de música, das festas, do teatro, do humor, daquela explosão de criatividade cultural produz no imaginário social a alegria, a força, a esperança e a beleza. Foi o grande momento do reconhecimento mundial da cultura brasileira, que se agigantou, elevando seu perfil no cenário cultural dos povos da Terra.

É também importante porque, em primeiro lugar, foi uma mobilização social vitoriosa. Como se sabe, passado pouco mais de uma década, a população do país resgatou aqueles momentos em uma imponente mobilização pela democracia – as "Diretas Já" – e derrubou o governo militar. Em segundo lugar, aqueles que impuseram pela força a ditadura no Brasil, que tentaram, sem conseguir, esmagar as energias criativas da população e suas expressões culturais, que tentaram, também sem sucesso, deletar do imaginário da população do país o sonho de um Brasil novo e diverso, digno, alegre e justo, colheram uma clamorosa derrota histórica. Com seus projetos construíram a tragédia social que era o Brasil que a democracia herdou em 1985.

Nota

1. PRADO JÚNIOR. Caio. *A Revolução Brasileira.* São Paulo: Brasiliense, 1966. p. 2-4.

Raízes

A originalidade cultural brasileira incorpora uma imensa herança indígena. Ela impregna nosso cotidiano e se mostra em hábitos simples, desde o banho diário até a culinária, a música, instrumentos musicais, utensílios, palavras e conceitos, mitos, atitudes e sentimentos, formas e imagens. Essa herança é parte indissociável da cultura brasileira e de seu reconhecimento e legitimidade tanto interna quanto mundial.

O país tem o privilégio de possuir, ainda hoje, dentro de si, núcleos das populações originárias, que tiveram a competência e a sorte de resistir a quinhentos anos de extermínio. Essas populações são mananciais vivos e fortes de valências culturais que, embora tenham perdido sua integridade original, permitem que a cultura brasileira continue impregnando-se de seus fluidos.

Com seu simples existir, esse povo que sempre viveu em nosso território, nossa "placa-mãe", apresenta e propõe uma relação harmoniosa entre o homem e a natureza. Considerando a crise ecológica mundial, não é pouca coisa. Com a proposta existencial da sustentabilidade, nossos índios continuam como propulsores ativos a encher de energia a cultura brasileira.

Desde a época do descobrimento, essa poderosa vertente da cultura brasileira causou uma marca profunda em todos aqueles que dela tomaram conhecimento. Já no século dezesseis, a descoberta da organização social tribal no Brasil produziu um grande impacto sobre os europeus. Provocou uma espécie de deslumbramento que persistirá por séculos.

Para evitar avaliações ufanistas, é melhor confiar nas mãos seguras e prudentes de Afonso Arinos de Melo Franco.[1] Ele se dedicou a estudar e conhecer o significado do encontro entre vanguardas modernas – Thomas Morus, Erasmo de Roterdã, Montaigne, entre outros – e os índios brasileiros. Também procurou e encontrou os efeitos desse encontro nos grandes clássicos do pensamento político europeu, como Montesquieu e Rousseau.

Como nos adverte Afonso Arinos, o "bom selvagem" era o índio brasileiro, nossos tupiniquins, nossos tupinambás, pataxós, guaranis, e a ilha da "Utopia" era o Brasil. Mostra que o encontro das vanguardas modernas com nossas sociedades tribais deixou sinais profundos e que seus reflexos são encontrados até na grande Revolução Francesa.

"Os nossos índios, levados pela mão dos viajantes, filósofos e juristas dos séculos dezesseis e dezessete, surgiram, assim, no limiar do século dezoito, como remanescentes da antiga humanidade desaparecida, feita de homens, livres, iguais, fraternos. Liberdade, igualdade, fraternidade. A mão misteriosa da Revolução ia escrever, em breve, com letras de fogo, na consciência de um povo, as três novas palavras mágicas, que, cheias de sentido hermético mas emocionante, como as antigas de que fala a Bíblia, apareceriam para anunciar o novo drama ao rei, que também as não compreendeu."[2]

O deslumbre foi provocado pelos fundamentos da organização social da tribo: a centralidade da vida, a igualdade e a liberdade de seus membros. O encantamento que essa circunstância criou se reflete até hoje e povoa os subterrâneos do imaginário político brasileiro e mundial.

São famosos os vários textos que demonstram os efeitos do encontro da civilização europeia com nossa organização tribal. Escolhi citar um pequeno parágrafo, também muito famoso, de um dos ensaios de Montaigne.

Elegi esse texto por três motivos. Em primeiro lugar, como homenagem a um autor iluminado, a quem Raymundo Faoro se refere como "um europeu do século XVI, o mais universal dos escritores europeus do seu século",[3] e a quem Afonso Arinos dedica palavras como "(...) a sua maravilhosa inteligência, umas das mais claras, mais sutis, mais equilibradas que a humanidade jamais produziu".[4]

Em segundo lugar, porque era um autor com grande interesse pelo Brasil. Conheceu o país quando, ainda jovem, estudou no principal colégio da França de seu tempo, que na sua época era dirigido por um reitor português, Antônio de Gouvêa, futuro servidor de D. João III, de quem recebeu o encargo de orientar os cursos da Universidade de Coimbra e de quem Montaigne era frequente interlocutor. Montaigne também viajou até Rouen para conhecer e entrevistar os chefes tupinambás levados à França e conduzidos à corte de Carlos IX, na viagem que empreendera até aquela cidade em companhia da rainha-mãe, Catarina de Medici e, por fim, empregou em seu castelo, como serviçal, um companheiro de

Villegaignon que tinha vivido no Rio de Janeiro durante o que nós cha-
mamos de "ocupação francesa" e eles de "França Antártica". Era um ad-
mirador do Brasil.[5]

Em terceiro lugar porque, nos parágrafos escolhidos, Montaigne di-
aloga com Licurgo e Platão, dois importantes pensadores da política na
antiguidade clássica. Nesse trecho, portanto, Montaigne pensava em cultura e política.

Escreveu Montaigne, da torre do castelo onde se recolheu e de onde
não mais saiu, na segunda metade do século dezesseis, o século do Brasil:

"Esses povos não me parecem, pois, merecer o qualificativo de selvagens somente por não terem sido senão muito pouco modifica-
dos pela ingerência do espírito humano e não haverem quase nada
perdido de sua simplicidade primitiva. As leis da natureza, não ainda pervertidas pela imisção dos nossos, regem-nos até agora e man-
tiveram-se tão puras que lamento por vezes não as tenha o nosso
mundo conhecido antes, quando havia homens capazes de apreciá-
las. Lamento que Licurgo e Platão não tenham ouvido falar delas,
pois sou de opinião que o que vemos praticarem esses povos, não
somente ultrapassa as magníficas descrições que nos deu a poesia
da idade de ouro, e tudo o que imaginou como suscetível de realizar a felicidade perfeita sobre a terra, mas também as concepções
e aspirações da filosofia. Ninguém concebeu jamais uma simplicidade natural elevada a tal grau, nem ninguém jamais acreditou
pudesse a sociedade subsistir com tão poucos artifícios. É um país,
diria eu a Platão, onde não há comercio de qualquer natureza, nem
literatura, nem matemáticas; onde não se conhece sequer o nome
de um magistrado; onde não existe hierarquia política, nem domes-
ticidade, nem ricos e pobres. Contratos, sucessão e partilhas são
desconhecidos; em matéria de trabalho só sabem da ociosidade; o
respeito aos parentes é o mesmo que dedicam a todos; o vestuário,
a agricultura e o trabalho dos metais aí se ignoram; não usam vi-
nho nem trigo; as próprias palavras que exprimem a mentira, a trai-
ção, a dissimulação, a avareza, a inveja, a calúnia e o perdão só
excepcionalmente se ouvem. Quanto à República que imaginava lhe
pareceria longe de tamanha perfeição!

(...) A região em que esses povos habitam é de resto muito agradável. O clima é temperado a ponto de, segundo minhas testemu-
nhas, raramente se encontrar um enfermo. Afirmaram mesmo

nunca terem visto algum 'tremblant', remeloso, desdentado ou curvado pela idade. (...) Passam o dia a dançar; os jovens vão à caça de animais grandes contra os quais empregam o arco unicamente. Enquanto isso, uma parte das mulheres diverte-se em preparar a bebida. (...)

Todas as manhãs, antes que iniciem a refeição, um ancião percorre o barracão, que tem bem cem passos de comprimento, e prega aos ocupantes, sem cessar, as mesmas coisas: valentia diante do inimigo e amizade a suas mulheres. (...)

Sua moral resume-se em dois pontos: valentia na guerra e afeição por suas mulheres. (...) Tratam-se mutuamente por irmãos quando são da mesma idade, e aos mais jovens chamam filhos; e pais aos velhos, indistintamente (...) as heranças não são divididas, conservando todos os participantes a posse do todo, sem outro título que o que lhes dá a natureza ao criá-los."[6]

Como nos diz Faoro, no Brasil não se morria senão de velhice. Vivia-se e morria-se em uma admirável sociedade na qual não existia trabalho, nem medo, nem governo, nem submissão. A vida era degustada em suas mais amplas possibilidades.

A tribo foi a última organização social neste território tropical a possuir a vida de todos como objetivo central do sistema social. Era em torno da vida que tudo se organizava.

Foi a última forma de organização social em nosso território que incluía em si todos os seus membros. Todos estavam incluídos – os velhos, as crianças, jovens e adultos, homens e mulheres. Dela participavam igualmente todos aqueles que tiveram a graça de nascer. Nas constelações de valores que constituem nosso universo cultural, a herança indígena de ontem e de hoje está entre os astros mais belos e brilhantes.

> "Só a antropofagia nos une. Socialmente.
> Economicamente. Filosoficamente. (...)
> Tupi or not tupi. That is the question.(...)
> Queremos a Revolução Caraiba. Maior que a Revolução Francesa. A
> unificação de todas as revoltas eficazes na direção do homem. Sem nós a
> Europa não teria sequer a sua pobre declaração dos direitos do homem.
> A idade de ouro anunciada pela América. A idade de ouro. E todas as *girls*.
> Filiação. O contato com o Brasil Caraíba. *Ori Villegaignon print terre*.
> Montaigne. O homem natural. Rousseau. Da Revolução Francesa ao

Romantismo, à Revolução Bolchevista, à Revolução Surrealista e ao bárbaro tecnizado de Keyserling. Caminhamos (...)
Nunca fomos catequizados. Fizemos foi Carnaval. O índio vestido de senador do Império. Fingindo de Pitt. Ou figurando nas óperas de Alencar cheio de bons sentimentos portugueses.
Já tínhamos o comunismo. Já tínhamos a língua surrealista. A idade de ouro.
Catiti Catiti
Imara Notiá
Notiá Imara
Ipeju*
A magia e a vida. Tínhamos a relação e a distribuição dos bens físicos, dos bens morais, dos bens dignários. E sabíamos transpor o mistério e a morte com o auxílio de algumas formas gramaticais.(...)
Não tivemos especulação. Mas tínhamos adivinhação. Tínhamos Política que é a ciência da distribuição. E um sistema social-planetário.(...)
Antes dos portugueses descobrirem o Brasil, o Brasil tinha descoberto a felicidade.
Contra o índio de tocheiro. O índio filho de Maria, afilhado de Catarina de Médicis e genro de D. Antônio de Mariz.
A alegria é a prova dos nove.
No matriarcado de Pindorama."
Oswald de Andrade, Em Piratininga, Ano 374 da Deglutição do Bispo Sardinha (*Revista de Antropofagia*, Ano 1, N. 1, maio de 1928)
[Trechos escolhidos]

Convivemos ainda com algumas tribos remanescentes. Mas existem outras realidades. Tribos em reconstrução, tribos em potencial e ainda tribos somente sonhadas.

Há também diversos grupos de sobreviventes de etnias indígenas que, arrastados pela memória cultural e pela história de resistência de seus povos, procuram se reinventar como índios. São empurrados para essa busca também pelas condições objetivas em que se encontram. Excluídos da estrutura social, na qual experimentavam se mimetizar e tentando esconder suas origens. Hoje lutam, buscando reproduzir a experiência social da tribo nas diversas reservas que aos poucos vêm sendo provisoriamente concedidas. Quinhentos anos depois!

É importante acompanhar de perto o êxito e as dificuldades desse processo de "retribalização". Em muitos casos, são índios urbanizados que retornam para viver em tribos que não se dissolveram, embora tenham sido envolvidas pelos padrões da moderna sociedade brasileira.

Mas existem casos em que, após anos de luta, grandes coletivos de descendentes indígenas conseguiram a vitória de poder se reinstalar em um "novo território indígena", ainda que provisório. É o que se pode observar em Cumuruxatiba, no sul da Bahia, entre os índios pataxós, nas aldeias Cahy, Tibá e Pequi. Esses "novos índios" nasceram e cresceram destribalizados, na vida normal dos pequenos povoados do interior. São índios com carteira de identidade, CPF, carteira de trabalho e aposentadoria. Mas são índios.

O grande desafio nesse caso não será a reconstituição de um coletivo humano – objetivo em vias de ser alcançado –, mas será a reconstrução de uma organização social que reproduza seus valores essenciais, que possua a centralidade da vida em harmonia com a natureza. Sem buscar a impossível repetição do passado.

O êxito da experiência de retribalização desses novos índios está ligado à capacidade desses grupos de reorganizarem o campo de percepção do social e construírem um modelo de existência coletiva que possua a vida, a alegria e a felicidade de todos como eixos centrais, como fundamentos de outro modo de existir.

O desafio maior não está em plantar e colher nesses territórios conquistados nem em desenvolver a recriação de um artesanato autêntico para vender aos turistas. O desafio maior está em reorganizar, nas condições de hoje, outro firmamento de valores, outro jeito de existir, includente, com a vida em primeiro lugar. Somente assim serão índios de novo. Alcançando esse objetivo continuarão a ser índios, mesmo que não consigam reconstruir por completo suas línguas e suas tradições culturais, mesmo que não consigam construir uma empresa tribal eficiente e lucrativa.

Essas experiências poderão contribuir para o reforço desses valores no seio da cultura brasileira e para a construção de modelos sociais alternativos para a humanidade de amanhã.

*

Para se pensar o futuro das instituições humanas é necessário olhar para trás, compreender suas várias formas e conteúdos, porque elas são históricas, se transformam. É por isso que, para os humanos, o passado tem uma função especial.

Nesta perspectiva, pode-se observar que as vanguardas que abriram a era moderna não tiveram nenhuma inibição nem vergonha de buscar uma releitura do mundo clássico, sobretudo do mundo grego e romano. Elas olhavam para frente, para o futuro, mas não se acanharam diante do seu passado e nele foram buscar indicações e inspirações preciosas que elevaram e ampliaram a magnitude de seus imaginários para além dos estritos limites da sociedade feudal

Foram lá para as antiguidades, mas não se transformaram em nostálgicos nem quiseram reconstruir a civilização clássica. Também não se inibiram nem se envergonharam de conhecer e encontrar na cultura islâmica a filosofia, a ciência e a matemática. Mergulharam nesses conteúdos mas também não se islamizaram.

Hoje, a crise vivida pela humanidade inteira exige a construção de outro futuro, diferente das terríveis previsões disponíveis. Solicita também um olhar para o passado. É no passado que poderemos encontrar momentos históricos em que a organização social incluía todos os membros das comunidades humanas e em que as relações humanidade/natureza possuíam outras lógicas.

Revendo o passado é também possível olhar e descobrir concepções que, não obstante não tenham sido vitoriosas na história, corresponderam a profundos anseios dos humanos. Concepções que foram escondidas pelos vitoriosos de cada época, mas que poderiam ter dado à humanidade caminhos mais felizes. Basta pensar nos conteúdos dos exemplos de um São Francisco de Assis e no *software* social que orientava a vida de nossos índios.

No passado europeu, americano e africano, certamente encontram-se escondidas experiências diferentes, criações culturais densas de conteúdo, capazes de conduzir também os imaginários de homens e mulheres de hoje na busca de formas melhores para regular as relações entre cidadãos e poder, entre sobrevivência e natureza, entre progresso e felicidade.

Para recuperá-las exige-se imaginação, criatividade, competência, mas também coragem cívica. Coragem de pensar. Essas atitudes existem normalmente como característica dos seres humanos e não têm faltado à humanidade no percurso de sua aventura de construir sua história social através dos séculos.

Notas

1. FRANCO Afonso Arinos de Melo. *O Indio Brasileiro e a Revolução Francesa. As Origens Brasileiras da Teoria da Bondade Natural.* 3. ed. Rio de Janeiro: Topbooks, 2003.

2. Idem ibidem. p. 232.

3. FAORO, Raymundo. op. cit. p. 102.

4. FRANCO Afonso Arinos de Melo. op. cit. p. 165.

5. Ver *Montagne – Vida e Obra*. São Paulo: Nova Cultural, 2000. (Coleção "Os Pensadores", v. I).

6. Idem ibidem. p. 196-200.

A Busca de Novos Caminhos

Muitas possibilidades históricas se apresentam no contexto desta crise mundial e brasileira. A história humana sempre foi assim, aberta a muitas escolhas. Apresentarei uma possibilidade. É aquela para qual eu torço e trabalho. Faço-o não somente como exercício intelectual, mas, sobretudo, em respeito à minha nação, ao amor que aprendi a devotar ao meu povo, ao meu país. Sem neutralidade afetiva.

Sei que vivemos um momento histórico especial, por sua dramaticidade e pela gravidade das questões que encerra. Sei também que meus pensamentos escorrerão por um de tantos caminhos possíveis, talvez o mais difícil de se construir, mas certamente o mais belo, o mais alegre para se trilhar.

É também o caminho que permite um novo encontro brasileiro com a evolução da humanidade, evolução das nossas relações entre nós mesmos, os humanos, e com o cosmos. Já nos encontramos com os destinos da humanidade uma vez, na aurora moderna. Ajudamos a unificá-la, acolhemos todos em nosso imenso território e nos misturamos com todos, criando um *nós mesmos* diferente de todos os povos que já existiram na Terra. Mas participamos daquele encontro como uma empresa dos outros, com nosso povo perseguido, dominado e escravizado.

Agora é diferente. Podemos nos encontrar com os destinos da humanidade outra vez, mas como povo livre, por nossa opção, oferecendo-lhe os frutos maduros de uma cultura que poderá contribuir para outro padrão de convivência entre todos, fundada na festa da vida, na alegria de existir, na harmonia e na busca da felicidade.

*

A solução para a crise brasileira não é econômica. A solução não é outro projeto econômico ou uma misteriosa política econômica gerada por uma técnica de formulação ainda desconhecida. Organizar sociedades a partir da economia foi a solução da modernidade, e é esta que nos conduziu aos impasses atuais.

O Brasil foi criado como uma economia, só uma economia. E é até bem-sucedida. Sempre foi a maior economia da periferia do sistema e sempre esteve entre as maiores economias capitalistas do planeta. Continua bem-sucedida, como mostram os tais indicadores macroeconômicos. A economia na modernidade periférica é a origem da nossa crise, não sua solução.

Como o país se construiu como economia, a teoria econômica tem prevalecido. Nos momentos de crise, todos os ouvidos buscam as vozes dos detentores dos segredos teóricos dos nossos destinos. É até surpreendente que os economistas brasileiros, tão competentes e tão fervorosos em acompanhar índices cada vez mais sofisticados sobre a performance da economia, não tivessem advertido sobre o crescimento da incompatibilidade entre economia brasileira e vida do povo deste país. Há exceções, é lógico.

A prof. Maria da Conceição Tavares é uma das vozes mais eminentes da economia latino-americana. Escreveu, alguns anos atrás, também nos primeiros anos do furacão neoliberal que varreu as esperanças nesta *terra brasilis*, um artigo intitulado "Economia e Felicidade". Nunca me esqueci dessa leitura. É desse artigo que retirarei uns poucos parágrafos para alimentar esta reflexão:

> "Ao sul do Equador, onde não existe pecado mas existem 'peixes voadores', a história é diferente; aqui o debate sobre o futuro, a felicidade e a economia parece estar um pouco 'fora de lugar', inclusive nas universidades, onde, afinal de contas, deveria ser o lugar de circulação ou 'negação' das idéias. E por quê? Porque nas economias periféricas a discussão sobre o reino da liberdade do homem não responde a nenhum princípio de filosofia moral, quando milhões de seres humanos ainda não se liberaram das necessidades básicas. Aqui, então, e que me perdoem meus amigos liberais e libertários de todos os matizes que odeiam a 'filosofia da história', a liberdade continua a ser um reconhecimento da necessidade, mesmo que as 'elites' tenham todo o direito a suas liberdades particulares.

> A economia política foi um dia uma 'ciência moderna' por excelência, na realidade, disputou com a física o privilégio de inaugurar a época moderna. Depois que se distanciou da política e optou pela racionalidade do cálculo econômico, converteu-se em uma 'pobre

ciência' da auto-regulação dos mercados. Cito aqui, porque me parece cada vez mais atual, um parágrafo de minha tese para Prof. Titular, apresentada há mais de dez anos: 'Os físicos modernos não precisaram ver os sóis explodirem para formular suas leis sobre a matéria e a energia, não precisaram desintegrar o átomo para produzir novas teorias, não querem tapar com velhas equações os buracos negros do universo (nem tratam a dissipação com leis imutáveis). Os economistas viram o caráter progressivamente mais grave das crises capitalistas, viram que ocorria a separação das "órbitas" da produção, da circulação dos bens e do dinheiro, viram em suas vidas explodir o "sol" pelo menos uma vez, mas continuam aferrados à sua física newtoniana'.

Com esta filosofia implícita do 'progresso natural', não se deve estranhar o fato de que a economia política tenha entrado em crise. Uma disciplina que pretende ser científica deveria abandonar uma filosofia moral que prega a abstinência, a poupança, a austeridade e postula o equilíbrio, quando a acumulação de riqueza, o desperdício, o consumo conspícuo, as desigualdades e os desequilíbrios são as marcas registradas da história e da dinâmica do capitalismo. Ou, então, deveria assumir de frente a crítica de um sistema no qual a acumulação de capital se move como um fim em si mesmo, e arrasta o progresso técnico por caminhos tortuosos que estão longe de corresponder a uma simples 'destruição criadora', como pensava Schumpeter."[1]

No Brasil, os economistas muitas vezes agiram como médicos de campos de concentração, decidindo a frequência e a extensão da morte, só que de modo mais amplo, pois suas decisões atingiam todo o sistema social, aumentando ou diminuindo a exclusão, fechando e abrindo portas para uma população simples, mestiça, miserável e alegre alcançar a sobrevivência. Aqui aconteceu, por séculos, um economicídio.

A solução da crise, tanto a brasileira quanto a global, não sairá da economia. A crise é produzida pela forma de organização da economia, pela racionalidade que ela impôs ao mundo. Projetos "economicos" são estes que estão aí e que estão nas origens dos difíceis dilemas deste nosso tempo.

A solução da crise passa por outros caminhos. Exige principalmente outros conteúdos valorativos, diferentes daqueles da "acumulação de capital que se move como um fim em si mesmo". O que a crise moderna demonstra é a falência histórica de um projeto civilizatório que se assentou sobre a economia, baseado nessa acumulação, entendida como fim para alcançar o maior volume de riqueza e a maior cota de poder possível e, sobretudo, entendido em uma valência individualista, competitiva, que legitima a instrumentalização de tudo – natureza, humanos e ideias – para esses fins.É verdade que esse desejo humano por riqueza e poder não pode ser negado, como tudo o que é humano e natural. A crise não é resultante da existência desses impulsos e desejos, que integram o ego humano desde tempos ancestrais, mas decorre do fato de que estes foram eleitos como eixos organizadores das sociedades humanas. E em torno deles foi construído o projeto civilizatório moderno.

Quando esses conteúdos surgiram no âmbito das ideias, reivindicavam o direito de existir como desejos, reivindicavam a liberdade para a experiência da vida, reivindicavam a libertação humana do domínio teológico, a liberdade de ser, um individualismo legítimo em um sistema que oprimia o individual. Levavam consigo outras demandas individuais importantes para a felicidade, como a própria liberdade. Quando surgiram na história política dos povos, legitimaram-se porque propunham dissolver as formas arcaicas e injustas de poder e, nesse confronto, para existirem legitimamente, reivindicavam a democracia como espaço para a pluralidade, como espaço público para a realização do ser humano com todos os seus desejos e como forma mais avançada para a convivência civil. Venceram.

Esses valores se institucionalizaram e repetiram a experiência existencial que tinham conhecido em sua história no contexto da evolução humana, isto é, se tornaram eixos do processo civilizatório. O individualismo se fez sociedade, reinando sobre todos os outros valores. Assim foi criada a hegemonia do *software* social moderno sobre todos os outros modelos societários. No início essas transformações até produziram um grande dinamismo em todas elas.

Mas, com o passar do tempo, ficou evidente que a supremacia desses valores contribuiu para que fossem desenvolvidos antagonismos com a vida humana, com a vida de todos os outros seres terrestres e com a existência da própria Terra. A crise contemporânea ocorre quando esses antagonismos, já latentes e antecipados por tantos pensadores, alcançam visibilidade, ganham altitudes que nem a humanidade nem o planeta pode mais suportar.

A organização social deve ser uma instância criadora de modos que permitam que os desejos humanos que exprimam instintos ancestrais sejam reconhecidos, se transformem e se realizem, convertendo-se em energias positivas para a sociedade e para a vida. A evolução da espécie já alcançou um nível de amadurecimento que permite vislumbrar, sonhar e elaborar projetos sociais diferentes, assentados sobre outros valores, estruturados em torno de outras concepções voltadas para a busca de outro equilíbrio.

*

Nos marcos históricos das incompatibilidades existentes entre a vida dos humanos reais que habitam esta que é a "mais luminosa província da Terra" e os limites acanhados da formação social empresarial construída desde a colonização, a busca de uma solução para a crise brasileira solicita inicialmente o destemor de um olhar mais aberto, um olhar de grande angular, capaz de conter uma variedade maior de possibilidades históricas, capaz de vislumbrar um cenário mais amplo que aquele da economia, mais amplo do que aquele do desenvolvimento.

A solução para a crise brasileira impõe que se olhe de frente para a história. Livre dos medos e acanhamentos teóricos, políticos, religiosos, de todos os tipos. Exige compreender que a história humana é também um espaço de liberdade, e que nem tudo está decidido, nem no âmbito da economia, nem no âmbito da política, nem no âmbito da existência entendida de forma mais ampla, em que muitos rumos são possíveis.

Nesta crise será necessário adquirir uma espécie de coragem histórica e neste quesito somos um povo privilegiado porque essa coragem se encontra na bagagem das nossas experiências, a carregamos conosco desde as nossas origens.

Somos um povo moderno, mundial. Somos herdeiros diretos da modernidade inteira, não só de suas misérias. Como povo moderno, também somos herdeiros da coragem das suas vanguardas, da ousadia daqueles que inventaram a modernidade, que não recuaram e que souberam criar o novo.

Como tratado em capítulos anteriores, somos herdeiros daqueles que, a despeito das regras e dos constrangimentos do presente histórico que lhes foi dado viver, souberam imaginar um mundo novo, imaginar outro jeito de viver, inventar a surpresa histórica, descobrir caminhos diferentes para a evolução humana. Essa é a herança brasileira, um povo que só conheceu a modernidade. Dessa ousadia somos herdeiros diretos. Um povo primogênito.

*

A crise brasileira e mundial apresenta contornos de extrema gravidade, com o país e o mundo inteiro amarrados aos destinos da crise global da era moderna. Consumou-se na história a impossibilidade de outros destinos senão o sofrimento da decomposição, da violência e da miséria. Caminhamos para a tragédia conduzidos por uma elite que vive em um estranho festim, que se desenrola e se celebra sobre a degradação. É chegado então o momento de buscar esses tais de caminhos novos.

A história, se olharmos o passado dos povos, apresenta sempre muitas possibilidades. Tudo pode ocorrer, até mesmo o melhor. Isto porque, em última instância, a decidir mesmo será a vontade e a capacidade dos humanos envolvidos pelos dilemas que se apresentam.

"Sin embargo parecia
Que todo se iba acabar
Con la distancia mortal
Que separó nuestras vidas

Realizavan la labor
De desunir nossas mãos
E fazer com que os irmãos
Se mirassem com temor

(...)

E quem garante que a história
É carroça abandonada
Numa beira de estrada
Ou numa estação inglória

A história é um carro alegre
Cheia de um povo contente
Que atropela indiferente
Todo aquele que a negue

É um trem riscando trilhos
Abrindo novos espaços
Acenando muitos braços
Balançando nossos filhos

> Lo que brilla com luz propia
> Nadie lo puede apagar
> Su brillo puede alcanzar
> La oscuridad de otras costas."

Cancion por la Unidad de Latino América, Pablo Milanes/Chico Buarque de Hollanda

Estas reflexões caminharam em uma direção, levadas pelo pensamento e pelo coração brasileiro de seu autor, inspiradas e movidas por uma formação acadêmica, por uma experiência política, por um enamoramento pela cultura brasileira e por uma fé em um futuro mais feliz para a humanidade, para o qual toca a cada geração contribuir.

Como a água que se acumula para superar seus obstáculos e lança-se no vazio à procura do mar, estas reflexões não temem as possibilidades que ela mesma criou, não temem deixar os pensamentos correrem para o desconhecido, a caminho de um futuro mais alegre e feliz. A história pode ser "um carro alegre, cheio de gente contente".

Quando se chega ao fim, lá onde acabam os caminhos, é porque chegou a hora de inventar outros rumos. Chegou a hora de nos reinventarmos, de tomarmos nas mãos as rédeas do nosso destino histórico, que sempre estiveram em mãos alheias. É hora de outra procura. É hora de o Brasil se Refundar.

A Refundação é o caminho novo e, de todos os possíveis, é aquele que mais vale a pena, já que é próprio do humano não economizar sonhos e esperanças. O Brasil foi fundado como empresa. É hora de se refundar como sociedade.

Nota

1. TAVARES, Maria C. Economia e Felicidade. *Novos Estudos*, CEBRAP, p. 65-66 e 68, jul. 1991.

De Volta à Utopia:
A Refundação do Brasil

"A utopia não se opõe à realidade, antes pertence a ela, porque esta não é feita apenas por aquilo que é dado, mas por aquilo que é potencial e que pode um dia se transformar em dado. A utopia nasce deste transfundo de virtualidades presentes na história e em cada pessoa. O filósofo Ernst Bloch cunhou a expressão *principio-esperança*. Por princípio-esperança, que é mais que a virtude da esperança, ele entende o inesgotável potencial da existência humana e da história que permite dizer *não* a qualquer realidade concreta, às limitações espácio-temporais, aos modelos políticos e às barreiras que cerceiam o viver, o saber, o querer e o amar."

Leonardo Boff. *O Resgate da Utopia.* fev. 2008.

A solução para a crise brasileira é construir pela primeira vez uma sociedade humana neste território imenso e belo. É habitá-lo pela primeira vez por uma sociedade humana de verdade, o que nunca ocorreu em toda a era moderna, desde que foram destruídas as sociedades nativas, desde que o Brasil foi fundado como uma empresa, em função da qual todos os humanos, nativos e forasteiros, foram organizados.

Fundar uma sociedade é o único objetivo capaz de salvar nosso povo, a cultura brasileira e o país. Este é o único modo de o povo brasileiro contribuir para superar a gravidade da crise global que se apresenta no horizonte. Poucas gerações, de poucos povos, tiveram esse privilégio, que é raramente concedido pela história humana.

Como se funda uma sociedade? Ninguém que está vivo aprendeu. A única possibilidade é olhar para a história para observar como outras se fundaram. É olhar para o presente brasileiro, para a gravidade da situação mundial e não temer refletir sobre uma organização social diversa, fundada em outras convicções, em outros valores.

Olhando a história é que se observa que uma sociedade humana de verdade não se funda com economia nem com Estado. Funda-se com outros conteúdos. Uma sociedade humana se funda com a solidariedade coletiva, com a partilha de um destino comum, com o reconhecimento recíproco de seus membros, com a amizade e, sobretudo, com o amor, fonte e origem da própria vida, como mostraram Humberto Maturana e Francisco Varela, importantes cientistas chilenos.[1]

Uma sociedade se funda buscando os caminhos da felicidade, se funda em anseios mais profundos. Leonardo Boff nos lembra, em seu *São Francisco, Ternura e Vigor*,[2] que uma sociedade se funda construindo a hegemonia de *Pathos* e *Eros* em substituição à ditadura do *Logos*. Uma sociedade humana se funda deslocando a centralidade da razão analítica instrumental sobre a organização social dos humanos e, sem perdê-la, construindo outra centralidade – a centralidade da vida, do cuidado, do amor e da razão cordial.

Refundar é ter a vida como a coisa mais importante do sistema social, é reconhecer a vida como seu principal fundamento. Refundar é construir uma organização social que busque e promova a felicidade, a alegria, a solidariedade, a partilha, a defesa comum, a união na necessidade, o vínculo, o compromisso com a vida de todos. Uma organização social que inclua todos os seus membros, que elimine e impeça a exclusão, de todos os tipos, em todos os níveis.

Com esses conteúdos se formaram os grupos humanos, nesta combinação de reconhecimento, afeto e necessidade. Foram esses os conteúdos que orientavam a vida tribal dos nossos antepassados, os habitantes originários da nossa terra. Foram também com esses conteúdos que se formaram lá no passado longínquo os povos que hoje se constituem em sociedades, que terminaram por fundar até seus Estados nacionais.

O sistema social que nega e extingue esses fundamentos, que fez da razão, da centralidade da economia e da especialização de povos e territórios o eixo central da vida social é recente. Foi criado somente na modernidade.

O povo brasileiro nunca foi sociedade. Viveu e vive esse prazer somente no plano abstrato da sua cultura. Foi, por mais de quatro séculos, espremido nos limites acanhados de uma formação social empresarial criada no contexto da construção da hegemonia do projeto civilizatório moderno, que excluía e humilhava a maioria dos seus membros. Esse povo, ao se transformar e refundar-se como sociedade, não repetirá a modernidade. A sociedade humana que se criará na gravidade da crise da civilização moderna não poderá repeti-la, pois isto seria a manutenção das características essenciais da Empresa Brasil e da dependência.

Ao refundar-se como sociedade humana, o povo do Brasil ultrapassará a modernidade. Irá fazê-lo porque, para constituir-se em uma sociedade humana, deverá construir a centralidade de outros valores, *pathos* e *eros*, e com esse ato estará criando outro tipo de organização social. Estará criando uma sociedade humana dentro de outro padrão civilizatório. Estará criando outro *sofware* social. Com esse ato o povo brasileiro estará contribuindo decididamente para a abertura de outro momento, de outra fase, da história da civilização humana.

A possibilidade dessa nova sociedade, ainda ontem considerada somente como sonhos bem sonhados de intelectuais utópicos, hoje se coloca como necessidade histórica. Esse é um caminho que se impõe como uma necessidade, como condição indispensável para superar a grave crise das relações homens/natureza, para onde escorregam o Brasil e o mundo.

O povo brasileiro foi preparado durante séculos para este momento decisivo. Sua cultura já se construiu com esses novos valores. Na cultura brasileira, a vida, a felicidade e a alegria foram sempre os caminhos mais procurados. Foi ela que criou a "inverossímil alegria e espantosa vontade de felicidade", como entendeu Darcy. Foi ela que fez com que Vasconcelos enxergasse a estética e o amor como características da humanidade mestiça do futuro.

A cultura brasileira é a força que nos empurrará para o futuro. A centralidade da vida e da felicidade já existia, sonhada e desejada, nos conteúdos da cultura brasileira, muito antes da crise atual, muito antes da necessidade de se constituírem como eixos de uma outra fase da história, como se impõe nestes nossos tempos. Nossa cultura pede sociedade, solicita sociedade, sonha sociedade.

Não nos deve acanhar a condição periférica, a pobreza. Estes são os motivos pelos quais é necessário mudar. A modernidade também foi criada assim, em condições parecidas, por reinos pobres e periféricos, mas prevaleceu e se afirmou na história porque conquistou a alma dos humanos. É também natural que seja o primeiro povo novo construído pela modernidade, o primeiro povo que reúne em si mesmo, em sua carga genética, o grande encontro mundial, a descerrar as cortinas de outro período na evolução da espécie humana.

Por causa da força da sua cultura, o Brasil não se inibirá diante da grandeza da tarefa que a história coloca para seu povo. A cultura brasileira habilitou seu povo a dar essa contribuição universal, uma contribuição real para a superação dos dilemas da crise da civilização. Já aprendemos a nos apresentar carregando as alegorias originais da nossa cultura, como fazemos no futebol e no carnaval. Nos jogos e nas festas. Vivemos com intensidade e alegria os nossos valores e os nossos sonhos. Há meio século derretemos o medo de apresentarmo-nos com o nosso próprio jeito de ser.

Esses valores e essa cultura, que já alimentam os sonhos e as esperanças na existência concreta de nossa vida cotidiana, serão também a propulsão para nossa nova construção social e política.

Refundar é nosso modo de construir o encontro entre cultura-sociedade-política-economia, encontro que superará as dicotomias que nos esgarçam no contexto desta crise civilizatória. Valores, sociedade, política e economia finalmente se fundirão na história concreta do nosso povo. É assim que unificaremos o que a modernidade construiu dividido e superaremos a grande neurose social criada por essa divisão.

Entendo por Refundação a construção de uma sociedade nova, que seja constituída por todos os habitantes do território brasileiro e que tenha outro eixo organizador das relações sociais. Uma sociedade nova que tenha por eixo a vida, o bem-estar, a alegria e a felicidade *de todos*. Uma sociedade biocentrada.

Não existe essa sociedade em lugar nenhum do planeta, mas ela não é estranha ao povo brasileiro. Já foi vivida neste território quinhentos anos atrás e, desde que o Brasil se criou como empresa e como formação social empresarial, sempre foi sonhada e desejada. Esses novos eixos sociais estão em congruência perfeita com os valores da cultura que nasceu no Brasil.

Com nossa cultura construiremos um novo país. Não temos com quem aprender. É necessário experimentar. Experimentar a busca da felicidade é melhor do que acabrunhar-se na degradação, na violência, na miséria e no medo. A caminhada é rumo a uma sociedade biocentrada.

*

O ponto de partida para essa fascinante aventura histórica que o destino reservou a este grande país é a sua condição atual. Tudo está posto. Território, povo, cultura, infraestrutura. São condições suficientes para a construção de uma sociedade, condições abundantes para garantir a vida de todos.

Neste sentido, o Brasil tem o privilégio histórico de possuir dentro de si mesmo as condições exigidas para uma sociedade que garanta a vida de todos e permita o bem-estar, a alegria e a felicidade. Muitos outros povos do mundo não possuem essas condições.

Como recombinar essas condições para que se transformem em base de sustentação para uma nova sociedade? Este é o debate que o país está convocado a realizar. Da abordagem que orientou estas reflexões, brotam algumas ideias sobre as quais vale a pena pensar.

O ato que fundou a Empresa Brasil foi a expropriação do território no qual, por dezenas de milhares de anos, viveram os habitantes da Terra e o veto estabelecido para o acesso a ele por aqueles que foram desterrados e trazidos da África. O ato constitutivo da Refundação do Brasil, que carrega consigo um imenso simbolismo, será aquele pelo qual a população vai se reapropriar do seu território. Não é possível existir dezenas e dezenas de milhões de brasileiros sem Brasil.

O território brasileiro foi expropriado e entregue à Empresa Brasil há quinhentos anos e até hoje se mantém no país uma estrutura fundiária absurda, como indicam dados de todas as proveniências elaborados sobre o tema.

A questão não é discutir se é viável, se é bom para a produção, se vai dar lucro, o que vai ocorrer com a agricultura para exportação, com o agronegócio, etc. Esses são temas do passado, são temas da formação social empresarial.

Os brasileiros devem se apropriar do território do Brasil por outros motivos. Vão se apropriar para se constituírem em sociedade. O Brasil tem de ser a Pátria de todos, e todos os seus filhos devem ter um lugar nele. Esse princípio possui um imenso valor simbólico.

É bom pensar que esse ato já nos igualará a muitas das sociedades existentes no planeta. Não será um ato inspirado em nada que não seja humano. A Suíça é dos suíços, a Noruega é dos noruegueses, a Dinamarca dos dinamarqueses, o Canadá é dos canadenses. Não existe dinamarquês sem Dinamarca, não falta Alemanha para os alemães, nem falta Noruega para os noruegueses. Todos que nasceram nesses países possuem seus lugares neles, em seu território. Lugar físico e institucional. Ao se apropriarem do seu território, os brasileiros estarão simplesmente se igualando aos outros em humanidade.

No Brasil, a história criou a exclusão e a concentração da riqueza e dos territórios em pouquíssimas mãos. Não é possível considerar eternas as relações de propriedade criadas aqui pela modernidade, no contexto da formação da Empresa Brasil. Não são eternas as relações de propriedade criadas por ocasião da invasão deste território pelas vanguardas modernas. As relações de propriedade da modernidade devem ser superadas, não porque uma lógica dialética determine essa superação, mas porque faliram, incompatibilizaram-se com a vida.

Da dignidade simbólica da apropriação do território do país pela população brasileira derivam corolários, sobre alguns dos quais vale a pena fazer breves referências.

Nenhum brasileiro, após o período escolar obrigatório, viverá sem trabalho e renda. A nova sociedade exigirá trabalho, o trabalho compreendido como necessidade de sobrevivência, mas também como atividade criativa, com função social. O trabalho entendido como produtor da vida social, como uma atividade alegre, a única capaz de gerar a vida e a felicidade de todos. O trabalho alienado criado pela escravidão, pela servidão e ainda que remunerado, como é encontrado no âmbito da modernidade, começará, enfim, a ser superado. Todos serão convocados ao trabalho. Há uma imensa tarefa a ser realizada, que é a recuperação do planeta e da humanidade após cinco séculos de devastação. É outro tipo de trabalho, voltado para produzir a vida social, para reconstruir, enjardinar e reflorestar o devastado, mais ainda belo e exuberante, território nacional.

O Brasil somente exportará alimentos quando seu povo houver superado a fome e a desnutrição. Nunca mais um povo faminto produzirá alimentos que não poderá comer. O Brasil tem condições – dizem os geógrafos, agrônomos, biólogos, etc. – de produzir alimentos para boa parte do mundo, e certamente o fará. Mas jamais exportará a fome do seu povo para alimentação dos outros, e jamais fará isto para o enriquecimento de uma ínfima minoria de brasileiros e de empresas mundiais. O lucro não pode gerar a morte. É contrário aos princípios da nova sociedade.

O Brasil não oferecerá mais seu território e seu povo gratuitamente ou por muito pouco, para que empresas estrangeiras venham aqui obter lucros extraordinários. Acabará a oferta a empresas estrangeiras ou nacionais, de territórios imensos, de uma mão de obra barata, desorganizada e com salários controlados pelo poder. Terminarão os empréstimos em condições especiais que depois nunca são pagos, terão fim também as isenções de impostos e a sonegação daqueles devidos, para a obtenção de lucros fantásticos que serão enviados para as metrópoles.

Esse é o mecanismo tradicional através do qual as elites, por meio do Estado, articularam a economia brasileira com interesses econômicos externos e extraem dessa função, através da corrupção, recursos para financiar a continuidade do domínio sobre a sociedade.

Essa prática vem desde a colônia. Para essa função se construiu o Estado Econômico Internacionalizado. Ironia da linguagem, essas imensas perdas materiais ainda vêm chamadas de política de desenvolvimento. Nenhuma das sociedades dos polos dominantes do sistema pratica hoje, ou praticou no passado, essa política de desenvolvimento.

Todos os brasileiros terão educação e saúde. Públicos e gratuitos. Somente após esses direitos estarem garantidos é que se poderá pensar em outras aplicações de recursos. Uma espécie de lei de responsabilidade social. Primeiro, a população, sua vida, sua saúde, sua educação, seu trabalho e sua renda. Estas são as prioridades de uma sociedade que tenha a vida como seu objetivo central. Estarão proibidos quaisquer usos diferentes dos recursos públicos até que esses objetivos sejam alcançados.

O Brasil não será mais um exportador de capital. Deixará de sê-lo por pelo menos um decênio por cada século de colonização e dependência. Dez por cento é uma taxa razoável. É menos do que a taxa com que remuneramos hoje os capitais externos.

Os recursos produzidos aqui não mais sairão para favorecer o desenvolvimento e o bem-estar de outros povos. Já foi assim por cinco séculos. Todos os estudos sobre a economia política do capitalismo internacional indicam que as periferias produzem capital para o desenvolvimento dos centros. Essa prática chegará ao fim, não por motivos ideológicos contra a mobilidade do capital. Chegará ao fim porque esse *modus operandi* faliu, produziu uma tragédia social insuportável.

O Brasil refundado não permitirá nenhuma atividade em seu território que contribua para a degradação do planeta Terra ou que produza efeitos negativos sobre as condições de vida de todos os humanos. Sob nenhum pretexto, muito menos o de lucros privados ou sociais. Ao contrário, o Brasil abraçará, e o fará com todo esforço e carinho, todas as atividades que puderem regenerar as energias da Terra, indispensáveis à vida dos humanos do futuro e de todos os outros seres vivos.

*

O objetivo não é propor uma agenda política, econômica e cultural da Refundação. É tão somente aquele de indicar um novo sentido, um novo rumo para a história do país. Exemplos como este sobre o uso do território podem ser estendidos a tantos outros campos das transformações necessárias à construção de uma sociedade de verdade no território brasileiro.

A construção dessa agenda somente será possível com ampla participação da sociedade, de todos aqueles que abraçarem essa perspectiva e que optarem por integrar-se nessa reconstrução do presente e do futuro do país e da espécie humana.

*

Dessas simples considerações pode-se observar que a sociedade com a centralidade na vida, na felicidade e na alegria, se de um lado não é um projeto econômico, isto é, não é uma transformação social que ocorrerá no âmbito da economia, por outro exigirá uma nova economia. Será a economia política da saída, a economia política da transição para outro modelo societário, a economia política da vida.

No Brasil, toda a organização social já foi criada para servir à economia, isto é, a vida humana foi organizada para a economia. O futuro do país exige que seja criada uma economia política para servir à vida, para a sobrevivência, para o bem-estar e a felicidade.

A economia política da vida não é o que no passado foi chamado de socialismo, concebido como uma consequência inevitável do capitalismo, decorrente do agravamento das contradições capitalistas a partir do desenvolvimento das forças produtivas, etc.

O socialismo, entendido como uma inevitabilidade que se autodenominava de "científica", era moderno, era a modernidade em superlativo. Tentou ser a ditadura absoluta da razão, do planejamento, e por esse motivo faliu.

Embora os bens devam ser necessariamente socializados, partilhados, no processo de construção de uma sociedade humana de verdade aqui no Brasil, do mesmo modo que também o foram na construção de outras sociedades humanas contemporâneas, agora o serão para a garantia da vida humana, dentro de outra visão teórica e sobretudo ética, e não por determinações de dialéticas teóricas.

Uma das lições importantes da modernidade, uma das importantes condições para o exercício da cidadania, é a propriedade individual entendida como necessidade, como uma segurança para a vida. Essencial é estender a todos o direito de propriedade, daquela necessária a uma vida feliz como socialmente se estabelecerá. Como foi importante, lá no passado, a propriedade de um machado de pedra, de um camelo, de um solo para arar, de uma casa para morar. A propriedade não pode ser um instrumento de domínio, até porque todos a terão. O domínio de outros humanos não é uma qualidade inerente à propriedade em si, é só uma relação social.

A Refundação não é um projeto econômico, mas exige uma economia política da Refundação.

*

A Refundação não é também um projeto exclusivamente político. Possuirá sua política, mas é um projeto mais amplo, é um projeto cultural, de vida, de vida social.

Não é um projeto para ganhar eleições, tomar este Estado e usá-lo como instrumento para uma construção política nova. É muito mais.

Este Estado muito provavelmente não é um instrumento útil para essa finalidade nova. Ele ainda se funda na possibilidade legal de que uma minoria, beneficiária da estrutura absurdamente desigual da sociedade, domine o poder de forma permanente.

O Estado se constitui, é bem verdade, em importante espaço político para a tomada de decisões, mas o verdadeiro instrumento político será o Estado que surgirá da nova sociedade, o primeiro Estado nacional de verdade, que será criado no Brasil pelo seu povo para garantir a vida, a existência coletiva dos brasileiros, e que estará em conformidade com seu modo de ser. Esse Estado nacional é que será fruto e promotor daquela integridade entre cultura-sociedade-economia-política que uma sociedade nacional de verdade possui.

O projeto da Refundação não é a proposta para um partido político, que passaria anos tentando ganhar e ocupar este Estado. Todos os projetos feitos nesse sentido foram desvitalizados na trajetória longa, penosa e difícil em direção ao vértice de poder do Estado econômico internacionalizado. Nesta caminhada, rumo à tomada do Estado, esses projetos em geral são esvaziados de seus conteúdos utópicos, chegam desalmados, desvitalizados, como se verá adiante.

Para que se construa uma sociedade de verdade no Brasil será necessário muito mais que um movimento político. Será necessária a construção de outra hegemonia, cultural, que se afirmará nas consciências, e que por causa disso saberá descobrir e construir sua economia, sua política e seu Estado.

A construção política de uma sociedade que possua sua centralidade na vida, na felicidade, certamente aprofundará tanto a ideia quanto a vivência da democracia. Somente quando essa nova sociedade se espalhar pelo mundo a humanidade poderá conhecer a democracia plena, superando a condição de "democracia imperfeita" da era moderna.

Na modernidade, esse sistema político de convivência foi pensado a partir de experiências da antiguidade clássica, foi sonhado e praticado em algumas sociedades dos humanos, mas não conseguiu se realizar no âmbito da universalidade.

A Refundação do Brasil, e a construção de uma sociedade nacional plena, tendo por eixo a centralidade da vida e dos valores de cultura brasileira, formará a primeira sociedade democrática neste território tropical e criará uma nova fase, qualitativamente superior, da democracia no planeta Terra.

*

O objetivo principal da Refundação é contribuir para que nosso povo e toda a espécie humana possam viver feliz este pequeno espaço da história do cosmos no qual podemos existir na condição humana. É viver celebrando a vida. A condição humana é um fenômeno cósmico tão extraordinário que não possui fundamento legítimo a presença de nenhum obstáculo estrutural proveniente da organização social que se levante para impedir esse objetivo tão simples: viver feliz, em paz, com alegria, em harmonia com o mundo durante esses poucos anos em que a existência nos é permitida.

A vida humana é um dos poucos momentos, talvez o único, em que o cosmos pode se celebrar em forma de vida consciente mais complexa, mais evoluída. É certo que o *homo sapiens* é também *homo demens*, e que a história e a vida humana são um eterno e permanente acordo/conflito entre esses dois lados do ser.

A crise contemporânea mostra que a humanidade está diante de uma redução da vida a padrões inaceitáveis para o grau de civilização que a própria humanidade já alcançou.

Não se pode aceitar que a vida, a graça deste pequeno espaço/tempo, seja, ainda em nossos dias, organizada socialmente e subordinada a valores como a busca da riqueza e do poder, a produção pelo lucro, a "acumulação de capital por si mesmo", como ocorre sobretudo nas formações sociais empresariais, criadas para dar lucros, nas quais povos e territórios inteiros, todos os recursos – animais, vegetais e minerais – são organizados exclusivamente para produzir recursos e vantagens para poucos. Não se pode compreender a destruição de um rio, um lago, uma floresta unicamente para produzir lucros materiais para uma pessoa, uma empresa ou um pequeno grupo social.

A partir da aprendizagem proveniente da vivência dessa crise contemporânea, no Brasil e no mundo, foi alcançado um amadurecimento das consciências em um nível em que já não se pode aceitar que sejam esses os valores a orientar toda a existência e a legitimar a submissão de povos inteiros por nações mais fortes e poderosas, a legitimar que, em uma sociedade como a brasileira, dois terços da população sejam excluídos do acesso aos bens do país, suas terras, sua renda, e não tenham condições de acesso à saúde, à cultura e ao exercício pleno da cidadania política.

Esses valores e esta forma de organização social foram impostos à humanidade a partir do início do século XVI e continuam a ser mantidos nos tempos presentes. Constituem os fundamentos do *software* social moderno que organizou e mantém a unificação do mundo segundo o que Leonardo Boff chamou de "idade de ferro da globalização".[3]

*

O objetivo da existência humana não é acumular riquezas. Da experiência extraordinária da vida nada se leva. Todos os humanos, após alguns decênios – aqueles que têm a sorte de vivê-los – se transformam em cosmos outra vez, se transformam em fertilizantes. Fertilizantes para a vida vegetal e animal microscópica. Depois, quem sabe, uma flor, uma folha de capim, depois um coelho, uma galinha ou uma folha de papel, um calor de lareira, quem sabe... um mineral, um *chip*, um parafuso, um avião... A única coisa certa é que a vida é pequena e pode ser vivida com alegria e felicidade.

A crise atual da proposta civilizatória moderna pode ser um momento de encontro com esse objetivo simples e essencial. O desenvolvimento dos conhecimentos sobre nós e a natureza que os humanos já alcançaram permitem uma existência melhor para toda a humanidade. Alcançamos o patamar de poder fazer da vida um elogio à alegria de estar vivos como humanos, que é o mais alto grau de evolução que a Terra conhece.

Já é possível fazer da existência um momento de harmonia com o mundo, com o cosmo, e dedicar as energias humanas, nossos melhores neurônios, para abraçar e desvendar os mistérios de todo o universo, pois este é, no fundo, a nossa casa. Uma casa deslumbrante, de belezas e segredos fascinantes e desconhecidos.

Para a busca desses novos caminhos, o povo brasileiro, como já foi dito, leva na mochila uma força especial. É que esse desejo de vida e de alegria encontra-se na base mesma de sua cultura, como uma força natural, como um desejo permanente.

Pode até ser uma coisa do lugar, uma energia especial destes trópicos. É Darcy Ribeiro, tantas vezes aqui citado, antropólogo que por muitos anos viveu com os índios e, quando longe deles, viveu para pensar sobre eles, senti-los, louvá-los, a nos lembrar que:

> "Para os índios que ali estavam, nus na praia, o mundo era um luxo de se viver, tão rico de aves, de peixes, de raízes, de frutos, de flores, de sementes, que podia dar as alegrias de caçar, de pescar, de plantar e colher a quanta gente aqui viesse ter. Na sua concepção sábia e singela, a vida era dádiva de deuses bons, que lhes doaram esplêndidos corpos, bons de andar, de correr, de nadar, de dançar, de lutar. Olhos bons de ver todas as cores, suas luzes e suas sombras. Ouvidos capazes da alegria de ouvir vozes estridentes ou melódicas, cantos graves e agudos e toda a sorte de sons que há. Narizes competentíssimos para fungar e cheirar catingas e odores. Bocas magníficas de degustar comidas doces e amargas, salgadas e azedas, tirando de cada qual o gozo que podia dar. E, sobretudo, sexos opostos e complementares, feitos para alegria do amor. (...)
>
> Eram, a seu modo, inocentes, confiantes, sem qualquer concepção vicária, mas com claro sentimento de honra, glória e generosidade, e capacitados, como gente alguma jamais o foi, para a convivência solidária."[4]

Estas são as raízes mais fundas da cultura deste povo chocolate e mel que hoje vive na região que se transformou nos *Tristes Trópicos* de Claude Levi-Strauss,[5] nosso hóspede e nosso amigo, desde lá, dos tempos difíceis da velha Europa. É dessas raízes, que parecem ter morrido na história, mas que reviveram na cultura brasileira, que essa seiva forte fará brotar a transformação social neste canto ensolarado do planeta Terra. Seiva que refundará o Brasil, criando uma sociedade de verdade.

*

Se bem observados, os objetivos básicos do que se pode imaginar como o processo de construção de uma *sociedade nacional* no Brasil são objetivos simples, básicos, que outras sociedades nacionais do planeta já alcançaram há muito tempo.

Os povos sempre possuíram territórios, sobre o qual puderam edificar suas civilizações, construir estreitas relações entre território-etnia-cultura. Alguns povos se apropriaram de seus respectivos territórios ha séculos, outros há milênios. Tiveram que às vezes que defendê-lo, perdê-los e recuperá-los. Outros existiram que foram obrigados a invadir e ocupar outras terras, como ocorreu com a invasão do império romano pelos celtas, visigotos, longobardos, etc. Muitos povos foram obrigados a dividir com eles o pedaço de mundo onde habitavam. Alguns outros, como os poloneses, tiveram que se apropriar do seu território várias vezes, dividi-lo e redividi-lo.

O Brasil foi fundado como uma empresa que expropriou todos os humanos dos territórios onde viviam e monopolizou toda a terra disponível e alcançável.

Então, para que a população que hoje vive aqui se refunde como sociedade humana, é necessário que seja alcançado esse objetivo simples – e essencial para uma civilização humana – já alcançado por tantos outros povos. Assim também é a autonomia. Muitos povos a alcançaram. Não estão organizados para produzir riquezas para os outros. Entre toda a população da Terra, muitos povos nunca viveram essa situação. Sempre existiram e existem para si mesmo, para produzir e reproduzir a vida social deles.

Nos processos históricos da evolução desses povos – de todos eles – surgiram atores sociais que lideraram revoluções políticas através das quais a autonomia foi alcançada e depois mantida. Em geral foram classes sociais, as tais burguesias nacionais, às vezes vanguardas iluminadas, outras vezes partidos revolucionários nacionais, como aquele chinês. O objetivo era o de se apropriar dos seus destinos e construir uma evolução econômica e cultural para si, promover o desenvolvimento e garantir a soberania política.

No Brasil foi diferente. A burguesia não tem outro objetivo histórico senão aquele de administrar, em sociedade com o capitalismo internacional, a Empresa Brasil, e tem se esforçado – com êxito devemos reconhecer – para manter as características estruturais básicas desse empreendimento internacional. Também não nasceu aqui um partido revolucionário nacional capaz de conduzir o país para um desenvolvimento autocentrado, como na China.

Essa sensação de perda, por não ter construído até hoje um projeto nacional autônomo, se acentua *vis-à-vis* o desenvolvimento recente do capitalismo mundial, que aprofundou a globalização da economia e a especialização dos países e impôs a servidão financeira a todo o sistema internacional.

Todas as atividades, em todos os campos e em todas as regiões do mundo, estão se articulando profundamente, cada dia mais, ao mercado mundial, a um determinado padrão tecnológico, enfim, a um determinado estilo de produzir e consumir. Todos os produtos, insumos, tecnologias de produção, controle, comunicação, enfim, tudo que se possa pensar, estão se transformando em coisas mundiais, que necessitam do mundial para se realizar.

Esse processo alcançou todas as linhas de produção. Não se trata mais do avião, do computador, do automóvel, da televisão. Até mesmo uma horta, uma plantação de café, uma plantação de soja, um canavial. Seus produtos dependem de insumos e fertilizantes que são importados de outro país e produzidos com matérias-primas de vários outros. Todos os produtos possuem referenciais no mercado mundial – ou são diretamente destinados a ele ou são alcançados por seus referenciais de preços, etc.

As garras do capitalismo mundial alcançaram e estão apertando todas as terras e todos os povos do planeta. Neste estágio de integração do mundo, há quem pense que não são mais possíveis soluções de autonomia para os povos ou caminhos para a construção de novas sociedades nacionais. A oportunidade histórica teria passado. Quem não alcançou não alcança mais.

A Terra estaria assim dividida definitivamente entre os que conseguiram esses objetivos e desfrutam o bem-estar dos polos dominantes, onde estão pouco mais de 1 bilhão de humanos, e aqueles que não conseguiram e sofrerão para a eternidade inteira as consequências do seu fracasso – mais de 150 países, onde vivem mais de 5 bilhões de humanos.

O único objetivo possível para estes últimos é individual. Ou tentar entrar no núcleo exclusivo de beneficiários internos da sociedade excludente ou tentar entrar nas fronteiras dos polos desenvolvidos, mesmo que seja para viver como clandestino, como subtrabalhador, porque de qualquer modo será melhor do que a degradação e a incerteza da vida nas formações sociais empresariais da periferia do sistema mundial, das quais estão sendo extraídas as esperanças.

Encontram-se em construção barreiras poderosas para evitar o êxodo. Os Estados Unidos já deram início à construção de um muro imenso para separá-lo do México. É um muro mesmo, de alvenaria, igual ao que Israel está construindo na fronteira com o Egito. Estão em construção também barreiras eletrônicas, assim como se organizam bloqueios no mar Mediterrâneo para impedir que as populações provenientes da África alcancem o solo europeu. Os polos dominantes buscam se isolar do resto do mundo, tentam apartar e confinar intramuros os 20% mais ricos do planeta.

Entretanto, escondida atrás desses muros e dessas barreiras, está a verdade de que os caminhos da história não acabarão nunca enquanto a humanidade existir. Esses caminhos são abertos, podem buscar o inédito, a surpresa. Esta é uma característica da própria evolução da vida.

> "Quantos muros ergam
> Como o de Berlim
> Por mais que perdurem
> Sempre terão fim
>
> E assim por diante
> Nunca vai parar
> Seja neste mundo
> Ou em qualquer lugar
>
> (...)
>
> E assim por diante
> Nunca vai parar
> Inferno de Dante
> Céu de Jeová."
>
> *O Fim da História*, Gilberto Gil

A falência do projeto econômico do capitalismo mundial é irreversível por causa de seu antagonismo com a vida na Terra. Esse projeto degrada aceleradamente as condições da vida e compromete a própria existência de todas as formas de vida e dos recursos não renováveis do planeta. A falência dessa primeira etapa da unificação do mundo, para perplexidade de seus defensores, se apresentou junto com a sua supremacia, quando alcançou todo o planeta nesta era da modernidade madura.

O projeto moderno não faliu por um problema de gestão. Faliram, sim, os paradigmas a partir dos quais organizava suas concepções de mundo. Esses valores foram funcionais e propulsores da construção do mundo mundial e da sua unificação, mas agora estão bloqueando a evolução humana, punindo a humanidade.

Agora se sabe que o único futuro que esse sistema pode assegurar para a humanidade é a morte, o suicídio coletivo da espécie e a destruição do mundo. E, na busca de soluções para essa crise, todos os países e todas as relações sociais deverão se transformar. Tudo vai mudar, inevitavelmente. A produção, o consumo, a tecnologia, a matriz energética, mas também a organização social que se construiu a partir desses fundamentos.

A humanidade está entrando em uma era nova. A era de novas construções sociais, que se fundamentarão em outras concepções, em outros processos técnicos, em outros paradigmas científicos, em outra economia, em outra política.

A falência da proposta civilizatória moderna, na realidade, abre uma nova estação humana de inovações, de criatividade, de sonhos, esperanças e construções utópicas. A qualidade de criar, de inventar, de caminhar por caminhos nunca antes trilhados é a principal força da espécie humana, que possui, como todos os seres vivos, essa notável capacidade de se transformar, independentemente do desejo ou da força de suas formas anteriores que, como tantas outras, também viraram passado. Tudo sempre mudou e continuará a mudar.

*

A globalização provocou uma destruição ambiental em escala nunca vista. Criou e tem criado muita miséria e exclusão, criou o dilema fatal para a humanidade e para a Terra, mas também criou uma força poderosa, capaz de assegurar e garantir as condições políticas para a mudança. Trata-se da unificação das preocupações e do engajamento dos povos que estão presentes juntos, dentro mesmo, desse processo globalizante.

Está nascendo uma poderosa frente de atividades políticas de tipo novo, que não busca tomar o poder em seus países, mas influenciar todos os governos, organismos internacionais e a opinião pública mundial.

Essa frente é constituída por organizações das sociedades civis que começam a se articular em torno de novos objetivos. Tem por base algumas instâncias dessas sociedades, tais como os movimentos pela paz, os movimentos ecológicos, os *no-global*, os movimentos sociais com reivindicações e sujeitos sociais novos – indignados, imigrantes, minorias, índios, etc. –, alguns partidos políticos pequenos, muitas Ongs e núcleos de tipo novo que, via *web* e outros instrumentos de mídia, têm se revelado capazes de atingir a opinião pública mundial, sobretudo aquelas dos países dos polos dominantes do sistema. E capazes também de conduzirem suas sociedades para mudanças, como nos mostrou a primavera árabe e os movimentos sociais novos que surgiram na Europa e nos EUA em 2011.

Essa força político-social nascente, que cresce a cada dia nesta crise, conseguiu, há apenas uma década, reunir-se pela primeira vez em um fórum de encontro – o Fórum Social Mundial –, que também se soma, disponível e aberto, para garantir e apoiar politicamente transformações culturais, políticas, sociais e econômicas no sentido da busca de novas formas de convivência social. Surgem as novas vanguardas. Seu mote é que "um outro mundo é possível". E este mundo novo certamente nascerá.

Considerada nessa perspectiva, a Refundação do Brasil como sociedade exercerá influências sobre todas as sociedades do planeta, de modo especial sobre as opiniões públicas dos polos dominantes do sistema. Isto é, daqueles polos que são as sedes dos interesses que seriam contrariados pelo curso novo da história brasileira.

O processo de construção de uma sociedade centrada na vida, em harmonia com a natureza e a dignidade humana, de acordo com os padrões hoje conhecidos, que venha a se desenvolver no Brasil a partir dos valores de sua cultura (que já é reconhecida e amada em todas as partes do mundo), certamente exercerá influência notável sobre a opinião pública mundial e terminará por influenciar a ação dessas novas vanguardas, recebendo sua adesão e seu apoio.

Esse apoio será tanto maior quanto mais nítidas forem as opções brasileiras pela centralidade da vida, de todas as formas de vida, em seu território. Quanto mais o processo político brasileiro mergulhar em sua cultura, mais exprimirá seus conteúdos holísticos e mais se aproximará de uma perspectiva ecológica integral, fundamento conceitual do novo mundo que é possível e necessário. A cultura brasileira também se transformará neste processo, pois reforçará seus conteúdos de fraternidade e de harmonia.

*

Refundar o Brasil é um projeto social diferente daquelas transformações políticas que encontramos na história dos povos até este momento. É um ato com o qual se criará um novo ser social, uma sociedade biocentrada, uma outra matriz de valores, diferentes daqueles da modernidade. Criará um outro *software* social.

Visto no grande cenário da evolução do universo, desde o biguebangue, o nascimento do Sol, da Terra e dos planetas, o nascimento da vida e sua evolução até chegar ao *homo sapiens* e daí até a ditadura da razão, que estabelece a ruptura entre homem e natureza, o processo de Refundação do Brasil pode ser compreendido como uma tentativa de alcançar uma nova harmonia. O que aqui se entende por Refundação é a reconstrução dessa harmonia.

Não será somente uma harmonia dos brasileiros em relação a si mesmos, não será somente a construção histórica de uma harmonia entre cultura-economia-organização social, mas poderá significar uma harmonia nova entre os humanos e a natureza. Esse processo novo que está ao alcance do povo brasileiro possui, pelo menos, duas valências universais.

A primeira é a superação dessa dicotomia humanidade/natureza. No contexto da crise atual, somos obrigados a superá-la. Será a demonstração efetiva não só de que "outro mundo é possível", mas, principalmente, de que o "outro mundo é melhor", pois será mais íntegro e mais feliz.

A segunda é que, pela aceitação de si mesmo como povo mestiço e de sua cultura, o povo brasileiro estará apresentando ao mundo um ser social que aceita as diferenças, que sabe conviver com elas, que as considera uma riqueza, que sabe que as misturas humanas são boas e necessárias, que delas podem nascer alegria e felicidade e uma vida melhor para os seres humanos.

Os conteúdos da cultura brasileira – e é só isto que este povo construiu para si mesmo – somente se realizarão como eixos de uma nova sociedade se esta for plural, aberta, mundial, fruto de encontros e convivência de diversos. Ser aberto ao mundo é uma condição de nascença para os brasileiros, que a exprimem em maiúsculas na sua cultura. Portanto, a Refundação não será um fechamento. A abertura e a convivência entre diversos e iguais é um conteúdo fundamental para o equacionamento dos dilemas do nosso tempo, para o futuro de todos os povos no mundo. A abertura mundial do Brasil é incompatível com a solução chinesa, por exemplo, de fechar-se por quase meio século para reconstruir-se internamente.

Os conteúdos da cultura brasileira credenciam seu povo a desempenhar um papel na história da evolução humana – aquele da aceitação da pluralidade, bela e rica, em que se constitui a humanidade, com povos de cor, de língua, de culturas diferentes. A cultura brasileira credencia seu povo a oferecer ao mundo a demonstração concreta de que outro padrão de convivência entre diferentes não só é possível, como é muito melhor.

*

Os sujeitos políticos desse processo tão fundamental para o Brasil e para a história da evolução humana não surgirão das clivagens das classes sociais, embora tenham nas classes sociais dominadas e naqueles grupos sociais excluídos suas referências fundamentais. Mas a opção pela Refundação não se subordina a automatismos teóricos. A atribuição de missões políticas e econômicas para as classes sociais é proveniente de uma concepção teórica que estabelece a priori um sentido para a evolução do sistema de relações de produção, para o desenvolvimento das forças produtivas, de onde exatamente nasce o conceito de classe social. Essas são as clivagens modernas, coerentes para a análise da estrutura social do capitalismo, com sua evolução entendida como o resultado lógico do desenvolvimento das forças produtivas.

Agora é diferente. Trata-se da construção de um sistema fundado em outros valores, que postula outra relação com a natureza, inclusive com outras relações humanas.

A clivagem de onde emerge esse novo sujeito político será de natureza cultural, daqueles que realizarão uma "conversão" de si mesmos. Essa clivagem nova se coloca em um território conceitual mais avançado do que o da classificação dos grupos sociais a partir de suas posições na estrutura social da Empresa Brasil. Isto é o passado.

Agora a questão é outra. É mais uma questão de alma do que de participar da riqueza, da produção e do consumo.

Certamente será necessário o surgimento de um sujeito político novo, de natureza cultural, ética, espiritual, ainda que profundamente articulado com a questão social mas para resolvê-la, sem estar limitado por ela, por sua lógica. Sua missão histórica é exatamente a construção de outra lógica, de outro *software* social. Sua missão, ao construir as garantias da vida, as condições para o bem-estar, a felicidade e a alegria, é abrir uma etapa nova no processo civilizatório.

As formas e conteúdos desse novo sujeito político ainda não são visíveis em todos os seus contornos, mas seu surgimento marcará um momento novo na evolução da humanidade.

*

A herança histórica do povo brasileiro não se resume somente a sua cultura. Nosso passado não foi somente de escravidão, não foi somente produzir para enriquecer os outros, não se constitui somente de genocídios, miséria e exclusão. O saldo destes quinhentos anos de existência é mais amplo. A herança brasileira se constitui de um povo, uma cultura, um amplo e belo território e uma poderosa infraestrutura de produção e distribuição de bens.

Essa herança histórica é o ponto de partida para a Refundação do Brasil e para a edificação de outra sociedade. E é suficiente. Necessário é recombinar esses fundamentos dentro de outro *software* social. Necessário é criar o *software* social da vida, da harmonia, da felicidade, da alegria, que superará o *software* social da morte. Esse recriar e recombinar já integram um novo *software* social, já é parte do futuro, já é a Refundação. Essa possibilidade histórica possui muitas e novas densidades e características. É bom deixar a reflexão escorrer por algumas delas, sem diminuir a importância de outras que não serão citadas.

Atitude afirmativa

A Refundação é uma atitude. É, antes de tudo, a construção de uma outra centralidade dentro da alma de cada um. Uma espécie de reconversão, só que invertida. Não se trata de acreditar em nada fora de nós mesmos. Trata-se somente de assumir os valores que constituem a nossa própria cultura. Ser o que se é. Esta atitude é a principal fonte de energia para a Refundação.

Esta atitude é essencial para que o Brasil possa projetar e construir uma organização social biocentrada. É esta sociedade que dissolverá dentro de cada um a dicotomia estranha e incômoda criada pela construção da Empresa Brasil, esse desencontro permanente entre a cultura e a sociedade empresarial, entre os valores em que acreditamos e aqueles com os quais somos obrigados a conviver. Será a solução definitiva para o conflito existente entre a "inverossímil alegria e a espantosa vontade de felicidade" e a miséria, a exclusão. Entre a alegria da vida e a morte organizada socialmente, anunciada.

A integridade que será gerada pela coincidência entre cultura e vida, na nova sociedade, no novo Brasil refundado, criará uma sociedade de brasileiros mais equilibrados, mais estruturados em torno do seu próprio modo de ser. Esse equilíbrio se traduzirá em paz social, em bem-estar, em outro tipo de trabalho, aquele para nós mesmos. Isto é melhor do que alcançarmos notáveis índices abstratos de performances econômicas das quais somos excluídos.

Certamente será muito diferente do que é hoje. Será diferente de tudo o que existe no mundo moderno, pois se colocará além dele. Transformará a modernidade em passado.

É uma circunstância especial. Periferia que somos, sempre esperamos que os modelos societários aos quais devemos nos ajustar venham de fora, venham das metrópoles. De todas as metrópoles que já tivemos. O normal é que as coisas "cheguem" ao Brasil.

Agora é diferente. Um outro jeito de ser sociedade não poderá vir de fora. Aquele que podia vir de fora já veio, já nos foi imposto e é o que está aí matando por sufocamento as esperanças do povo brasileiro. Agora os modelos terão de nascer de nós mesmos, de dentro das nossas almas. A originalidade deve ser buscada nas entranhas da nossa cultura.

Criar a própria sociedade é um ato solitário, ímpar, na história de um povo. É o momento decisivo de sua originalidade. O Brasil não empalidecerá pelo fato de ter de ser original, de ter de desempenhar um papel solitário na história. Ser original nunca nos inibiu, sempre nos encantou. Somos um povo desassombrado. Possuímos a coragem de carregar conosco, com naturalidade e altivez, a solenidade da diferença, da novidade. Aliás, esta é a força maior do povo brasileiro.

Essa força é nossa herança mais importante, mais preciosa, porque se funda na coragem da mestiçada primeira quando, desprovida de outras alternativas, assumiu sua originalidade. Com essa coragem ela se fundou como etnia nacional, se fundou como povo e se fundou como cultura. Essa mesma coragem conduzirá esta mestiçada, que somos nós, a fundar, finalmente, uma sociedade.

A Refundação é uma atitude. É uma atitude afetiva, que construirá a centralidade do afeto, da beleza, da alegria. É uma atitude proveniente do *pathos* e *eros* que impregnam nossa concepção de vida. Essa atitude supõe, solicita, o prazer de construir duas posturas fundamentais, além da Atitude Afirmativa.

A aceitação. O reconhecimento

Reconhecer que somos um povo de sobreviventes. Os que hoje estão vivos são aqueles que conseguiram atravessar todas as vicissitudes da história. Temos de aceitar todos os 190 milhões de brasileiros como componentes do nosso povo. Coloridos e mestiços de todos os tipos, povo das florestas, dos cerrados, dos campos e das cidades, das montanhas e do mar. O povo das favelas, de Ipanema e Leblon. Todos juntos é que constituem o povo brasileiro. Somos todos que nos reconhecemos em nossa cultura.

Aceitar todos os brasileiros vivos como ligados por um destino comum, como parceiros para a construção de uma saída histórica para todos. Aceitar, apesar das diferenças, todos como parte desta fantástica construção moderna que foi o povo brasileiro. Aceitar que dele fazem parte o povo da rua, os miseráveis, os doentes, os desdentados, os atletas, os corpos esculturais que enfeitam nossas praias, nossos gênios e nossos delinquentes. Somos todos sobreviventes da Empresa Brasil, desde os mais pobres até os mais ricos, desde os doutores até os peões.

É necessário reconhecer e abraçar, com o afeto da aceitação, o povo inteiro. Como fazemos quando reconhecemos, aplaudimos e nos emocionamos com o pobre que passa tocando tamborim na bateria da Mangueira, da Portela ou do Salgueiro, que passa desfilando, dançando, cantando e sonhando, batendo no couro e em nossos corações. Como fazemos quando reconhecemos a beleza de índios e índias, ainda que pobres, dançando o Toré, como fazemos quando reconhecemos como nosso o povo alegre, rico, pobre ou miserável que vai atrás do trio elétrico na Bahia, que acompanha os estandartes dos frevos de Olinda. Como fazemos quando aplaudimos os nossos craques de futebol e nossos músicos nos estádios e nas praças porque exprimem nosso jeito de ser.

Aceitar é viver o reconhecimento e a fraternidade que temos quando explodimos para comemorar a vitória em uma Copa do Mundo. É viver o reconhecimento e a fraternidade que sabemos existir nos momentos de dor, de enfrentamento da morte, como quando nos despedimos de Airton Senna e de Tancredo Neves. Fundar uma sociedade é transformar essa aceitação afetiva e cultural em política.

O perdão

Fomos sacrificados pelo genocídio de milhões de índios, por quase quatro séculos de escravidão, pela exclusão e miséria. Por quinhentos anos temos sido um povo pobre em um território imenso, rico e exuberante. Se contadas desde o início desse processo, as vítimas alcançam centenas de milhões. Talvez muito mais. Muitos Brasis. As vítimas eram brasileiros, a quem a vida não foi permitida por causa de um veto social, estrutural. Muitos viveram somente como energia para fazer funcionar a máquina empresarial, para produzir bens e lucros, mas só para os outros. Todas as riquezas produzidas aqui foram levadas para outros lugares, para enriquecer e gerar progressos de outros povos, e aquela que ficou permaneceu em mãos de uma pequena minoria, a despeito do sacrifício de todos para produzi-la.

Sempre fomos dominados, subordinados, dependentes, política e economicamente. Sempre fomos considerados pouco evoluídos, errados, gente que precisa ser domesticada, catequizada, civilizada, arrumada intelectual e culturalmente. Tentaram nos arrumar, modelar nossas almas. Uma parte de cada um de nós é fruto desse processo.

O povo brasileiro é um povo credor da história, mas ainda assim a superação exige o perdão. É necessário perdoar todos os povos, todos os Estados, todas as culturas, todas as empresas, todas as elites que nos dominaram e que pactuaram a dominação sobre nosso povo. Não é necessário cobrar o passado. Nada, nem ninguém, conseguiria pagar essa dívida. O povo brasileiro somente deverá cobrar a aceitação de seus novos caminhos.

É necessário olhar o passado de frente, contemplá-lo, re-senti-lo sempre, mas assumi-lo como uma etapa da história que a humanidade viveu. Mesmo com dor e sofrimento, somos sobreviventes. Relembrá-lo sempre, lembrar dele para todas as próximas gerações, mas superá-lo pelo perdão. Há de se evitar que as dores do passado nos dominem. O domínio do passado nos paralisará, nos impedirá de ver o futuro.

O perdão não é nada que esteja fora das possibilidades da alma humana. Não é nada diferente daquilo que já está nos núcleos fundamentais da nossa cultura. Não podemos viver debruçados sobre o passado, sentindo cotidianamente suas dores.

A crise exige que nos debrucemos sobre o futuro. O futuro e a esperança têm uma densidade especial na cultura brasileira, na cultura do povo deste que sempre foi entendido como o "país do futuro". É necessário acreditar que o futuro pode ser tornar-se uma sociedade, o que jamais tivemos a graça de viver.

*

"Toda a sociedade moribunda ou em transe de esterilidade tende a se salvar criando um mito de redenção, que é também um mito de fertilidade, de criação. A sociedade em que hoje vivemos também concebeu o seu mito. A esterilidade do mundo burguês desemboca no suicídio ou numa nova forma de participação criadora. Este é, para dizê-lo com as palavras de Ortega y Gasset, o 'tema do nosso tempo', a substância dos nossos sonhos e o sentido dos nossos atos.

O homem moderno tem a pretensão de pensar acordado. Mas este pensamento acordado levou-nos aos corredores de um sinuoso pesadelo, onde os espelhos da razão multiplicam as câmaras de tortura. Ao sair, talvez, descobriremos que tínhamos sonhado de olhos abertos e que os sonhos da razão são atrozes. Talvez, então, comecemos a sonhar outra vez com os olhos fechados."[6]

*

"A civilização caminha para coroar o seu projeto histórico partindo a humanidade em duas partes distintas, em um modelo de apartação em escala global. O mundo global é um mundo partido, a humanidade cortada por uma cortina de ouro que separa os ricos incluídos na modernidade e os pobres excluídos. De um lado um primeiro mundo internacional dos ricos, integrado globalmente não importa o país onde eles estejam, de outro, um arquipélago de pobres, excluídos da riqueza, não importa o país onde eles vivam. Fazendo mais fácil, cômodo e seguro um rico atravessar o oceano do que dobrar uma esquina em sua própria cidade. Ele muda de continente, de país, de moeda, de idioma, de clima, sentindo-se em casa, e dobra a esquina como se pisasse em terra estrangeira. O mundo global é um mundo terceiro mundo, dividido entre países-com-maioria-da-população-de-alta-renda, PMP-AR, e países-com-maioria-da-população-de-baixa-renda, PMP-BR, cada um deles cortado entre os incluídos e excluídos.

De um lado, está a possibilidade de continuar o rumo do século XX, de uma sociedade individualista, consumista, com seu poder técnico concentrado em inventar novos produtos e novas necessidades, diante de limites físicos que impedem o atendimento destas necessidades para todos os seres humanos. Este rumo levará, em breve, a uma civilização partida, dividida em dois grupos separados, aqueles que participam da modernidade da técnica e os excluídos dela. Com o avanço da técnica nas áreas biológicas a serviço de uns poucos, em breve a própria humanidade se partirá, criando dois tipos diferentes de seres humanos, até que mais adiante um desses grupos deixará de ser considerado humano pelos outros. A humanidade terá dobrado a esquina da apartação biológica. Como se fechasse um perverso círculo evolutivo: da mutação natural que originou o homem para uma mutação produzida pela ciência criando um ser superior, que viveria mais, com mais saúde, mais inteligência e riqueza, diferenciado dos pobres sem acesso aos bens e serviços da biotecnologia e da medicina, sem participação na modernidade. (...) A impressão é que a barbárie se instalou convincentemente.[7]

*

"A nova política. É o novo modo de ver, ser e construir uma sociedade. É um novo modo de pensar. Um novo paradigma. Uma nova partida para uma nova chegada. Vencer o passado da ordem, propondo o futuro pela mudança. A política como o futuro. Pensar o contrário sem ser guiado por ele, mas descobrir outras direções, rumos, possibilidades. Mas é um novo que vem de longe, do primeiro dia, da primeira hora. É um novo que vem de uma longa história.

Fugir da ordem, do *status quo*, mas para frente, superando, não simplesmente negando, lamentando. Assumir a postura de Deus, sendo gente e sem esquecer que o Diabo existe. Rever tudo o que se aprendeu. Aprender de novo que aprender é apreender o novo. Foi assim a criação.

O novo acontece mesmo contra a nossa ou a de outrem vontade. Ele irrompe para o bem e para o mal. Ele constrói e destrói, ele é a vida. A nova política passa por esse viés e por essa aventura. Quem inventar a nova política estará inventando o novo mundo. Quem inventa o novo domina e supera o velho. Inventar é possível. Mas muito difícil. (...)[8]

Notas

1. Ver BOFF, Leonardo. *O Despertar da Águia.* op.cit.
2. BOFF, Leonardo. "São Francisco, Ternura e Vigor", op. cit.
3. BOFF, Leonardo. *Virtudes para um Outro Mundo Possível.* Petrópolis: Vozes, 2006. v. I. p. 58.

4. RIBEIRO, Darcy. *O Povo Brasileiro.* op. cit. p. 41.

5. LEVI-STRAUSS, Claude. *Tristes Trópicos*. Buenos Aires: Ed. Universitária de Buenos Aires, 1970.

6. PAZ, Octavio. *A Dialética da Solidão*. Rio de Janeiro: Paz e Terra, 1989.

7. HOLANDA, Cristovam Buarque. *Alternativas à Barbárie*. Brasília, 2002.

8. BETINHO. *A Nova Política*. Rio de Janeiro: UERJ, 1993.

A Política da Mudança e a Mudança da Política

P artindo de um olhar sobre as condições humanas nestes nossos dias, estas reflexões encontraram a crise contemporânea. Esta crise deixa perplexos todos os humanos com suas terríveis possibilidades e assombra todos com seu cotidiano, com a banalização da desigualdade, da desgraça humana, da miséria, da violência e da destruição ininterrupta da vida. A marcha destrutiva já provocou o desaparecimento total de muitas espécies animais e vegetais e a deterioração de parte importante da herança cósmica de todas as espécies.

Na caminhada destas reflexões, as raízes desta crise e desta degradação foram encontradas nas estruturas das sociedades modernas, aquelas sociedades orientadas por um conjunto valorativo que organizou, de um modo novo, lá pelos idos do século dezesseis, as relações dos humanos entre si e entre estes e o mundo natural. Esses valores, organizados e hierarquizados, continuam a orientar as relações sociais até nossos dias e constituem o que foi denominado de *software social moderno*.

As sociedades que vivem dentro deste padrão civilizatório são as sociedades modernas. Trata-se de seres sociais que surgiram há quinhentos anos e que ganharão vida, pela primeira vez, como uma experiência histórica concreta dos humanos nas formações sociais empresariais construídas nas colônias. Fizeram sua estreia na história por ocasião da construção da Empresa Brasil e depois se espalharam por todo o mundo, alcançando e transformando as periferias e os centros do sistema internacional que se formou com elas.

Nas formações sociais empresariais da periferia, as formas e os conteúdos da modernidade se apresentaram radicalmente. Uma nova organização social foi criada a partir da economia e somente para servi-la. Juntas, a economia e sua nova organização social se constituirão em uma realidade social distinta de todas as outras sociedades humanas que se conheciam até aqueles tempos, como já foi descrito. Vínculos sociais novos e desconhecidos brotaram no seio de uma nova forma de organização humana, nascendo daí um sistema diferente, no qual as relações sociais eram somente relações de mercado. E, é sempre bom lembrar, de um mercado estruturado pela ação de empresários privados, sendo o lucro seu principal objetivo.

Essas formações sociais nasceram desprovidas da solidariedade étnica, cultural, religiosa e histórica que caracterizou a formação das outras sociedades humanas até então existentes.

Na esperança de alcançarem o sonhado desenvolvimento e o bem-estar social que caracterizam os países do centro do sistema, muitas dessas novas sociedades da periferia procuraram criar uma economia industrial, acompanhando o padrão de produção dos países centrais. Algumas, como o Brasil, que já nasceu como uma agroindústria, obtiveram notáveis êxitos nesse processo. Alcançaram a industrialização, mas não o desenvolvimento a que aspiravam.

A internacionalização dessa nova atividade não tardou, gerando o que foi denominado de internacionalização do mercado interno, que consolidou a hegemonia, sobre esse processo, de imensas empresas mundiais, as chamadas multinacionais. Foi nessa ocasião que se consolidou definitivamente a globalização dessas formações sociais.

Assiste-se hoje à conclusão desse processo com a internacionalização dos respectivos sistemas financeiros e da economia de serviços. Vistas sob essa perspectiva, essas formações sociais não têm de se preocupar com o processo de globalização atual, pois este provoca impacto em muitos países do mundo, mas não naqueles estruturados como formações sociais empresariais.

*

A formação social empresarial é este Brasil, de ontem e de hoje, onde uma grande maioria excluída convive em permanente harmonia/conflito com um amontoado humano incorporado, na maioria das vezes precariamente, de vários modos, nos diversos compartimentos do restrito conjunto institucional.

Este conjunto institucional possui limites porosos. Por esses poros é que ocorrem a incorporação e a exclusão. A Empresa Brasil, embora tenha sido continuamente um grande negócio em nível mundial, foi sempre menor do que a população e o território brasileiros. Foi sempre modesta no que diz respeito às possibilidades da vida social em um tão vasto quanto rico, tão ensolarado quanto belo território.

Estar "incorporado" no quadro institucional da Empresa Brasil é um privilégio. Assegura o pertencimento aos grupos sociais que possuem o direito a uma vida normal, de acordo com os padrões sociais das sociedades capitalistas ocidentais. Esse pertencimento é uma regalia em si, já que a inclusão no sistema social de todos os habitantes que nasceram e vivem em nossa terra não ocorreu em nenhum momento da história brasileira.

Essa sua característica, de nascença, acaba estabelecendo uma competição perversa entre os habitantes para a definição existencial fundamental: a escolha, a eleição, daqueles que adquirirão o direito de viver a incorporação e de fazê-lo institucionalmente de modo formal, o direito de possuir suas diversas carteirinhas simbólicas e de participar do seu nível mínimo de consumo, assim como da cultura dos "incluídos". Estes são os vitoriosos, os que "venceram na vida".

Estar excluído dos limites do sistema é a trapaça da sorte, significa a integração em outro mundo social, aquele dos sem-mundo, sem-terra, sem-teto, sem-educação, sem-saúde, sem-cidadania, etc. Estes constituem os sem-nada.

Nas fronteiras porosas desse conjunto institucional há um movimento frenético, de inclusão e exclusão. Numa mesma vida são possíveis inclusões e exclusões. Embora a maioria da população permaneça sempre excluída.

Têm sido frequentes as indagações sobre as estratégias de sobrevivência dessa maioria, que em geral vem localizada no universo estatístico sob a rubrica de economia informal ou economia submersa.

*

Estas reflexões ultrapassaram as considerações acerca dessas formações sociais empresariais modernas, construídas nas periferias do sistema mundial, e desaguaram no campo de novas possibilidades históricas. Entre essas possibilidades existe a hipótese desta população brasileira refundar-se como uma nova realidade, refundar-se para se constituir em uma normal sociedade de humanos.

Como não poderá repetir o presente e o passado moderno, tal transformação social obrigatoriamente será a criação de uma nova realidade social, um novo modo de viver em sociedade. Essa Refundação significará o início da construção de outra etapa do processo de evolução humana.

Essa nova fase da humanidade possuirá certamente uma nova matriz de valores, criará outro *software* social, mais avançado do que aquele gerado pela modernidade. O "novo mundo possível" obrigatoriamente terá por fundamento valores diferentes daqueles das sociedades atuais – como o reconhecimento, o amor, o perdão, a solidariedade – e restabelecerá a centralidade da vida, da harmonia com o cosmos e da busca da felicidade, resgatando os valores que a modernidade diminuiu e reprimiu.

A experiência existencial da humanidade já a conduziu a uma altitude histórica de onde é possível ver esses novos campos e vales além da modernidade. Dessas altitudes é possível ver que superar as orientações valorativas que orientam as relações sociais modernas é uma questão de segurança humana, de sobrevivência coletiva e de salvaguarda do planeta.

A superação histórica do *software* social moderno criará não somente sociedades diferentes e novas, mas também outra ordem internacional, em que as relações entre os povos serão fundadas em bases diferentes das estabelecidas pela modernidade. Poderá surgir então uma ordem internacional na qual a diferença entre os povos da Terra não significará desigualdade entre eles. Será a criação de outro mundo. Será também uma ruptura com uma milenar tradição nas relações internacionais, que legitima a imposição de vantagens unilaterais através do uso da força.

Trilhar esses novos caminhos é uma postura ética, cultural, econômica, mas sobretudo política. Com efeito, as escolhas por outro rumo histórico, como a Refundação do Brasil, a refundação de outras formações sociais empresariais construídas mundo afora, assim como a postulação e a construção de outra ordem internacional, são decisões essencialmente políticas.

Essas decisões contam com somente um espaço reconhecido para ocorrer: o Estado. Para os brasileiros, o âmbito dessas mudanças é este Estado econômico internacionalizado que a história nos legou. Ele é o espaço político no qual se decidirá o futuro. Não existe outro modo institucional de decidir sobre novos rumos com legitimidade interna e reconhecimento externo.

Por esse motivo é importante que estas reflexões se estendam ao Estado, o âmbito das transformações políticas e sociais. Refletir sobre o Estado, na perspectiva até aqui apresentada, permite interessantes observações.

*

O Estado contemporâneo é o principal sólido histórico construído pela modernidade e tem sido o ator principal na dissolução dos outros sólidos históricos, sejam aqueles do passado pré-moderno dos povos, sejam aqueles que a modernidade originária criou. Como sólido histórico moderno das primeiras horas, o Estado continua a afirmar-se quase que solitário nesta era da modernidade madura, realizada, mundial.

A burguesia e as vanguardas modernas se institucionalizaram como forças dirigentes deste novo padrão civilizatório através do poder. E do poder do Estado. O Estado moderno foi o instrumento decisivo para o exercício do poder sobre a sociedade por parte dessas forças sociais. Essa construção política significou, portanto, a organização do poder para orientar e assegurar a edificação desta nova era para a humanidade. O Estado moderno foi o principal instrumento utilizado para estender a toda a humanidade os novos padrões de relações sociais orientadas pelo *software* social moderno, o novo paradigma civilizatório.

*

Como foi visto, a modernidade nasce no amplo campo criado pelos negócios internacionais, entendidos como negócios privados, e foi sendo construída, a partir da periferia, através da ação de um bloco político original, constituído por uma aliança heterodoxa entre vanguardas modernas, banqueiros e comerciantes, reinos europeus e a Igreja, tanto aquela romana quanto as reformadas.

A força decisiva foi a ação de empresários privados no âmbito internacional. O instrumento político mais poderoso para garantir e salvaguardar a implantação do projeto moderno foi o Estado nacional e as administrações coloniais, que depois se transformam em outro tipo de Estado moderno, como já foi considerado.

Além do caso brasileiro, que serviu de modelo para todos, amplamente tratado nestas reflexões, é notável a ação dessas vanguardas tanto no caso holandês quanto no inglês.

Os holandeses, precursores da construção do projeto civilizatório moderno e de suas novas sociedades empresariais, já desempenhavam seu papel mesmo antes de se constituirem como país, como reino e como Estado nacional. Agiam como negociantes, através de companhias comerciais, as Companhias das Índias, as orientais primeiro, a ocidental depois. O Nordeste brasileiro foi colonizado por uma empresa, não por um Estado holandês. Este ainda não existia.

A Inglaterra seguiu o mesmo modelo de colonização privada. Colônias eram negócios, e negócios privados. A colonização da América do Norte e, muito tempo depois, a colonização da Índia foram realizadas por empresas privadas. Somente muito mais tarde a Índia deixará de ser somente um negócio para se transformar em uma colônia da coroa inglesa.

A imposição dos novos padrões de relações sociais entre os humanos pela modernidade produziu os Estados nacionais e aqueles outros construídos a partir das antigas administrações coloniais, as administrações dos negócios, ou seja, os Estados econômicos internacionalizados.

Em geral, a imposição das novas formas de relações sociais modernas gerou conflitos novos que muitas vezes se articularam com conflitos antigos. Até mesmo nos grandes países da Europa a imposição não foi pacífica e terminou por gerar um contexto de elevado enfrentamento nas sociedades daquele continente. Choques dramáticos, guerras civis e revoluções, grandes banhos de sangue ocorreram por motivações econômicas sempre ligadas às religiosas, culturais e políticas. Esses conflitos sociais terminaram se resolvendo, ainda que precariamente, no âmbito da construção dos Estados nacionais europeus.

Aliás, é bom observar que, mesmo tendo passado cinco séculos, a divisão das populações europeias em Estados nacionais ainda não pode ser considerada concluída nem é definitiva. Os grandes Estados nacionais, de onde brotaram os modelos clássicos de Estado, sempre impuseram à população europeia "seu modo" de organização política.

Em consequência, nações e Estados se constituem, desaparecem e ressurgem na história, ao sabor dos interesses das grandes potências e, às vezes, das capacidades políticas de nações inteiras de afirmar suas tradições culturais e religiosas.

As reconstruções de novos Estados como expressão de nacionalidades particulares, tanto na antiga Iugoslávia quanto nas antigas fronteiras da União Soviética, são somente os exemplos mais recentes.

Observados globalmente, os Estados foram fundamentais para a imposição desses novos padrões de relações sociais, que derreteram culturas e povos e estabeleceram o padrão atual de relações desiguais, estruturas socioeconômicas restritas, geradoras da incorporação excludente, nas quais os vínculos de solidariedade social se criaram como relações de mercado.

Por outro lado, o Estado foi e ainda é um ator importante nas escolhas políticas, econômicas e tecnológicas que conduziram a espécie humana até os dramáticos dilemas atuais. Não obstante possua a finalidade de ser um instrumento dos povos para o alcance de objetivos coletivos e o bem comum, tem sido – desde a origem – guardião de objetivos individuais e do bem de minorias, que o construíram para garantir seus interesses particulares ou dele se apropriaram.

*

O Estado como instituição, seja na forma de Estado nacional, seja naquela de Estado econômico internacionalizado, terminou se afirmando e se estendeu por todos os cantos do planeta durante a era moderna. Hoje se pode dizer que praticamente todos os humanos estão organizados em Estados.

Agora, com todos estatizados, é possível observar que a organização estatal atual ainda não é a forma mais adequada para a organização política de todos os humanos.

Um olhar amplo, que seja capaz de se estender sobre os continentes e sobre os povos, certamente observará alguns limites da organização estatal dos humanos em nossos dias.

Um primeiro destaque que esse olhar amplo colherá é que a humanidade é ímpar em relação às atuais organizações estatais, ou seja, os Estados atuais não a dividem de forma perfeita. Assim dividida sobram restos. Restos humanos, chamados de refugiados ou de rebeldes.

Segundo dados das Nações Unidas, em 31/12/1999, último dia do século vinte, existiam no mundo 22.335.440 seres humanos sem país, sem Estado, sem Pátria. Esses mais de vinte e dois milhões de pessoas incluídas nas estatísticas da ONU são aquelas reconhecidas como refugiadas, ao abrigo da Convenção da ONU de 1951, da Organização Continental Africana (OUA) de 1969 e de acordo com o estatuto do Alto Comissariado das Nações Unidas para os Refugiados (ACNUR).[1]

Na realidade dos fatos, esse número deve ser muito maior. Uma multidão de refugiados não chega a ser alcançada por essas organizações para ser contabilizada em estatísticas e, é bom lembrar, esses dados são anteriores às guerras do Afeganistão e do Iraque e de tantas calamidades naturais e políticas destes últimos e trágicos dez anos.

Face aos bilhões de humanos existentes, a grandeza desses números perversos pode ficar empalidecida, mas se o olhar for capaz de estabelecer parâmetros relativos, se verá que tais números correspondem à soma das populações da Áustria, da Suécia e da Dinamarca, ou à soma dos habitantes do Paraguai, do Uruguai, da Finlândia e da Suíça, com sobra de refugiados. Sobretudo, não se pode esquecer que milhões de palestinos ainda não adquiriram o direito a ter seu Estado nacional e não constam dessas cifras.

Passaram-se dez anos. De acordo com dados do ACNUR apresentados no relatório *Tendências Globais 2010*, atualmente existem 43,7 milhões de pessoas deslocadas no mundo inteiro – um número equivalente à população de países como Colômbia e Coreia do Sul, ou às populações da Escandinávia e do Sri Lanka combinadas. Ou seja, em uma década o número de refugiados simplesmente dobrou. Nesse arco de tempo houve uma mudança significativa. Segundo o documento, 80% dos refugiados do mundo foram acolhidos por países em desenvolvimento, no momento em que cresce o sentimento antirrefugiado em muitos dos países industrializados.[2]

O segundo destaque desse olhar é a constatação de que os Estados modernos, como são hoje instituídos, nem sempre foram capazes de representar seus povos por inteiro. Ou seja, há outros povos sem Estado, refugiados, portanto, *malgré leurs*, dentro dos próprios Estados que os abrigam, mas pelos quais não são representados.

Os exemplos ultrapassam as dezenas. Os mais conhecidos, aqueles que recebem cobertura da mídia mundial, são os bascos na Espanha, os irlandeses do norte na Irlanda, Chiapas no México, os curdos no Iraque e na Turquia e os tibetanos na China.

Sob o ponto de vista das relações entre nações e Estados, a África apresenta a maior tragédia. As fronteiras atuais, estabelecidas quase todas a partir dos interesses econômicos de grandes empresas das potências coloniais, dividiram nações, agrupando arbitrariamente pedaços de nações, como os hutus e os tutsis, no Burundi e Ruanda. Na África, como na América Latina, foram construídos territórios econômicos, e não uma organização política dos povos africanos. Estados e nações na África parecem ser incógnitas de equações diferentes.[3]

Essa incapacidade de os Estados, entendidos como o são hoje, representarem com legitimidade suas populações torna-se ainda mais grave quando se compreende que tratados internacionais, assinados, homologados ou enfiados goela abaixo de tantos países e povos, consideram as fronteiras atuais como imodificáveis. Isto vale para a Europa – Tratado para a Segurança Europeia –, para a África e para a América Latina. Esses tratados estão sob garantia das grandes potências mundiais.

Essa situação de inadequação entre as fronteiras dos Estados e as nações que abrigam e sobre as quais impõem suas respectivas soberanias tem causado um caudal interminável de violências, como se pode observar na Irlanda, na Espanha, no Burundi e em Ruanda, no Oriente Médio e nas guerras recentes entre as nações que constituíam a antiga Iugoslávia, sobretudo nas guerras da Croácia, da Sérvia e da Bósnia-Herzegóvina.

Não seria justo desconsiderar o grande número de nações colocadas por força de tratados internacionais em alguns territórios nacionais sem que pudessem nem mesmo exprimir seu consenso ou dissenso, ou seja, foram compulsoriamente incorporadas sob uma soberania estatal, muitas vezes sem nem saber o que isso significava.

Ou seja, a divisão da humanidade em Estados, do modo como se encontra hoje, é um modo imperfeito de organização política dos humanos. Exprime somente a forma de organização política criada pela modernidade, única e exclusivamente em função do interesse econômico dos seus grupos sociais dominantes .

Essa inadequação entre Estados e populações não é um fato natural. É histórica, portanto provisória. Nas tribos e na organização política étnica, por exemplo, não havia esse desencontro entre populações e suas organizações sociais e políticas como existe na era da hegemonia dos Estados, a era moderna.

*

Durante sua trajetória na história, desde seu surgimento até os dias atuais, o Estado sofreu profundas transformações. Estas se deram tanto nos Estados dos centros quanto naqueles das periferias do sistema internacional.

Essas transformações ocorrreram em suas estruturas, nas formas e nos modos de participação dos cidadãos, nos mecanismos políticos de constituição e legitimação do poder e em suas funções no que diz respeito à economia, à educação, à cultura, à ciência e tecnologia, ao meio ambiente, etc.

Compreender as transformações e os limites desses Estados é indispensável tanto para identificar a possibilidade destes de oferecerem respostas à crise quanto para avaliar suas capacidades de adequação às novas exigências da vida humana, da sobrevivência da biodiversidade e da preservação do planeta Terra.

De todas as transformações que os Estados sofreram nestes cinco séculos de história, vale a pena destacar duas tendências, sobretudo porque estas se acentuaram nas últimas três décadas e estão diretamente relacionadas com a crise civilizatória dos tempos atuais.

A primeira é o aumento do poder do Estado dentro das sociedades e sobre elas. Recebendo e reivindicando sempre novas atribuições, aos poucos ele passou a desempenhar funções cada vez mais numerosas e diversificadas. As sociedades foram se tornando mais complexas e ainda mais complexas as funções atribuídas ao Estado. Para realizá-las, este passou a se apropriar de uma percentagem imensa dos recursos gerados por cada sociedade.

Em consequência da concentração em suas mãos de recursos econômicos gigantescos, a valência política e econômica do Estado passou a ser muito diferente daquela nascida no processo de afirmação da modernidade. O Estado transformou-se em um gigante muito maior do que a imaginação *hobbesiana* poderia suspeitar. Seu gigantismo o transformou no principal ator econômico no âmbito das sociedades capitalistas. Enquanto crescia e acumulava poder, foi cada vez mais se distanciando das possibilidades de controle por parte da cidadania comum. Na realidade, o Estado é que passou a controlar a cidadania.

Em segundo lugar, aparentemente em contradição com o crescimento de poder do Estado na sociedade, ocorre um enfraquecimento do mesmo Estado *vis-à-vis* as grandes corporações econômicas mundiais, com tendências a renúncias parciais de soberania em favor de uma liberalização que cria um novo espaço político e jurídico desregulamentado, o campo de ação desses grandes grupos econômicos.

As antigas empresas transnacionais se transformaram em corporações econômicas, financeiras e tecnológicas gigantescas, de dimensões planetárias, mais poderosas do que a maioria dos Estados, sejam eles nacionais ou econômicos internacionalizados.

As corporações exigem um espaço novo, mundial, livre de regras e condicionamentos. Agem no sentido de uma reorganização econômica planetária na qual os Estados passarão a ter outras funções e outro sentido e serão diferentes das unidades soberanas de poder político, construídas pelos povos a partir da aurora moderna.

Em todas as partes do mundo, os Estados tendem hoje a se organizar em blocos, com soberania limitada e compartilhada, gerando esses imensos espaços, geográficos, políticos e econômicos, que em geral – no caso da União Europeia, da Alca, do Mercosul e da integração asiática – acompanham a lógica do processo de concentração do poder econômico, a lógica das grandes corporações. Essa tendência está em estreita conexão com o desenvolvimento do processo de globalização da economia.

Estados mais fortes sobre os cidadãos e Estados mais fracos para as corporações. Esta é uma das grandes mudanças que dominam os nossos tempos.

*

Ao mesmo tempo que é necessário considerar o Estado como um ator fundamental para o estabelecimento e a manutenção das novas relações sociais propostas pela modernidade, é fundamental não perder de vista que a organização política das sociedades em Estados democráticos é a forma mais avançada já construída, em toda a história da humanidade, para o estabelecimento de relações civis e políticas entre os humanos.

O Estado democrático, a convivência civil em um quadro de liberdade, de igualdade jurídica individual, de reconhecimento dos direitos coletivos, de equilíbrio político entre os poderes, de democrática representação popular através do sufrágio universal, é uma conquista de grande valor para todos os humanos. É daquelas conquistas que integrarão para sempre a lista de ingredientes necessários à felicidade humana.

Os obstáculos próprios da modernidade à universalização dessa conquista importante já foram anteriormente considerados e se referem aos limites provenientes da incapacidade desse projeto civilizatório em se universalizar de outro modo que não seja a desigualdade, a hierarquização dos humanos, a incorporação excludente, com o domínio sobre populações, paises, territórios.

Este mundo desigual e excludente, já tão antigo, não tem permitido a convivência dos humanos que o constituem em democracias plenas. Mesmo quando e onde esse Estado democrático existe, é sempre precário, pois deve existir com o reconhecimento implícito de que não pode alterar as estruturas das desigualdades. Estas são permanentes, mostra-nos a história, e as democracias é que são passageiras, às vezes fugazes, sempre imperfeitas, incompletas e muitas vezes completamente ausentes.

Embora a democracia moderna não tenha podido se universalizar, embora somente o Estado tenha se universalizado, a ideia da democracia como hoje é entendida é uma invenção que se constitui em uma maiúscula contribuição da modernidade para todo o resto da história da espécie humana.

Não se deve nem se pode, entretanto, estabelecer uma espécie de identidade, nem uma estreita correlação positiva entre os dois tipos diferentes de Estado moderno – o nacional e o econômico internacionalizado – e os regimes políticos democráticos. Parece que existe um mito em torno do binômio "Estado moderno–democracia política".

A ideia de que o Estado moderno é por si só um Estado democrático é ilusória. Tanto a democracia como a conhecemos, como forma de governo, quanto os Estados, como sede do poder na sociedade, são modernos, coetâneos, frutos de uma mesma era. Mas não abrigam, no conteúdo de ambos, estreita relação de causa e efeito.

Historicamente é até mais correto afirmar que ambas as criaturas políticas modernas vivem em permanente tensão. No contexto dessa tensão afloram conflitos e contradições.

Se observada a trajetória histórica de meio milênio de modernidade, tanto nos Estados nacionais do centro do sistema quanto naqueles econômicos internacionalizados da periferia, vai-se verificar que a frequência de regimes políticos democráticos representativos nesse intervalo de tempo é pequena na história da maioria dos Estados, com pouquíssimas exceções.

Se a relação entre Estados modernos e democracias políticas tiver por parâmetro não um ou outro Estado dominante, mas o contexto mundial, pode-se até mesmo dizer que, para uma grande maioria dos humanos, a democracia é, ainda hoje, somente um sonho. É um bem precioso, indispensável para um *avenir* feliz das sociedades humanas, mas ainda raro na amplidão histórica da era moderna.

Os Estados nacionais já foram edificados, inventados, sob monarquias absolutas, em regimes autoritários que construíram forte poder central. Estas, aliás, são as características principais dos Estados nacionais. Nenhum deles já surgiu como construção política democrática. Na Holanda foi onde se chegou mais perto.

E foi esse Estado autoritário o parceiro privilegiado das transformações que levaram ao surgimento do capitalismo e à afirmação política e cultural da modernidade, com a construção do mundo desigual.

Também é necessário observar que o processo que, nas ciências sociais, vem designado de modernização, gerador de sociedades complexas e plurais (industrialização, urbanização, superação dos resquícios feudais, etc.), não produz naturalmente, como outrora se pensou, sociedades democráticas.

Em muitos Estados nacionais modernos – Itália, Alemanha, Japão e a China de nossos dias, só para citar alguns que formam a maioria do G7 – esses processos foram realizados sob regimes autoritários, sem que houvesse democracia e sem que ela viesse como um resultado natural, como nos mostrou Barrington Moore Jr.[4]

A democracia representativa tal como é concebida hoje – com o sufrágio universal e o respeito às decisões das urnas – surgiu de outro processo, vem de outra vertente, diferente daquela da industrialização. A democracia é proveniente de propostas políticas de grupos sociais avançados, vanguardas de suas sociedades, que conquistaram o apoio de suas respectivas populações nacionais, lutaram para se impor e venceram.

Mas venceram após lutas sociais duríssimas e sangrentas. Pode-se mesmo dizer, observando a história da Europa, onde ambas as criaturas nasceram, que essas qualidades políticas, ou seja, a representação política da sociedade estabelecida através do sufrágio universal em eleições livres e democráticas, foram uma imposição da sociedade e não uma derivação natural do Estado moderno ou do capitalismo.

Nos Estados econômicos internacionalizados, essas tensões e conflitos tendem a se resolver através da imposição de soluções políticas autoritárias, que funcionam como instância de defesa do sistema estabelecido desde o início da era moderna.

Ditaduras e autoritarismo têm sido a regra das trajetórias históricas desses Estados. As ditaduras e os regimes autoritários, nesses contextos, sempre foram garantidos pelas potências hegemônicas de cada era, que sempre intervieram direta e indiretamente.

Já foi observado que, no caso brasileiro, os intervalos democráticos representativos não alcançam 10% da história do país. Naturalmente não se considera aqui democrático o período que os historiadores denominam de República Velha ou República Oligárquica. Oligarquia é um regime político diferente de democracia. Existia a República, mas não a democracia.

O Brasil, o México, a Argentina e alguns outros também são países onde a industrialização, a urbanização, a secularização, as sociedades de massa, etc., ou seja, tudo o que se acredita ter sido importante para o avanço do processo de democratização, foram realizadas sob regimes políticos autoritários. Esses regimes puderam e souberam garantir a combinação dessas transformações sociais com uma estrutura socioeconômica caracterizada por um extremo grau de desigualdade e de incorporação excludente.

As ditaduras que dominam a história política do Brasil e da América Latina não são aberrações exóticas e externas ao mundo ocidental moderno, fruto de uma espécie de demência característica de povos novos e imaturos. São imposições ocidentais. São ditaduras ocidentais.

O Ocidente é o lugar histórico da América Latina, que dele é parte fundante, com papel importante em sua construção. Não se pode compreender o Ocidente sem a América Latina, embora muitos tentem fazê-lo. A história política deste continente é parte da história política ocidental, moderna e capitalista.

Na história política do Ocidente pode-se verificar forte tendência de combinação entre Estado moderno e regimes autoritários, tanto nos Estados nacionais quanto naqueles econômicos internacionalizados. A constatação é amarga, mas é própria.

O outro lado dessa constatação é também verdadeiro. Os humanos reais, que constituem concretamente as sociedades modernas, jamais se submeteram passivamente a essa combinação de Estado moderno e regime político autoritário.

Durante o período moderno, todas as sociedades lutaram, sempre, para o estabelecimento de regimes democráticos, ainda que o saldo dessas lutas tenha sido territórios inteiros banhados de sangue. Os homens e mulheres das sociedades modernas, os jovens e os adultos, demonstram uma vocação invencível pelas liberdades.

As democracias representativas que já existiram e aquelas que existem hoje devem ser creditadas não à natureza do Estado e das instituições políticas, mas exclusivamente a essas lutas e à vocação indomável para as liberdades que caracteriza os humanos da nossa era.

*

A história dos Estados contemporâneos mostra que, com o tempo, não aumentou a influência dos atores que são os sujeitos principais de sua existência, ou seja, os cidadãos. Esse fato é aparentemente inexplicável, já que se registraram em praticamente todas as sociedades humanas a ampliação e o aprofundamento da educação, o que provocou uma elevação da maturidade social, cultural e política.

Durante mais de um século estendeu-se e diversificou-se o processo de institucionalização, com a criação de inúmeras instâncias de participação dos cidadãos, como sindicatos, associações, partidos, grupos autônomos de ação na sociedade, Ongs e tantos outros.

Entretanto, paralelamente a esse processo de amadurecimento político e cultural das sociedades humanas, o poder do Estado se concentrou de tal maneira que está aos poucos escapando das possibilidades de controle por parte da sociedade.

Em todos os quadrantes da Terra cresceu a desproporção, ampliou-se a escala de desigualdade entre o poder estatal e o cidadão.

O desenvolvimento tecnológico, na área da informação e da produção de armas e instrumentos de repressão, a sofisticação das técnicas de informação e de controle social alcançadas na sociedade tecnológica, pós-industrial, fizeram do domínio do Estado sobre o cidadão quase um fato natural. A própria democracia como forma de gestão do poder político vem envolvida em uma nuvem de interrogações e perplexidades.

A distância entre o poder do Estado e a ação da cidadania torna-se mais grave em vista de dois processos simultâneos e que evoluem em sentido inverso. Trata-se de um descompasso. De um lado, as transformações da estrutura e funções do Estado, tornando-o mais poderoso, e, de outro, as mudanças estruturais por que passam as sociedades do nosso tempo, em função da desconstrução das estruturas das antigas sociedades industriais, tornando a estrutura social mais fluida.

Enquanto o Estado aumenta sua capacidade de domínio e controle sobre os cidadãos, simultaneamente a sociedade vive velozes transformações em seus fundamentos, que enfraquecem sua coesão e sua organização política. Esse enfraquecimento da sociedade ocorre em consequência de mudanças na estrutura socioeconômica próprias do nascimento da sociedade pós-industrial.

Desse modo, o Estado tem se transformado em um sólido cada vez mais resistente enquanto o sistema social vive um elevado grau de fluidez.

*

A desconstrução do tecido social das sociedades industriais parece ser irreversível, até porque não se pode mais reconstruí-lo em virtude do veto ecológico. Como normal consequência desse processo estão sendo desvitalizadas as formas institucionalizadas de socialização e participação social vigentes até os anos 70.

A família, a escola, as associações, os sindicatos, os partidos políticos (seções juvenis e adultas), os movimentos juvenis e várias outras instâncias eram o *locus* no qual, através da participação, se davam a formação da cultura política e a construção dos conteúdos valorativos e ideológicos que orientavam a qualidade da participação dos humanos na complexidade das relações sociais existentes nas sociedades industriais. Ou seja, onde se construía o imaginário político-social. Para se ter ideia da importância desse complexo tecido institucional, basta lembrar que ele foi a origem, a sustentação e a fonte de dinamismo dos regimes democráticos representativos na forma como hoje os conhecemos.

As mudanças em curso têm produzido uma estrutura social mais fluida, complexa, tecnologizada, com indivíduos isolados que trabalham em redes, em geral temporariamente e sem os vínculos formais como nas antigas formações sociais. A transição da antiga sociedade industrial para esta nova ainda não apresentou todos os seus contornos, mas tem criado tanto crises de valores e de conceitos sobre a sociedade quanto alterações fundamentais do *ethos* político.

Essa desconstrução envolve todas as sociedades contemporâneas, mas produz efeitos mais profundos naquelas que não lograram, na "era industrial", o estabelecimento de sólidas relações entre o conjunto constituído por indivíduos, grupos ou classes sociais, ideologias e formas institucionalizadas de participação política. Naquelas que nunca foram solidamente estruturadas como sociedades industrializadas. Como sugere o caso brasileiro.

O desaparecimento dos mecanismos "tradicionais" de participação política e de formação de uma cultura política cria para o sistema social a importante questão de como organizar, de modo novo, instâncias e canais para a construção do consenso político e do exercício democrático do poder.

Essa função vem sendo desempenhada de modo cada vez mais nítido pela *informação*, a nova pedra angular do funcionamento de todas as instâncias do social. A produção e a difusão da informação concentram-se em alta velocidade na mídia eletrônica. Esta alcança, em tempo real, todos os limites de uma sociedade singular e vai muito mais além, invadindo e influenciando simultaneamente todas as sociedades humanas.

Essas mudanças, concentrando na mídia eletrônica, sobretudo as TVs, novas atribuições no que diz respeito à construção do consenso político e à definição do poder nas sociedades democráticas, têm permitido e estimulado um novo tipo de política, separado da prática do ator social e que se transforma em uma "produção" autônoma. A informação política, como qualquer informação, se transformou em um produto. A política está se transformando em uma mercadoria.

Hoje, a política é uma atividade que, para ser realizada, exige vultosos meios econômicos, uma organização técnica especializada e o estabelecimento de relações preferenciais com a mídia eletrônica. Mas, enquanto nas antigas democracias industriais os partidos e as associações eram instituições públicas, abertas e com seus destinos decididos por seus membros, na maioria das sociedades humanas de nosso tempo os meios de comunicação são propriedades privadas, com fins lucrativos e subordinadas aos interesses particulares dos seus controladores.

O processo de concentração desses meios, em vertiginosa aceleração, gera, através de megafusões, empresas imensas que operam em nível planetário e cuja existência coloca questões novas a respeito dos efeitos que produzirá sobre a forma democrática de convivência política.

Desvendar os significados dessa "nova" forma política, desse novo modo de alcançar o controle do Estado e o poder sobre a sociedade, estudar esses meios, monitorar sua *performance*, analisar o conteúdo de suas mensagens e verificar seus efeitos sobre as instituições e sobre a sociedade é o mais importante desafio das Ciências Sociais em nossos dias.

O surgimento das grandes corporações econômicas mundiais, o aumento e a concentração de poder do Estado, a desconstrução do tecido social das sociedades industriais, gerando uma forma nova de fluidez estrutural, e o novo papel da mídia para a construção do consenso são processos que terminaram por produzir um novo macro ambiente político.

É nos espaços desse novo macro ambiente que se está constituindo, literalmente, diante dos nossos olhos, um núcleo de poder político de tipo novo, diferente daqueles constitucionais, isto é, diferente dos partidos políticos, dos sindicatos, associações, etc. Esse núcleo é composto por relações privilegiadas, estreitas e opacas entre as empresas de informação – jornais, rádios e mídia eletrônica (TVs) – e as grandes corporações econômicas mundiais, em primeira pessoa ou através de sócios nacionais, o Estado e, finalmente, grupos organizados de atores no interior do Estado e do sistema político.

Essas relações atravessam horizontalmente os partidos políticos e as estruturas de poder do próprio Estado. Sua composição não se dá em torno de projetos e programas para a sociedade – públicos, conhecidos por todos, defendidos por ocasião dos processos eleitorais – mas em torno de interesses privados e materiais, de projetos econômicos, de negócios, todos desconhecidos pela sociedade.

O acesso ao exercício do poder político na sociedade, ou seja, ao controle do Estado, passou a ser necessário para garantir os interesses integrados nessa espécie de nova aliança. Esse núcleo de poder, à margem dos controles existentes nas sociedades democráticas, agrega como atores principais a própria mídia, a classe política, interesses econômicos, financeiros e de controle de mercados.

Nas sociedades democráticas atuais – as sociedades da informação – nas quais a inserção do indivíduo no social tende a ocorrer principalmente via mídia, a influência que esse núcleo de poder de tipo novo tem exercido sobre os destinos históricos desses povos é uma curva em ascensão, que sobe em alta velocidade. Em muitas sociedades contemporâneas, esse núcleo é já a fonte de onde emana o poder.

A questão do papel da mídia nas sociedades contemporâneas é muito complexa, já que a mídia eletrônica não pode ser entendida apenas em função do papel que ela desempenha no interior desse macro ambiente político.

Para compreender o verdadeiro papel político que esta desempenha devem ser considerados, **pelo menos**, quatro importantes níveis, simultâneos mas distintos, nas relações mídia eletrônica–sistema político:

- ◆ A mídia eletrônica como um *ator* que age no interior do sistema político, em defesa de seus interesses particulares, privados, através da sua ação no âmbito do núcleo de poder político de "tipo novo", conforme referido anteriormente.

- ◆ A mídia eletrônica como *organizadora* da consciência política da sociedade. Cotidianamente o social é organizado e proposto à população, feito e refeito, interferindo assim na construção do imaginário social e na definição de interesses e prioridades para população. Neste sentido, a mídia eletrônica "pauta" a sociedade.

- ◆ A mídia eletrônica como *espaço*, no âmbito do qual se dá a pugna entre os diversos segmentos do sistema político em busca da hegemonia sobre a sociedade.

- ◆ A mídia eletrônica como *reflexo* do social, na medida em que o relata jornalisticamente e/ou o reproduz.

O surgimento desse macro ambiente político está alterando velozmente a própria política. A informação política não decorre mais diretamente da ação de atores, de seus gestos, de suas atitudes, de suas participações sociais, de suas lutas, de seu comportamento político, não sendo mais consequência da prática social concreta dos cidadãos, indivíduos normais da sociedade, que orientam suas existências por engajamentos definidos a partir de suas convicções. Antes eram ações públicas e conhecidas por todos. Hoje essas práticas públicas estão se alterando, e a política tornou-se uma "produção" autônoma, um espetáculo que se desvencilhou e escapou da realidade.

Para essa produção intervêm estruturas complexas, que incluem a ação de profissionais especializados – os assessores – e o emprego de conhecimentos técnico-científicos sofisticados. Parte do espetáculo, o discurso e a imagem são também produtos. Os melhores são aqueles criados de modo que correspondam ao que a sociedade pensa e os indivíduos reais – os eleitores – tendem a aceitar e apoiar.

Observa-se no processo político que, especialmente em momentos pré-eleitorais, o conteúdo dos discursos, das mensagens, pode ser ajustado várias vezes pelo mesmo ator, a partir de dados de pesquisas sobre a opinião pública. Foram desenvolvidas sofisticadas técnicas de pesquisas para a avaliação da opinião pública, realizadas por institutos especializados

A *performance* do candidato, as roupas, a imagem, a linguagem e o conteúdo do discurso, tudo é um produto criado artificialmente, ou seja, não é um atributo do ator político, seja ele indivíduo, candidato, partido, etc. É monitorado e ajustado durante a campanha em função dos resultados obtidos pelas sondagens realizadas pelos institutos.

A possibilidade técnica da adequação do discurso e da *performance* dos atores políticos às supostas ou previstas alterações da opinião pública dá vida a novas relações entre atores no sistema político, isto é, entre eleitores e candidatos, entre eleitores e opinião pública, entre candidato e opinião pública.

Essas relações são muito diferentes daquelas que prevaleciam no modelo societário anterior. Os resultados da comparação entre essas relações nos dois modelos societários sugerem e solicitam uma reflexão urgente e profunda por parte da cidadania. Seus resultados são cruciais para a sobrevivência da própria forma democrática de convivência humana.

As novas lideranças políticas raramente são provenientes de uma ação social ou da prática política nas lutas sociais, âmbito no qual as histórias políticas são públicas e são conhecidas as posições político-ideológicas do ator, assim como sua visão do mundo, a qualidade das alianças que pratica e dos compromissos que assume. As novas lideranças políticas são produtos. E produtos novos, sem história.

As campanhas eleitorais não são mais realizadas a partir da ação de quadros compromissados e identificados com o ideário político dos candidatos. Deixa de existir a militância, ou seja, a ação cidadã, proveniente da adesão voluntária e gratuita, pela qual o cidadão explicita a defesa consciente de seus ideais políticos para a sociedade. Essa participação consciente e voluntária era o modo pelo qual o cidadão podia se articular aos destinos e às possibilidades do seu sistema social.

Hoje é diferente. Os quadros políticos são profissionais de *marketing*. São também consultores, profissionais especializados, intelectuais, que vendem trabalhos para formulação de conteúdos e de estratégias de uma campanha, marqueteiros e, na ponta de baixo, o cabo eleitoral, contratado para trabalhar em campanhas de quem eles nem conhecem, que carregam bandeiras com as quais não se identificam e distribuem panfletos e adesivos que dizem o que eles ignoram e com os quais às vezes nem concordam. Para eles, o trabalho político é só um emprego temporário. A antiga militância foi substituída por times de profissionais de base, contratados somente nos meses que antecedem as eleições.

Nessa nova organização da política ocupam lugar de destaque os responsáveis pelas finanças, aqueles que recolhem dinheiro para financiar os profissionais envolvidos na campanha e também articulam os negócios futuros.

A coordenação de uma campanha política se transformou em administração de uma atividade empresarial. Seu êxito são os resultados eleitorais. Nem sempre é necessário vencer, pois já se ganha arrecadando recursos junto às grandes empresas e aos grandes bancos, com a exposição na mídia e depois, ainda que derrotados, com os benefícios de cargos em escalões inferiores do poder, de onde não se dirige a sociedade, mas de onde se pode manejar orçamentos, às vezes vultosos.

Esses cargos permitem compensar os financiadores com prêmios e privilégios, com contratos superfaturados e ao mesmo tempo cobrar comissões e favores para arrecadar recursos para a próxima campanha. A política vai se transformando assim em um conjunto de articulações empresariais privadas, individuais ou de grupos, com fins lucrativos. É um negócio.

Essas novas empresas políticas se articulam, se associam, no âmbito dos partidos, que por sua vez se transformaram em uma espécie de *holding*, que oferecem os espaços, legenda e suporte às candidaturas e defendem os interesses dessas empresas políticas individuais.

Com o tempo, os próprios partidos também se transformarão em grandes empresas, com interesses diversificados, cuja finalidade é a apropriação, em conjunto com as grandes corporações, as grandes empresas e os grandes bancos, dos consideráveis recursos que o Estado arrecada da sociedade.

Como o ator político pode ser, e em geral tem sido, construído artificialmente, acentua-se a tendência de que a representação política, pilar básico do regime democrático-representativo, compareça como falsa em sua forma final. Ou seja, a virtualidade e a sofisticação técnica substituem o ideário político e a prática social do ator.

*

A política como produto virtual permite que a ação e os interesses concretos dos atores estejam separados do discurso e das mensagens difundidas sobre ele, sejam esses atores indivíduos ou partidos políticos. Permite a criação de enganos e ilusões. Desvirtua-se desse modo o princípio da representação política. Assim está se rompendo um dos fundamentos da democracia representativa na forma que hoje a conhecemos e que as lutas sociais da modernidade construíram.

A artificialidade da construção do consenso político nos coloca em outro momento da história política das sociedades democráticas, no qual pode ser maturado o *consenso virtual*, separado da realidade social verdadeira. É um consenso construído pelas técnicas, pelo *marketing* e pela mídia, que exprime a condensação de interesses concretos, mas ocultos, desconhecidos pela sociedade e pelos eleitores. É o espetáculo da política.

É importante destacar que esse consenso virtual é produzido por um núcleo de poder que articula em si a mídia, o poder econômico e atores do sistema político e carrega consigo uma grande rede de interesses privados, que vão desde os institutos de pesquisa, passando pelas agências de publicidade, até alcançarem as concessões públicas, os cargos públicos e, mesmo, as carreiras de Estado.

Quando se alcança a vitória eleitoral, isto significa que o produto obteve sucesso e iludiu todos. Foi o espetáculo da vitória. O verdadeiro efeito da vitória será conhecido depois, no momento do efetivo exercício do poder. Só então se observará que o ator vitorioso se orienta por outros interesses e valores que estavam escondidos ou foram omitidos quando o "produto" foi apresentado à sociedade. A decepção pós-eleitoral é a regra nos sistemas políticos em que prevalece o consenso virtual. Esse tipo de política ainda não contaminou o processo político por inteiro, mas se apresenta como uma tendência quase irresistível na vida social de nossos dias.

Como se pode ver, a democracia, tão preciosa neste momento histórico, é um regime político que está sob ameaças antigas e novas. Guy Debord já tinha advertido, há mais de uma década, sobre os aspectos fundamentais do que ele chamou de "a sociedade do espetáculo".

Algumas formulações, retiradas do capítulo primeiro, contribuirão para esta reflexão:

"Toda a vida das sociedades nas quais reinam as modernas condições de produção se apresenta como uma imensa acumulação de espetáculos. Tudo o que era vivido diretamente tornou-se uma representação. As imagens que se destacaram de cada aspecto da vida fundem-se num fluxo comum, no qual a unidade dessa mesma vida já não pode ser restabelecida.(...)

O espetáculo em geral, como inversão concreta da vida, é o movimento autônomo do não-vivo. O espetáculo apresenta-se ao mesmo tempo como a própria sociedade, como uma parte da sociedade e como *instrumento de unificação*. (...)

O espetáculo não é um conjunto de imagens, mas uma relação social entre pessoas, mediada por imagens. (...)

Considerado em sua totalidade, o espetáculo é ao mesmo tempo o resultado e o projeto do modo de produção existente. Não é um suplemento do mundo real, uma decoração que lhe é acrescentada. É o âmago do irrealismo da sociedade real. (...)

A prática social, diante da qual se coloca o espetáculo autônomo, é também a totalidade real que contém o espetáculo. Mas a cisão dessa totalidade a mutila a ponto de fazer parecer que o espetáculo é seu objetivo. (...)

O caráter fundamentalmente tautológico do espetáculo decorre do simples fato de seus meios serem, ao mesmo tempo, seu fim. É o sol que nunca se põe no império da passividade moderna. Recobre toda a superfície do mundo e está indefinidamente impregnado de sua própria glória. (...)

No espetáculo, imagem da economia reinante, o fim não é nada, o desenrolar é tudo. O espetáculo não deseja chegar a nada que não seja ele mesmo. (...)

O espetáculo domina os homens vivos quando a economia já os dominou totalmente. (...)

O espetáculo é o discurso ininterrupto que a ordem atual faz a respeito de si mesma, seu monólogo laudatório. (...)

O espetáculo é o capital em tal grau de acumulação que se torna imagem".[5]

*

A coincidência histórica de eventos dessa magnitude – reforço do poder do Estado, desconstrução do tecido social das sociedades industriais, o novo papel da mídia eletrônica e a afirmação da política como negócio – terminou por mudar profundamente a própria esfera da política no mundo ocidental.

Parecem estar desaparecendo ou em momentânea letargia as instituições que estruturavam a prática política nas democracias das sociedades industriais. Ao mesmo tempo ainda não foram de todo exploradas as novas possibilidades e espaços políticos que surgem no âmbito das nascentes sociedades desconstruídas.

Todos os eventos contribuíram para o isolamento e a passividade da cidadania, o que reforça as possibilidades de afirmação dessa nova política que tende a transformar o Estado em um imenso espaço para grandes negócios.

É inevitável que as democracias, para sobreviverem, se aprofundem, avancem em seus conteúdos e instituam salvaguardas para impedir a concentração da riqueza e do poder econômico e a relação entre poder econômico, mídia eletrônica e classe política. Impedir o consenso virtual é essencial para evitar que seja instituída uma democracia de avatares.

Explorar as possibilidades de construir novos espaços institucionais e novas abordagens teóricas à questão política é fundamental nestes tempos de mudanças obrigatórias decorrentes da grave crise civilizatória. Somente novas experimentações, novos olhares e linguagens e novas teorias sociais dinamizarão a política entendida como a instância da vida social que permite a construção do futuro. A política é um campo fundamental. É o campo da esperança.

O primeiro semestre de 2011 foi pródigo em apresentar invenções e experimentações no campo da política. Dentre estas, destaca-se o uso da *web* como instrumento de mobilização política das sociedades ao criar um canal de comunicação independente da grande imprensa, de certo modo acima dela.

São notáveis, e reconhecidos, os efeitos dessas invenções e experiências nas recentes mobilizações políticas nos países árabes, que provocaram a queda de regimes políticos ditatoriais na Tunísia e no Egito, assim como alguns meses mais tarde na Líbia, e conduziram a uma situação de grave crise política na Síria e em outros países da região.

Entretanto, o exemplo maiúsculo de mobilização política via *web* é proveniente da Itália. A ação política nesse campo novo foi fator de grande importância para a vitória da oposição nas eleições administrativas da primavera, como reconheceram todos os atores políticos. Sobretudo mobilizou a sociedade para o referendo sobre a questão nuclear, o uso das águas e leis que impedem privilégios jurídicos para a classe política. Ações cidadãs via *web* contribuíram para superar a indiferença da grande mídia, conjugada com outras ações desmobilizadoras, e garantiram que fosse alcançado e superado o *quorum* necessário para a validade da consulta popular que terminou por sancionar a vitória de posições políticas opostas àquelas defendidas pelo governo. A cidadania na Itália, mais uma vez, apontou para possibilidades novas no campo da ação política.

Esses exemplos demonstram que os espaços virtuais criados pela tecnologia também abrigam imensas e desconhecidas possibilidades democráticas. Demonstram que nesses espaços as relações sociais de tipo novo estabelecidas entre os humanos também podem se transformar em força social e em força política. Essas possibilidades são essenciais para a criação de sistemas sociais centrados sobre a vida, a harmonia entre os homens e entre estes e a natureza.

*

Transformada em negócios e em espetáculo que produz o consenso virtual, a política lidera e conduz o cortejo da espécie humana e de toda a biodiversidade na direção de uma tragédia que pode ser irreversível. Essa possibilidade real é um pesadelo diferente, que existe quando estamos acordados e nos impede de dormir.

Mas é no campo da política que os povos do mundo poderão ganhar ou perder o embate para evitar a catástrofe, para evitar o agravamento da tragédia que já começa a se abater sobre a vida humana e sobre todas as formas de vida do nosso planeta.

A política é a instância na qual se poderá alterar os sinais do projeto civilizatório moderno. É urgente, portanto, encontrar caminhos históricos alternativos, mas também inventar e construir modos diferentes de caminhar.

No horizonte da história está se apresentando um embate político diferente daqueles vividos pela humanidade até aqui. Agora é uma luta de vida ou morte.

*

A política e o Estado moderno, este poderoso Leviatã, constituem um campo social especial porque abriga em si mesmo as possibilidades de superação do padrão civilizatório que o criou, ou seja, a superação da modernidade. Deste modo, o Estado, que foi o instrumento da construção política da hegemonia moderna, é simultaneamente o único território político no qual os povos poderão decidir a aposta em um futuro diferente dos limites estreitos e do acanhamento das estruturas sociais modernas.

Como forma histórica de organização política dos humanos, é natural que o Estado contenha contradições e produza conflitos que não podem ser resolvidos dentro de suas estruturas. Esses conflitos possuem a função de alimentar os mecanismos sociais de sua transformação, incentivando novas demandas sociais e novas práticas coletivas. Os conflitos e as contradições existentes nas instituições humanas sempre estimularam as imaginações criativas em busca de formas mais adequadas de relações sociais.

Na maioria dos projetos de transformações sociais, políticas e econômicas, sobretudo aqueles formulados a partir do final do século dezenove, o Estado é o principal sujeito. O Estado tem sido o ator principal no cenário político das sociedades contemporâneas e também desempenha o mesmo papel no cenário das utopias políticas.

Como já foi referido, a conquista do Estado, do poder supremo do sistema social, comparece então como um elemento essencial para a realização de qualquer projeto de mudança na sociedade, no sentido de fazer avançar a evolução das estruturas sociais, adequando-as ao amadurecimento político dos humanos.

Entretanto, e a história o tem mostrado de modo inequívoco, é exatamente nesse longo percurso de conquista do Estado que esses mesmos projetos se desvitalizam e perdem sua nervatura utópica.

O derretimento dos projetos utópicos durante a trajetória rumo ao poder geralmente conduz as forças que pugnavam por eles a se transformarem em sujeitos políticos pragmáticos e oportunistas. O "como permanecer no vértice do poder" passa a ser mais importante do que "por que chegaram lá". Transformam-se assim em forças políticas igualmente pragmáticas e conservadoras.

A conquista do Estado, em vez de significar a posse de uma alavanca para as transformações sociais, salvo algumas exceções e também alguns avanços parciais, tem sido para as forças reformistas um caminho que dissolve suas energias utópicas.

Assim, a trajetória política de conquista do Estado tem sido o mais poderoso solvente de utopias que a história moderna criou. É nesse processo que projetos de um outro tipo de desenvolvimento, projetos de caminhos novos para a humanidade, igualitários e libertários, com outros fundamentos econômicos, políticos, culturais, ideológicos, tecnológicos, ecológicos, etc., têm sido dissolvidos e têm perdido sua força utópica. Terminam desvitalizados e aos poucos se transformam em ordinária administração e negócios. Muitos negócios.

Os exemplos podem ser encontrados na análise da *performance* política da social-democracia europeia, passando pelas esquerdas sul-americanas até atingir aquilo que um dia foi chamado de socialismo africano.

Por outro lado, se bem observadas, as transformações sociais mais profundas, que ocorreram, de fato, no último quarto do século vinte, independentemente de um juízo de valor sobre elas, mostram a ocorrência de um fenômeno político diferente. Seguiram outro roteiro. É o que se pode observar, por exemplo, tanto na dissolução da antiga União Soviética e no surgimento de novos Estados nacionais na Europa oriental quanto na queda do xá Reza Pahlevi com a chegada ao poder do aiatolá Khomeini e o surgimento do Irã islamizado.

*

A humanidade entrou em um tempo novo, o tempo da Refundação, no qual necessariamente deverão ocorrer mudanças importantes na forma de organização da vida social dos humanos, no seu modo de produzir, de consumir, de cuidar da vida e da Terra. Essas transformações são essenciais para a preservação da vida e para a salvação do próprio planeta e trarão consigo, inevitavelmente, mudanças institucionais no âmbito da política.

O Estado se apresenta como o lócus mais importante, o único legítimo, para sancionar as mudanças profundas nas relações sociais que deverão ocorrer e como o mais importante instrumento coletivo disponível para a implementação das políticas que decorrerão dessas mudanças.

A crise da civilização moderna impõe-se à imaginação, empurrando-a a sonhar com uma política diferente, com um Estado diferente, capaz de comportar e contribuir para a vigorosa correção de rota que os humanos deverão realizar.

O processo de distanciamento entre o super-Estado e o cidadão comum, característica da política dos nossos tempos, é uma boa ocasião para se recordar a herança importante que os clássicos da teoria do Estado nos deixaram acerca das ideias sobre a política, as liberdades e a democracia.

Maquiavel, por exemplo, mostrou-nos que os fundamentos do poder se encontram nas relações entre os humanos, que o poder e o Estado não são entidades naturais ou eternas, provenientes de uma esfera superior ao plano humano. Não são criações divinas. Mostrou que os Estados são construções históricas, transformáveis como todas as relações sociais.[6]

A crise civilizatória solicita a recuperação das concepções que compreendam a política como a mais elevada das relações sociais porque é a que define o modo de ser das coletividades humanas e a que define os caminhos da espécie humana pela história. É a que estabelece os rumos para o futuro. Solicita a recuperação das concepções que entendam o Estado como um pacto entre todos para assegurar o bem comum de todos, estabelecido democraticamente e como um espaço abstrato no qual reside a soberania popular, a representação política autêntica da população, definida em eleições livres, com voto universal.

A recuperação desses significados parece essencial para que os Estados contemporâneos possam ser instrumento para a concretização de um projeto social mais evoluído, que se construa a partir da centralidade da vida, da harmonia nas relações com o cosmos e que seja orientado para a busca da felicidade, daquela felicidade própria do simples existir na forma de vida mais evoluída do planeta Terra.

Retomando a herança das vanguardas modernas dos séculos dezesseis e dezessete, é possível verificar que ela não se constitui somente de ideias e teorias, mas também de um engajamento coerente para a construção de um novo mundo. Engajamento e coragem. Muita coragem.

Elas não temeram as possibilidades de seus pensamentos. Não se intimidaram em fazer a crítica à teologia e aos saberes da época através da ciência, das artes e de novas atitudes. E, não se pode esquecer, elas estavam se confrontando com Deus no plano abstrato, teórico, e no plano terreno, político, no qual a Igreja dispunha de notável volume de poder. Não se intimidaram diante dos seus respectivos sistemas políticos autoritários, que possuíam em seus vértices monarcas absolutos "por direito divino", gente que reinava na Terra em nome de Deus. Não se inibiram diante da grandeza desses obstáculos e não recuaram nem mesmo diante do clarão das fogueiras da Santa Inquisição, que ardiam iluminando as praças das cidades europeias.

A modernidade se afirmou como fruto da irreverência competente de suas vanguardas fundadoras e da coragem que estas demonstraram ao conduzir o confronto com os sólidos históricos que lhes eram contemporâneos e que elas souberam dissolver. Portanto, os cuidados excessivos dos contemporâneos em relação à crítica para transformar o Estado e a democracia como hoje a conhecemos não possuem legitimidade histórica. Esse conjunto institucional não é sagrado e não é natural. É só uma construção histórica e como tal se transformará.

A crise obriga a pensar longe e diferente. Será imaginável separar a administração da vida social da concentração de poder? Será que é possível um amadurecimento em outra direção? Será que um dia se poderá dizer um "sim" àquela observação feita por Hobbes, formulada no capítulo XVII do Leviatã, quando concluiu que:

"Se fosse lícito supor uma grande multidão capaz de consentir na observância da justiça e das outras leis naturais, sem um poder comum que mantivesse a todos em respeito, igualmente o seria supor a humanidade inteira capaz disso. Não haveria, nem seria necessário, no caso, qualquer governo civil, ou qualquer Estado, pois haveria paz sem sujeição."[7]

Paz sem sujeição. Esta é uma possibilidade da história humana e deve ser, sempre, um objetivo irrenunciável da nossa espécie. A condição humana é a mais evoluída e a mais espetacular forma de vida existente na

Terra. E é próprio da vida, como nos mostram as árvores e as flores, ser uma experiência sempre aberta para busca dos melhores caminhos, aqueles onde ela possa exprimir melhor a exuberância do seu existir.

*

Não parece restar alternativa às gerações contemporâneas senão a de cumprir seu papel histórico e trabalhar para a construção de formas mais adequadas de convivência civil e de organização política, social e econômica dos povos. Como fizeram nossos antepassados.

Somente assim todos os humanos poderão um dia viver como detentores de uma soberania sobre si mesmos e de uma soberania sobre o seu coletivo nacional, o Estado, transformado em instituição para o cuidado e a defesa da vida e da harmonia com nossa herança cósmica, transformado em um canal de representação legítimo para os povos se fazerem representar, quando e como assim o desejarem, no cenário mundial, participando, em iguais condições políticas e culturais, do encontro entre todos os povos da Terra.

Notas

1. Dados disponíveis na Organização das Nações Unidas, site da ACNUR: www.unhcr.org e www.acnur.org.br.
2. Idem.
3. A propósito, ver LIMA, Luiz Gonzaga de Souza. *Ideologia Religiosa e Capitalismo nello Zaire*. op. cit.
4. MOORE JR. Barington. op. cit.
5. DEBORD, Guy. *A Sociedade do Espetáculo*. Rio de Janeiro: Contraponto, 1992. Cap. I. p. 13-25.
6. MACCHIAVELLI, Nicolló. op. cit.
7. HOBBES, Thomas. *Leviatã ou Matéria, Forma e Poder de um Estado Eclesiástico e Civil*. São Paulo: Martin Claret, 2002. p. 129.